Sozialgesetzbuch
Band II und XII

Grundsicherung für Arbeitssuchende (2)
&
Sozialhilfe (12)

2. Auflage 2016
(Aktuellster Stand zum 18.7.2016)

<u>Impressum</u>

© MGJV-Verlag, Hans-Much-Weg 14, 20249 Hamburg, Telefon: 040/ 32030589; Bitte wenden Sie sich mit Ihren Anliegen auch auf elektronischem Wege an uns: MGJV.Verlag@gmail.com

Inhaltliche Verantwortung und Aktualität: Redaktion MGJV

Satz, Druck und Bindung: Externe Dienstleister; alle Rechte MGJV-Verlag

Umschlaggestaltung: Gustav Broedecker. Alle Rechte MGJV-Verlag

Wir sind bemüht, ein ansprechendes Produkt zu gestalten, dass angemessenen Ansprüchen an das Preis/Leistungsverhältnis und vernünftigen Qualitätserwartungen gerecht wird. Konstruktive Anregungen nutzen wir gerne, um künftige Auflagen zu ergänzen und anzupassen.

Die Rechte am Werk, insbesondere für die Zusammenstellung, die Cover- und weitere Gestaltung liegen beim Verlag. Trotz sorgfältigster Bearbeitung und Qualitätskontrolle können Übertragungsfehler und technische Fehler nicht letztgültig ausgeschlossen werden. Fachanwaltliche Beratung wird durch die Konsultation einer Rechtssammlung nicht ersetzt.

- - - - -

Über eine Bewertung bei Amazon oder anderen Distributoren freut sich die Redaktion. Mit Kritik und Verbesserungsvorschlägen für künftige Ausgaben wenden Sie sich auch gerne an MGJV.Verlag@gmail.com

Vielen Dank, Ihre Redaktion MGJV

Inhaltsverzeichnis

Sozialgesetzbuch (SGB) Zweites Buch (II) - Grundsicherung für Arbeitsuchende - (Artikel 1 des Gesetzes vom 24. Dezember 2003, BGBl. I S. 2954)..........11
    Fußnote..........11
Kapitel 1
Fördern und Fordern..........11
    § 1 Aufgabe und Ziel der Grundsicherung für Arbeitsuchende..........12
    § 2 Grundsatz des Forderns..........12
    § 3 Leistungsgrundsätze..........13
    § 4 Leistungsformen..........14
    § 5 Verhältnis zu anderen Leistungen..........14
    § 6 Träger der Grundsicherung für Arbeitsuchende..........14
    § 6a Zugelassene kommunale Träger..........15
        Fußnote..........16
    § 6b Rechtsstellung der zugelassenen kommunalen Träger..........17
    § 6c Personalübergang bei Zulassung weiterer kommunaler Träger und bei Beendigung der Trägerschaft..........17
    § 6d Jobcenter..........19
Kapitel 2
Anspruchsvoraussetzungen..........19
    § 7 Leistungsberechtigte..........19
    § 7a Altersgrenze..........21
    § 8 Erwerbsfähigkeit..........22
    § 9 Hilfebedürftigkeit..........22
    § 10 Zumutbarkeit..........23
    § 11 Zu berücksichtigendes Einkommen..........24
    § 11a Nicht zu berücksichtigendes Einkommen..........24
    § 11b Absetzbeträge..........25
    § 12 Zu berücksichtigendes Vermögen..........26
    § 12a Vorrangige Leistungen..........28
    § 13 Verordnungsermächtigung..........28
Kapitel 3
Leistungen..........29
Abschnitt 1
Leistungen zur Eingliederung in Arbeit..........29
    § 14 Grundsatz des Förderns..........29
    § 15 Eingliederungsvereinbarung..........29
    § 15a Sofortangebot..........30
    § 16 Leistungen zur Eingliederung..........30
    § 16a Kommunale Eingliederungsleistungen..........31
    § 16b Einstiegsgeld..........31
    § 16c Leistungen zur Eingliederung von Selbständigen..........32
    § 16d Arbeitsgelegenheiten..........32
    § 16e Förderung von Arbeitsverhältnissen..........33
    § 16f Freie Förderung..........34
    § 16g Förderung bei Wegfall der Hilfebedürftigkeit..........34
    § 17 Einrichtungen und Dienste für Leistungen zur Eingliederung..........35

§ 18 Örtliche Zusammenarbeit..35
§ 18a Zusammenarbeit mit den für die Arbeitsförderung zuständigen Stellen.........36
§ 18b Kooperationsausschuss..36
§ 18c Bund-Länder-Ausschuss...37
§ 18d Örtlicher Beirat...37
§ 18e Beauftragte für Chancengleichheit am Arbeitsmarkt.....................................37
Abschnitt 2
Leistungen zur Sicherung des Lebensunterhalts..38
Unterabschnitt 1
Leistungsanspruch..38
§ 19 Arbeitslosengeld II, Sozialgeld und Leistungen für Bildung und Teilhabe.....38
Unterabschnitt 2
Arbeitslosengeld II und Sozialgeld..39
§ 20 Regelbedarf zur Sicherung des Lebensunterhalts...39
Fußnote..39
§ 21 Mehrbedarfe..40
§ 22 Bedarfe für Unterkunft und Heizung..41
§ 22a Satzungsermächtigung..43
§ 22b Inhalt der Satzung..43
§ 22c Datenerhebung, -auswertung und -überprüfung...44
§ 23 Besonderheiten beim Sozialgeld..44
Fußnote..45
Unterabschnitt 3
Abweichende Leistungserbringung und weitere Leistungen...45
§ 24 Abweichende Erbringung von Leistungen...45
§ 25 Leistungen bei medizinischer Rehabilitation der Rentenversicherung und bei Anspruch auf Verletztengeld aus der Unfallversicherung...46
§ 26 Zuschuss zu Versicherungsbeiträgen..46
§ 27 Leistungen für Auszubildende..47
Unterabschnitt 4
Leistungen für Bildung und Teilhabe..48
§ 28 Bedarfe für Bildung und Teilhabe..48
§ 29 Erbringung der Leistungen für Bildung und Teilhabe...................................49
§ 30 Berechtigte Selbsthilfe...49
Unterabschnitt 5
Sanktionen..50
§ 31 Pflichtverletzungen...50
§ 31a Rechtsfolgen bei Pflichtverletzungen...50
§ 31b Beginn und Dauer der Minderung..51
§ 32 Meldeversäumnisse..52
Unterabschnitt 6
Verpflichtungen Anderer..52
§ 33 Übergang von Ansprüchen...52
§ 34 Ersatzansprüche bei sozialwidrigem Verhalten..53
§ 34a Ersatzansprüche für rechtswidrig erhaltene Leistungen...............................53
§ 34b Ersatzansprüche nach sonstigen Vorschriften..54
§ 35 Erbenhaftung..54
Kapitel 4
Gemeinsame Vorschriften für Leistungen...54
Abschnitt 1

Zuständigkeit und Verfahren...54
§ 36 Örtliche Zuständigkeit...54
§ 36a Kostenerstattung bei Aufenthalt im Frauenhaus...55
§ 37 Antragserfordernis...55
§ 38 Vertretung der Bedarfsgemeinschaft...55
§ 39 Sofortige Vollziehbarkeit...55
§ 40 Anwendung von Verfahrensvorschriften...56
§ 40a Erstattungsanspruch...57
§ 41 Berechnung der Leistungen...57
§ 42 Auszahlung der Geldleistungen...57
§ 42a Darlehen...58
§ 43 Aufrechnung...58
§ 43a Verteilung von Teilzahlungen...59
§ 44 Veränderung von Ansprüchen...59
Abschnitt 2
Einheitliche Entscheidung...59
§ 44a Feststellung von Erwerbsfähigkeit und Hilfebedürftigkeit...59
§ 44b Gemeinsame Einrichtung...60
§ 44c Trägerversammlung...61
§ 44d Geschäftsführerin, Geschäftsführer...62
§ 44e Verfahren bei Meinungsverschiedenheit über die Weisungszuständigkeit...63
§ 44f Bewirtschaftung von Bundesmitteln...64
§ 44g Zuweisung von Tätigkeiten bei der gemeinsamen Einrichtung...64
§ 44h Personalvertretung...65
§ 44i Schwerbehindertenvertretung; Jugend- und Auszubildendenvertretung...65
§ 44j Gleichstellungsbeauftragte...65
§ 44k Stellenbewirtschaftung...66
§ 45 (weggefallen)...66
Kapitel 5
Finanzierung und Aufsicht...66
§ 46 Finanzierung aus Bundesmitteln...66
§ 47 Aufsicht...68
§ 48 Aufsicht über die zugelassenen kommunalen Träger...68
§ 48a Vergleich der Leistungsfähigkeit...68
§ 48b Zielvereinbarungen...69
§ 49 Innenrevision...69
Kapitel 6
Datenerhebung, -verarbeitung und -nutzung, datenschutzrechtliche Verantwortung...70
§ 50 Datenübermittlung...70
§ 51 Erhebung, Verarbeitung und Nutzung von Sozialdaten durch nichtöffentliche Stellen....70
§ 51a Kundennummer...70
§ 51b Datenerhebung und -verarbeitung durch die Träger der Grundsicherung für Arbeitsuchende...71
§ 51c (weggefallen)...72
§ 52 Automatisierter Datenabgleich...72
§ 52a Überprüfung von Daten...73
Kapitel 7
Statistik und Forschung...73
§ 53 Statistik und Übermittlung statistischer Daten...73
§ 53a Arbeitslose...74

§ 54 Eingliederungsbilanz und Eingliederungsbericht...74
§ 55 Wirkungsforschung...75
Kapitel 8
Mitwirkungspflichten..75
§ 56 Anzeige- und Bescheinigungspflicht bei Arbeitsunfähigkeit.........................75
§ 57 Auskunftspflicht von Arbeitgebern...76
§ 58 Einkommensbescheinigung..76
§ 59 Meldepflicht..76
§ 60 Auskunftspflicht und Mitwirkungspflicht Dritter..76
§ 61 Auskunftspflichten bei Leistungen zur Eingliederung in Arbeit...................77
§ 62 Schadenersatz..77
Kapitel 9
Straf- und Bußgeldvorschriften..78
§ 63 Bußgeldvorschriften..78
§ 63a Datenschutzrechtliche Bußgeldvorschriften...78
§ 63b Datenschutzrechtliche Strafvorschriften..79
Kapitel 10
Bekämpfung von Leistungsmissbrauch..79
§ 64 Zuständigkeit...79
Kapitel 11
Übergangs- und Schlussvorschriften..80
§ 65 Allgemeine Übergangsvorschriften..80
§ 65a (weggefallen)..80
§ 65b (weggefallen)..80
§ 65c (weggefallen)..80
§ 65d Übermittlung von Daten..80
§ 65e Übergangsregelung zur Aufrechnung..81
§ 66 Rechtsänderungen bei Leistungen zur Eingliederung in Arbeit...................81
§ 67 Freibetragsneuregelungsgesetz..81
§ 68 Gesetz zur Änderung des Zweiten Buches Sozialgesetzbuch und anderer Gesetze........81
§ 69 Gesetz zur Fortentwicklung der Grundsicherung für Arbeitsuchende.........82
§ 70 Übergangsregelung zum Gesetz zur Umsetzung aufenthalts- und asylrechtlicher Richtlinien der Europäischen Union...82
§ 71 (weggefallen)...82
§ 72 Siebtes Gesetz zur Änderung des Dritten Buches Sozialgesetzbuch und anderer Gesetze
....82
§ 73 Gesetz zur Neuausrichtung der arbeitsmarktpolitischen Instrumente........82
§ 74 (weggefallen)...82
§ 75 Gesetz zur Weiterentwicklung der Organisation der Grundsicherung für Arbeitsuchende – Anwendbarkeit des § 6a Absatz 7, des § 44d und des § 51b.......................82
§ 76 Gesetz zur Weiterentwicklung der Organisation der Grundsicherung für Arbeitsuchende
....83
§ 77 Gesetz zur Ermittlung von Regelbedarfen und zur Änderung des Zweiten und Zwölften Buches Sozialgesetzbuch...84
Fußnote..85
§ 78 Gesetz zur Verbesserung der Eingliederungschancen am Arbeitsmarkt.....85
§ 79 Achtes Gesetz zur Änderung des Zweiten Buches Sozialgesetzbuch – Ergänzung personalrechtlicher Bestimmungen..86
Sozialgesetzbuch (SGB) Zwölftes Buch (XII) - Sozialhilfe - (Artikel 1 des Gesetzes vom 27. Dezember 2003, BGBl. I S. 3022)..87

Fußnote.............87
Erstes Kapitel
Allgemeine Vorschriften.............87
   § 1 Aufgabe der Sozialhilfe.............87
   § 2 Nachrang der Sozialhilfe.............87
   § 3 Träger der Sozialhilfe.............88
   § 4 Zusammenarbeit.............88
   § 5 Verhältnis zur freien Wohlfahrtspflege.............88
   § 6 Fachkräfte.............89
   § 7 Aufgabe der Länder.............89
Zweites Kapitel
Leistungen der Sozialhilfe.............89
Erster Abschnitt
Grundsätze der Leistungen.............89
   § 8 Leistungen.............89
   § 9 Sozialhilfe nach der Besonderheit des Einzelfalles.............90
   § 10 Leistungsformen.............90
   § 11 Beratung und Unterstützung, Aktivierung.............90
   § 12 Leistungsabsprache.............91
   § 13 Leistungen für Einrichtungen, Vorrang anderer Leistungen.............92
   § 14 Vorrang von Prävention und Rehabilitation.............92
   § 15 Vorbeugende und nachgehende Leistungen.............92
   § 16 Familiengerechte Leistungen.............92
Zweiter Abschnitt
Anspruch auf Leistungen.............93
   § 17 Anspruch.............93
   § 18 Einsetzen der Sozialhilfe.............93
   § 19 Leistungsberechtigte.............93
   § 20 Eheähnliche Gemeinschaft.............94
   § 21 Sonderregelung für Leistungsberechtigte nach dem Zweiten Buch.............94
   § 22 Sonderregelungen für Auszubildende.............94
   § 23 Sozialhilfe für Ausländerinnen und Ausländer.............95
   § 24 Sozialhilfe für Deutsche im Ausland.............95
   § 25 Erstattung von Aufwendungen Anderer.............96
   § 26 Einschränkung, Aufrechnung.............96
Drittes Kapitel
Hilfe zum Lebensunterhalt.............97
Erster Abschnitt
Leistungsberechtigte, notwendiger Lebensunterhalt, Regelbedarfe und Regelsätze.............97
   § 27 Leistungsberechtigte.............97
   § 27a Notwendiger Lebensunterhalt, Regelbedarfe und Regelsätze.............97
   § 27b Notwendiger Lebensunterhalt in Einrichtungen.............98
   § 28 Ermittlung der Regelbedarfe.............98
   § 28a Fortschreibung der Regelbedarfsstufen.............99
   § 29 Festsetzung und Fortschreibung der Regelsätze.............100
Zweiter Abschnitt
Zusätzliche Bedarfe.............100
   § 30 Mehrbedarf.............101
   § 31 Einmalige Bedarfe.............102
   § 32 Beiträge für die Kranken- und Pflegeversicherung.............102

§ 32a Zeitliche Zuordnung von Beiträgen...........103
§ 33 Beiträge für die Vorsorge...........103
Dritter Abschnitt
Bildung und Teilhabe...........104
§ 34 Bedarfe für Bildung und Teilhabe...........104
§ 34a Erbringung der Leistungen für Bildung und Teilhabe...........105
§ 34b Berechtigte Selbsthilfe...........106
Vierter Abschnitt
Bedarfe für Unterkunft und Heizung...........106
§ 35 Bedarfe für Unterkunft und Heizung...........106
§ 35a Satzung...........107
§ 36 Sonstige Hilfen zur Sicherung der Unterkunft...........107
Fünfter Abschnitt
Gewährung von Darlehen...........108
§ 37 Ergänzende Darlehen...........108
§ 38 Darlehen bei vorübergehender Notlage...........109
Sechster Abschnitt
Einschränkung von Leistungsberechtigung und -umfang...........109
§ 39 Vermutung der Bedarfsdeckung...........109
§ 39a Einschränkung der Leistung...........109
Siebter Abschnitt
Verordnungsermächtigung...........109
§ 40 Verordnungsermächtigung...........110
Viertes Kapitel
Grundsicherung im Alter und bei Erwerbsminderung...........110
Erster Abschnitt
Grundsätze...........110
§ 41 Leistungsberechtigte...........110
§ 42 Bedarfe...........111
§ 43 Einsatz von Einkommen und Vermögen, Berücksichtigung von Unterhaltsansprüchen 111
Zweiter Abschnitt
Verfahrensbestimmungen...........112
§ 44 Antragserfordernis, Erbringung von Geldleistungen, Bewilligungszeitraum...........112
§ 44a Erstattungsansprüche zwischen Trägern...........113
§ 45 Feststellung der dauerhaften vollen Erwerbsminderung...........113
§ 46 Zusammenarbeit mit den Trägern der Rentenversicherung...........114
Dritter Abschnitt
Erstattung und Zuständigkeit...........114
§ 46a Erstattung durch den Bund...........114
§ 46b Zuständigkeit...........115
Fünftes Kapitel
Hilfen zur Gesundheit...........116
§ 47 Vorbeugende Gesundheitshilfe...........116
§ 48 Hilfe bei Krankheit...........116
§ 49 Hilfe zur Familienplanung...........116
§ 50 Hilfe bei Schwangerschaft und Mutterschaft...........116
§ 51 Hilfe bei Sterilisation...........116
§ 52 Leistungserbringung, Vergütung...........117
Sechstes Kapitel
Eingliederungshilfe für behinderte Menschen...........117

§ 53 Leistungsberechtigte und Aufgabe...117
§ 54 Leistungen der Eingliederungshilfe..118
§ 55 Sonderregelung für behinderte Menschen in Einrichtungen.........................119
§ 56 Hilfe in einer sonstigen Beschäftigungsstätte..119
§ 57 Trägerübergreifendes Persönliches Budget..119
§ 58 Gesamtplan..119
§ 59 Aufgaben des Gesundheitsamtes..119
§ 60 Verordnungsermächtigung..120
Siebtes Kapitel
Hilfe zur Pflege...120
§ 61 Leistungsberechtigte und Leistungen...120
§ 62 Bindung an die Entscheidung der Pflegekasse...121
§ 63 Häusliche Pflege..122
§ 64 Pflegegeld..122
§ 65 Andere Leistungen..122
§ 66 Leistungskonkurrenz..123
Achtes Kapitel
Hilfe zur Überwindung besonderer sozialer Schwierigkeiten.....................................123
§ 67 Leistungsberechtigte...123
§ 68 Umfang der Leistungen..123
§ 69 Verordnungsermächtigung..124
Neuntes Kapitel
Hilfe in anderen Lebenslagen...124
§ 70 Hilfe zur Weiterführung des Haushalts..124
§ 71 Altenhilfe..124
§ 72 Blindenhilfe...125
§ 73 Hilfe in sonstigen Lebenslagen..126
§ 74 Bestattungskosten...126
Zehntes Kapitel
Einrichtungen...126
§ 75 Einrichtungen und Dienste...126
§ 76 Inhalt der Vereinbarungen..127
§ 77 Abschluss von Vereinbarungen..128
§ 78 Außerordentliche Kündigung der Vereinbarungen......................................128
§ 79 Rahmenverträge..129
§ 80 Schiedsstelle..129
§ 81 Verordnungsermächtigungen..130
Elftes Kapitel
Einsatz des Einkommens und des Vermögens...130
Erster Abschnitt
Einkommen..130
§ 82 Begriff des Einkommens...130
§ 83 Nach Zweck und Inhalt bestimmte Leistungen..131
§ 84 Zuwendungen..131
Zweiter Abschnitt
Einkommensgrenzen für die Leistungen nach dem Fünften bis Neunten Kapitel.....131
§ 85 Einkommensgrenze...132
§ 86 Abweichender Grundbetrag..133
§ 87 Einsatz des Einkommens über der Einkommensgrenze..............................133
§ 88 Einsatz des Einkommens unter der Einkommensgrenze.............................133

§ 89 Einsatz des Einkommens bei mehrfachem Bedarf...................134
Dritter Abschnitt
Vermögen...134
　§ 90 Einzusetzendes Vermögen..134
　§ 91 Darlehen..135
Vierter Abschnitt
Einschränkung der Anrechnung..135
　§ 92 Anrechnung bei behinderten Menschen...........................135
　§ 92a Einkommenseinsatz bei Leistungen für Einrichtungen......136
Fünfter Abschnitt
Verpflichtungen anderer..137
　§ 93 Übergang von Ansprüchen...137
　§ 94 Übergang von Ansprüchen gegen einen nach bürgerlichem Recht Unterhaltspflichtigen
....137
　§ 95 Feststellung der Sozialleistungen....................................138
Sechster Abschnitt
Verordnungsermächtigungen..138
　§ 96 Verordnungsermächtigungen..138
Zwölftes Kapitel
Zuständigkeit der Träger der Sozialhilfe...................................138
Erster Abschnitt
Sachliche und örtliche Zuständigkeit..139
　§ 97 Sachliche Zuständigkeit..139
　§ 98 Örtliche Zuständigkeit..139
　§ 99 Vorbehalt abweichender Durchführung..........................140
Zweiter Abschnitt
Sonderbestimmungen...140
　§ 100 (weggefallen)..140
　§ 101 Behördenbestimmung und Stadtstaaten-Klausel...........140
Dreizehntes Kapitel
Kosten..140
Erster Abschnitt
Kostenersatz...141
　§ 102 Kostenersatz durch Erben...141
　§ 103 Kostenersatz bei schuldhaftem Verhalten....................141
　§ 104 Kostenersatz für zu Unrecht erbrachte Leistungen......142
　§ 105 Kostenersatz bei Doppelleistungen, nicht erstattungsfähige Unterkunftskosten.........142
Zweiter Abschnitt
Kostenerstattung zwischen den Trägern der Sozialhilfe..........142
　§ 106 Kostenerstattung bei Aufenthalt in einer Einrichtung...142
　§ 107 Kostenerstattung bei Unterbringung in einer anderen Familie.....................143
　§ 108 Kostenerstattung bei Einreise aus dem Ausland...........143
　§ 109 Ausschluss des gewöhnlichen Aufenthalts...................143
　§ 110 Umfang der Kostenerstattung.......................................144
　§ 111 Verjährung..144
　§ 112 Kostenerstattung auf Landesebene...............................144
Dritter Abschnitt
Sonstige Regelungen..144
　§ 113 Vorrang der Erstattungsansprüche................................144
　§ 114 Ersatzansprüche der Träger der Sozialhilfe nach sonstigen Vorschriften........144

§ 115 Übergangsregelung für die Kostenerstattung bei Einreise aus dem Ausland............145
Vierzehntes Kapitel
Verfahrensbestimmungen..145
   § 116 Beteiligung sozial erfahrener Dritter..145
   § 116a Rücknahme von Verwaltungsakten..145
   § 117 Pflicht zur Auskunft..145
   § 118 Überprüfung, Verwaltungshilfe..146
   § 119 Wissenschaftliche Forschung im Auftrag des Bundes..148
   § 120 Verordnungsermächtigung..148
Fünfzehntes Kapitel
Statistik..148
Erster Abschnitt
Bundesstatistik für das Dritte und Fünfte bis Neunte Kapitel..148
   § 121 Bundesstatistik für das Dritte und Fünfte bis Neunte Kapitel..................................148
   § 122 Erhebungsmerkmale...149
   § 123 Hilfsmerkmale..150
   § 124 Periodizität, Berichtszeitraum und Berichtszeitpunkte..151
   § 125 Auskunftspflicht...151
   § 126 Übermittlung, Veröffentlichung..151
   § 127 Übermittlung an Kommunen..151
   § 128 Zusatzerhebungen..152
Zweiter Abschnitt
Bundesstatistik für das Vierte Kapitel..152
   § 128a Bundesstatistik für das Vierte Kapitel...152
   § 128b Persönliche Merkmale..152
   § 128c Art und Höhe der Bedarfe...153
   § 128d Art und Höhe der angerechneten Einkommen...154
   § 128e Hilfsmerkmale..154
   § 128f Periodizität, Berichtszeitraum und Berichtszeitpunkte...155
   § 128g Auskunftspflicht...155
   § 128h Datenübermittlung, Veröffentlichung..155
Dritter Abschnitt
Verordnungsermächtigung...156
   § 129 Verordnungsermächtigung..156
Sechzehntes Kapitel
Übergangs- und Schlussbestimmungen...157
   § 130 Übergangsregelung für ambulant Betreute..157
   § 131 Übergangsregelung für die Statistik über Einnahmen und Ausgaben nach dem Vierten Kapitel..157
   § 132 Übergangsregelung zur Sozialhilfegewährung für Deutsche im Ausland...................157
   § 133 Übergangsregelung für besondere Hilfen an Deutsche nach Artikel 116 Abs. 1 des Grundgesetzes..158
   § 133a Übergangsregelung für Hilfeempfänger in Einrichtungen....................................158
   § 133b (weggefallen)...158
   § 134 (weggefallen)...158
   § 135 Übergangsregelung aus Anlass des Zweiten Rechtsbereinigungsgesetzes.............158
   § 136 Übergangsregelung für Nachweise in den Jahren 2013 und 2014..........................159
   § 137 (weggefallen)...159
   § 138 (weggefallen)...159
Anlage (zu § 28)

Regelbedarfsstufen nach § 28 in Euro...159
Fußnote..160

Sozialgesetzbuch (SGB) Zweites Buch (II) - Grundsicherung für Arbeitsuchende - (Artikel 1 des Gesetzes vom 24. Dezember 2003, BGBl. I S. 2954)

SGB 2

Ausfertigungsdatum: 24.12.2003

"Das Zweite Buch Sozialgesetzbuch – Grundsicherung für Arbeitsuchende – in der Fassung der Bekanntmachung vom 13. Mai 2011 (BGBl. I S. 850, 2094), das durch Artikel 2 des Gesetzes vom 31. Juli 2016 (BGBl. I S. 1939) geändert worden ist". Neugefasst durch Bek. v. 13.5.2011 I 850, 2094; Zuletzt geändert Art. 2 G v. 18.7.2016 I 1710. Änderung durch Art. 1 G v. 26.7.2016 I 1824 (Nr. 37) und Art. 2 G v. 31.7.2016 I 1939 (Nr. 39) noch nicht berücksichtigt.

Fußnote

(+++ Textnachweis ab: 1.1.2005 +++)

Das G wurde als Artikel 1 d. G v. 24.12.2003 I 2954 (ArbMDienstLG 4) vom Bundestag mit Zustimmung des Bundesrates beschlossen. Es tritt gem. Art. 61 Abs. 1 dieses G am 1.1.2005 in Kraft. Die §§ 6, 6a, 13, 18 Abs. 4, 27, 36, 44b, 45 Abs. 3, 46 Abs. 1, 65 und 66 treten gem. Art. 61 Abs. 2 idF d. Art. 14 Nr. 4 Buchst. a G v. 30.7.2004 I 2014 am 1.1.2004 in Kraft.

<u>Kapitel 1</u>
<u>Fördern und Fordern</u>

§ 1 Aufgabe und Ziel der Grundsicherung für Arbeitsuchende

(1) Die Grundsicherung für Arbeitsuchende soll es Leistungsberechtigten ermöglichen, ein Leben zu führen, das der Würde des Menschen entspricht.

(2) Die Grundsicherung für Arbeitsuchende soll die Eigenverantwortung von erwerbsfähigen Leistungsberechtigten und Personen, die mit ihnen in einer Bedarfsgemeinschaft leben, stärken und dazu beitragen, dass sie ihren Lebensunterhalt unabhängig von der Grundsicherung aus eigenen Mitteln und Kräften bestreiten können. Sie soll erwerbsfähige Leistungsberechtigte bei der Aufnahme oder Beibehaltung einer Erwerbstätigkeit unterstützen und den Lebensunterhalt sichern, soweit sie ihn nicht auf andere Weise bestreiten können. Die Gleichstellung von Männern und Frauen ist als durchgängiges Prinzip zu verfolgen. Die Leistungen der Grundsicherung sind insbesondere darauf auszurichten, dass

1. durch eine Erwerbstätigkeit Hilfebedürftigkeit vermieden oder beseitigt, die Dauer der Hilfebedürftigkeit verkürzt oder der Umfang der Hilfebedürftigkeit verringert wird,
2. die Erwerbsfähigkeit einer leistungsberechtigten Person erhalten, verbessert oder wieder hergestellt wird,
3. geschlechtsspezifischen Nachteilen von erwerbsfähigen Leistungsberechtigten entgegengewirkt wird,
4. die familienspezifischen Lebensverhältnisse von erwerbsfähigen Leistungsberechtigten, die Kinder erziehen oder pflegebedürftige Angehörige betreuen, berücksichtigt werden,
5. behindertenspezifische Nachteile überwunden werden,
6. Anreize zur Aufnahme und Ausübung einer Erwerbstätigkeit geschaffen und aufrechterhalten werden.

(3) Die Grundsicherung für Arbeitsuchende umfasst Leistungen

1. zur Beendigung oder Verringerung der Hilfebedürftigkeit insbesondere durch Eingliederung in Arbeit und
2. zur Sicherung des Lebensunterhalts.
-

§ 2 Grundsatz des Forderns

(1) Erwerbsfähige Leistungsberechtigte und die mit ihnen in einer Bedarfsgemeinschaft lebenden Personen müssen alle Möglichkeiten zur Beendigung oder Verringerung ihrer Hilfebedürftigkeit ausschöpfen. Eine erwerbsfähige leistungsberechtigte Person muss aktiv an allen Maßnahmen zu ihrer Eingliederung in Arbeit mitwirken, insbesondere eine Eingliederungsvereinbarung abschließen. Wenn eine Erwerbstätigkeit auf dem allgemeinen Arbeitsmarkt in absehbarer Zeit nicht möglich ist, hat die erwerbsfähige leistungsberechtigte Person eine ihr angebotene zumutbare Arbeitsgelegenheit zu übernehmen.

(2) Erwerbsfähige Leistungsberechtigte und die mit ihnen in einer Bedarfsgemeinschaft lebenden Personen haben in eigener Verantwortung alle Möglichkeiten zu nutzen, ihren Lebensunterhalt aus eigenen Mitteln und Kräften zu bestreiten. Erwerbsfähige Leistungsberechtigte müssen ihre Arbeitskraft zur Beschaffung des Lebensunterhalts für sich und die mit ihnen in einer Bedarfsgemeinschaft lebenden Personen einsetzen.

§ 3 Leistungsgrundsätze

(1) Leistungen zur Eingliederung in Arbeit können erbracht werden, soweit sie zur Vermeidung oder Beseitigung, Verkürzung oder Verminderung der Hilfebedürftigkeit für die Eingliederung erforderlich sind. Bei den Leistungen zur Eingliederung in Arbeit sind

1. die Eignung,
2. die individuelle Lebenssituation, insbesondere die familiäre Situation,
3. die voraussichtliche Dauer der Hilfebedürftigkeit und
4. die Dauerhaftigkeit der Eingliederung

der erwerbsfähigen Leistungsberechtigten zu berücksichtigen. Vorrangig sollen Maßnahmen eingesetzt werden, die die unmittelbare Aufnahme einer Erwerbstätigkeit ermöglichen. Bei der Leistungserbringung sind die Grundsätze von Wirtschaftlichkeit und Sparsamkeit zu beachten.

(2) Erwerbsfähige Leistungsberechtigte, die das 25. Lebensjahr noch nicht vollendet haben, sind unverzüglich nach Antragstellung auf Leistungen nach diesem Buch in eine Ausbildung oder Arbeit zu vermitteln. Können Leistungsberechtigte ohne Berufsabschluss nicht in eine Ausbildung vermittelt werden, soll die Agentur für Arbeit darauf hinwirken, dass die vermittelte Arbeit auch zur Verbesserung ihrer beruflichen Kenntnisse und Fähigkeiten beiträgt.

(2a) Erwerbsfähige Leistungsberechtigte, die das 58. Lebensjahr vollendet haben, sind unverzüglich in Arbeit zu vermitteln.

(2b) Die Agentur für Arbeit hat darauf hinzuwirken, dass erwerbsfähige Leistungsberechtigte, die nicht über deutsche Sprachkenntnisse entsprechend dem Niveau B1 des Gemeinsamen Europäischen Referenzrahmens für Sprachen verfügen und die

1. zur Teilnahme an einem Integrationskurs nach § 44 des Aufenthaltsgesetzes berechtigt sind,
2. nach § 44a des Aufenthaltsgesetzes verpflichtet werden können oder
3. einen Anspruch nach § 9 Absatz 1 Satz 1 des Bundesvertriebenengesetzes haben,

an einem Integrationskurs nach § 43 des Aufenthaltsgesetzes teilnehmen, sofern sie nicht unmittelbar in eine Ausbildung oder Arbeit vermittelt werden können und ihnen eine Teilnahme an einem Integrationskurs daneben nicht zumutbar ist. Eine Verpflichtung zur Teilnahme ist in die Eingliederungsvereinbarung als vorrangige Maßnahme aufzunehmen.

(3) Leistungen zur Sicherung des Lebensunterhalts dürfen nur erbracht werden, soweit die Hilfebedürftigkeit nicht anderweitig beseitigt werden kann; die nach diesem Buch

vorgesehenen Leistungen decken den Bedarf der erwerbsfähigen Leistungsberechtigten und der mit ihnen in einer Bedarfsgemeinschaft lebenden Personen.
-

§ 4 Leistungsformen

(1) Die Leistungen der Grundsicherung für Arbeitsuchende werden erbracht in Form von
1. Dienstleistungen,
2. Geldleistungen und
3. Sachleistungen.

(2) Die nach § 6 zuständigen Träger wirken darauf hin, dass erwerbsfähige Leistungsberechtigte und die mit ihnen in einer Bedarfsgemeinschaft lebenden Personen die erforderliche Beratung und Hilfe anderer Träger, insbesondere der Kranken- und Rentenversicherung, erhalten. Die nach § 6 zuständigen Träger wirken auch darauf hin, dass Kinder und Jugendliche Zugang zu geeigneten vorhandenen Angeboten der gesellschaftlichen Teilhabe erhalten. Sie arbeiten zu diesem Zweck mit Schulen und Kindertageseinrichtungen, den Trägern der Jugendhilfe, den Gemeinden und Gemeindeverbänden, freien Trägern, Vereinen und Verbänden und sonstigen handelnden Personen vor Ort zusammen. Sie sollen die Eltern unterstützen und in geeigneter Weise dazu beitragen, dass Kinder und Jugendliche Leistungen für Bildung und Teilhabe möglichst in Anspruch nehmen.
-

§ 5 Verhältnis zu anderen Leistungen

(1) Auf Rechtsvorschriften beruhende Leistungen Anderer, insbesondere der Träger anderer Sozialleistungen, werden durch dieses Buch nicht berührt. Ermessensleistungen dürfen nicht deshalb versagt werden, weil dieses Buch entsprechende Leistungen vorsieht.
(2) Der Anspruch auf Leistungen zur Sicherung des Lebensunterhalts nach diesem Buch schließt Leistungen nach dem Dritten Kapitel des Zwölften Buches aus. Leistungen nach dem Vierten Kapitel des Zwölften Buches sind gegenüber dem Sozialgeld vorrangig.
(3) Stellen Leistungsberechtigte trotz Aufforderung einen erforderlichen Antrag auf Leistungen eines anderen Trägers nicht, können die Leistungsträger nach diesem Buch den Antrag stellen sowie Rechtsbehelfe und Rechtsmittel einlegen. Der Ablauf von Fristen, die ohne Verschulden der Leistungsträger nach diesem Buch verstrichen sind, wirkt nicht gegen die Leistungsträger nach diesem Buch; dies gilt nicht für Verfahrensfristen, soweit die Leistungsträger nach diesem Buch das Verfahren selbst betreiben.
-

§ 6 Träger der Grundsicherung für Arbeitsuchende

(1) Träger der Leistungen nach diesem Buch sind:
1. die Bundesagentur für Arbeit (Bundesagentur), soweit Nummer 2 nichts Anderes

bestimmt,

2. die kreisfreien Städte und Kreise für die Leistungen nach § 16a, das Arbeitslosengeld II und das Sozialgeld, soweit Arbeitslosengeld II und Sozialgeld für den Bedarf für Unterkunft und Heizung geleistet wird, die Leistungen nach § 24 Absatz 3 Satz 1 Nummer 1 und 2, § 27 Absatz 3 sowie für die Leistungen nach § 28, soweit durch Landesrecht nicht andere Träger bestimmt sind (kommunale Träger).

Zu ihrer Unterstützung können sie Dritte mit der Wahrnehmung von Aufgaben beauftragen; sie sollen einen Außendienst zur Bekämpfung von Leistungsmissbrauch einrichten.

(2) Die Länder können bestimmen, dass und inwieweit die Kreise ihnen zugehörige Gemeinden oder Gemeindeverbände zur Durchführung der in Absatz 1 Satz 1 Nummer 2 genannten Aufgaben nach diesem Gesetz heranziehen und ihnen dabei Weisungen erteilen können; in diesen Fällen erlassen die Kreise den Widerspruchsbescheid nach dem Sozialgerichtsgesetz. § 44b Absatz 1 Satz 3 bleibt unberührt. Die Sätze 1 und 2 gelten auch in den Fällen des § 6a mit der Maßgabe, dass eine Heranziehung auch für die Aufgaben nach § 6b Absatz 1 Satz 1 erfolgen kann.

(3) Die Länder Berlin, Bremen und Hamburg werden ermächtigt, die Vorschriften dieses Gesetzes über die Zuständigkeit von Behörden für die Grundsicherung für Arbeitsuchende dem besonderen Verwaltungsaufbau ihrer Länder anzupassen.

§ 6a Zugelassene kommunale Träger

(1) Die Zulassungen der aufgrund der Kommunalträger-Zulassungsverordnung vom 24. September 2004 (BGBl. I S. 2349) anstelle der Bundesagentur als Träger der Leistungen nach § 6 Absatz 1 Satz 1 Nummer 1 zugelassenen kommunalen Träger werden vom Bundesministerium für Arbeit und Soziales durch Rechtsverordnung über den 31. Dezember 2010 hinaus unbefristet verlängert, wenn die zugelassenen kommunalen Träger gegenüber der zuständigen obersten Landesbehörde die Verpflichtungen nach Absatz 2 Satz 1 Nummer 4 und 5 bis zum 30. September 2010 anerkennen.

(2) Auf Antrag wird eine begrenzte Zahl weiterer kommunaler Träger vom Bundesministerium für Arbeit und Soziales als Träger im Sinne des § 6 Absatz 1 Satz 1 Nummer 1 durch Rechtsverordnung ohne Zustimmung des Bundesrates zugelassen, wenn sie

1. geeignet sind, die Aufgaben zu erfüllen,

2. sich verpflichten, eine besondere Einrichtung nach Absatz 5 zu schaffen,

3. sich verpflichten, mindestens 90 Prozent der Beamtinnen und Beamten, Arbeitnehmerinnen und Arbeitnehmer der Bundesagentur, die zum Zeitpunkt der Zulassung mindestens seit 24 Monaten in der im Gebiet des kommunalen Trägers gelegenen Arbeitsgemeinschaft oder Agentur für Arbeit in getrennter Aufgabenwahrnehmung im Aufgabenbereich nach § 6 Absatz 1 Satz 1 tätig waren, vom Zeitpunkt der Zulassung an, dauerhaft zu beschäftigen,

4. sich verpflichten, mit der zuständigen Landesbehörde eine Zielvereinbarung über die Leistungen nach diesem Buch abzuschließen, und

5.

sich verpflichten, die in der Rechtsverordnung nach § 51b Absatz 1 Satz 2 festgelegten Daten zu erheben und gemäß den Regelungen nach § 51b Absatz 4 an die Bundesagentur zu übermitteln, um bundeseinheitliche Datenerfassung, Ergebnisberichterstattung, Wirkungsforschung und Leistungsvergleiche zu ermöglichen.
Für die Antragsberechtigung gilt § 6 Absatz 3 entsprechend. Der Antrag bedarf in den dafür zuständigen Vertretungskörperschaften der kommunalen Träger einer Mehrheit von zwei Dritteln der Mitglieder sowie der Zustimmung der zuständigen obersten Landesbehörde. Die Anzahl der nach den Absätzen 1 und 2 zugelassenen kommunalen Träger beträgt höchstens 25 Prozent der zum 31. Dezember 2010 bestehenden Arbeitsgemeinschaften nach § 44b in der bis zum 31. Dezember 2010 geltenden Fassung, zugelassenen kommunalen Trägern sowie der Kreise und kreisfreien Städte, in denen keine Arbeitsgemeinschaft nach § 44b in der bis zum 31. Dezember 2010 geltenden Fassung errichtet wurde (Aufgabenträger).
(3) Das Bundesministerium für Arbeit und Soziales wird ermächtigt, Voraussetzungen der Eignung nach Absatz 2 Nummer 1 und deren Feststellung sowie die Verteilung der Zulassungen nach den Absätzen 2 und 4 auf die Länder durch Rechtsverordnung mit Zustimmung des Bundesrates zu regeln.
(4) Der Antrag nach Absatz 2 kann bis zum 31. Dezember 2010 mit Wirkung zum 1. Januar 2012 gestellt werden. Darüber hinaus kann vom 30. Juni 2015 bis zum 31. Dezember 2015 mit Wirkung zum 1. Januar 2017 ein Antrag auf Zulassung gestellt werden, soweit die Anzahl der nach den Absätzen 1 und 2 zugelassenen kommunalen Träger 25 Prozent der zum 1. Januar 2015 bestehenden Aufgabenträger nach Absatz 2 Satz 4 unterschreitet. Die Zulassungen werden unbefristet erteilt.
(5) Zur Wahrnehmung der Aufgaben anstelle der Bundesagentur errichten und unterhalten die zugelassenen kommunalen Träger besondere Einrichtungen für die Erfüllung der Aufgaben nach diesem Buch.
(6) Das Bundesministerium für Arbeit und Soziales kann mit Zustimmung der zuständigen obersten Landesbehörde durch Rechtsverordnung ohne Zustimmung des Bundesrates die Zulassung widerrufen. Auf Antrag des zugelassenen kommunalen Trägers, der der Zustimmung der zuständigen obersten Landesbehörde bedarf, widerruft das Bundesministerium für Arbeit und Soziales die Zulassung durch Rechtsverordnung ohne Zustimmung des Bundesrates. Die Trägerschaft endet mit Ablauf des auf die Antragstellung folgenden Kalenderjahres.
(7) Auf Antrag des kommunalen Trägers, der der Zustimmung der obersten Landesbehörde bedarf, widerruft, beschränkt oder erweitert das Bundesministerium für Arbeit und Soziales die Zulassung nach Absatz 1 oder 2 durch Rechtsverordnung ohne Zustimmung des Bundesrates, wenn und soweit die Zulassung aufgrund einer kommunalen Neugliederung nicht mehr dem Gebiet des kommunalen Trägers entspricht. Absatz 2 Satz 1 Nummer 2 bis 5 gilt bei Erweiterung der Zulassung entsprechend. Der Antrag nach Satz 1 kann bis zum 1. Juli eines Kalenderjahres mit Wirkung zum 1. Januar des folgenden Kalenderjahres gestellt werden.

Fußnote

§ 6a Abs. 2 Satz 3: Nach Maßgabe der Entscheidungsformel mit Art. 28 Abs. 2 iVm Art. 70 Abs. 1 GG unvereinbar gem. BVerfGE v. 7.10.2014 I 1638 - 2 BvR 1641/11 -
-

§ 6b Rechtsstellung der zugelassenen kommunalen Träger

(1) Die zugelassenen kommunalen Träger sind anstelle der Bundesagentur im Rahmen ihrer örtlichen Zuständigkeit Träger der Aufgaben nach § 6 Absatz 1 Satz 1 Nummer 1 mit Ausnahme der sich aus den §§ 44b, 48b, 50, 51a, 51b, 53, 55, 56 Absatz 2, §§ 64 und 65d ergebenden Aufgaben. Sie haben insoweit die Rechte und Pflichten der Agentur für Arbeit.
(2) Der Bund trägt die Aufwendungen der Grundsicherung für Arbeitsuchende einschließlich der Verwaltungskosten mit Ausnahme der Aufwendungen für Aufgaben nach § 6 Absatz 1 Satz 1 Nummer 2. § 46 Absatz 1 Satz 4, Absatz 2 und 3 Satz 1 gilt entsprechend. § 46 Absatz 5 bis 8 bleibt unberührt.
(2a) Für die Bewirtschaftung von Haushaltsmitteln des Bundes durch die zugelassenen kommunalen Träger gelten die haushaltsrechtlichen Bestimmungen des Bundes, soweit in Rechtsvorschriften des Bundes oder Vereinbarungen des Bundes mit den zugelassenen kommunalen Trägern nicht etwas anderes bestimmt ist.
(3) Der Bundesrechnungshof ist berechtigt, die Leistungsgewährung zu prüfen.
(4) Das Bundesministerium für Arbeit und Soziales prüft, ob Einnahmen und Ausgaben in der besonderen Einrichtung nach § 6a Absatz 5 begründet und belegt sind und den Grundsätzen der Wirtschaftlichkeit und Sparsamkeit entsprechen. Die Prüfung kann in einem vereinfachten Verfahren erfolgen, wenn der zugelassene kommunale Träger ein Verwaltungs- und Kontrollsystem errichtet hat, das die Ordnungsmäßigkeit der Berechnung und Zahlung gewährleistet und er dem Bundesministerium für Arbeit und Soziales eine Beurteilung ermöglicht, ob Aufwendungen nach Grund und Höhe vom Bund zu tragen sind. Das Bundesministerium für Arbeit und Soziales kündigt örtliche Prüfungen bei einem zugelassenen kommunalen Träger gegenüber der nach § 48 Absatz 1 zuständigen Landesbehörde an und unterrichtet sie über das Ergebnis der Prüfung.
(5) Das Bundesministerium für Arbeit und Soziales kann von dem zugelassenen kommunalen Träger die Erstattung von Mitteln verlangen, die er zu Lasten des Bundes ohne Rechtsgrund erlangt hat. Der zu erstattende Betrag ist während des Verzugs zu verzinsen. Der Verzugszinssatz beträgt für das Jahr 3 Prozentpunkte über dem Basiszinssatz.

§ 6c Personalübergang bei Zulassung weiterer kommunaler Träger und bei Beendigung der Trägerschaft

(1) Die Beamtinnen und Beamten, Arbeitnehmerinnen und Arbeitnehmer der Bundesagentur, die am Tag vor der Zulassung eines weiteren kommunalen Trägers nach § 6a Absatz 2 und mindestens seit 24 Monaten Aufgaben der Bundesagentur als Träger nach § 6 Absatz 1 Satz 1 Nummer 1 in dem Gebiet des kommunalen Trägers wahrgenommen haben, treten zum Zeitpunkt der Neuzulassung kraft Gesetzes in den Dienst des kommunalen Trägers über. Für die Auszubildenden bei der Bundesagentur gilt Satz 1 entsprechend. Die Versetzung eines nach Satz 1 übergetretenen Beamtinnen und Beamten vom kommunalen Träger zur Bundesagentur bedarf nicht der Zustimmung der Bundesagentur, bis sie 10 Prozent der nach Satz 1 übergetretenen Beamtinnen und Beamten, Arbeitnehmerinnen und Arbeitnehmer wieder aufgenommen hat. Bis zum Erreichen des in Satz 3 genannten Anteils ist die Bundesagentur zur Wiedereinstellung von nach Satz 1 übergetretenen Arbeitnehmerinnen und Arbeitnehmern verpflichtet, die auf Vorschlag des kommunalen Trägers dazu bereit sind. Die Versetzung und Wiedereinstellung im Sinne der Sätze 3 und 4 ist innerhalb von drei Monaten nach dem Zeitpunkt der Neuzulassung abzuschließen. Die Sätze 1 bis 5 gelten entsprechend für Zulassungen nach § 6a Absatz 4 Satz 2 sowie Erweiterungen der Zulassung nach § 6a

Absatz 7.
(2) Endet die Trägerschaft eines kommunalen Trägers nach § 6a, treten die Beamtinnen und Beamten, Arbeitnehmerinnen und Arbeitnehmer des kommunalen Trägers, die am Tag vor der Beendigung der Trägerschaft Aufgaben anstelle der Bundesagentur als Träger nach § 6 Absatz 1 Nummer 1 durchgeführt haben, zum Zeitpunkt der Beendigung der Trägerschaft kraft Gesetzes in den Dienst der Bundesagentur über. Für die Auszubildenden bei dem kommunalen Träger gilt Satz 1 entsprechend.
(3) Treten Beamtinnen und Beamte aufgrund des Absatzes 1 oder 2 kraft Gesetzes in den Dienst eines anderen Trägers über, wird das Beamtenverhältnis mit dem anderen Träger fortgesetzt. Treten Arbeitnehmerinnen und Arbeitnehmer aufgrund des Absatzes 1 oder 2 kraft Gesetzes in den Dienst eines anderen Trägers über, tritt der neue Träger unbeschadet des Satzes 3 in die Rechte und Pflichten aus den Arbeitsverhältnissen ein, die im Zeitpunkt des Übertritts bestehen. Vom Zeitpunkt des Übertritts an sind die für Arbeitnehmerinnen und Arbeitnehmer des neuen Trägers jeweils geltenden Tarifverträge ausschließlich anzuwenden. Den Beamtinnen und Beamten, Arbeitnehmerinnen oder Arbeitnehmern ist die Fortsetzung des Beamten- oder Arbeitsverhältnisses von dem aufnehmenden Träger schriftlich zu bestätigen. Für die Verteilung der Versorgungslasten hinsichtlich der aufgrund des Absatzes 1 oder 2 übertretenden Beamtinnen und Beamten gilt § 107b des Beamtenversorgungsgesetzes entsprechend. Mit Inkrafttreten des Versorgungslastenteilungs-Staatsvertrags sind für die jeweils beteiligten Dienstherrn die im Versorgungslastenteilungs-Staatsvertrag bestimmten Regelungen entsprechend anzuwenden.
(4) Beamtinnen und Beamten, die nach Absatz 1 oder 2 kraft Gesetzes in den Dienst eines anderen Trägers übertreten, soll ein gleich zu bewertendes Amt übertragen werden, das ihrem bisherigen Amt nach Bedeutung und Inhalt ohne Berücksichtigung von Dienststellung und Dienstalter entspricht. Wenn eine dem bisherigen Amt entsprechende Verwendung im Ausnahmefall nicht möglich ist, kann ihnen auch ein anderes Amt mit geringerem Grundgehalt übertragen werden. Verringert sich nach Satz 1 oder 2 der Gesamtbetrag von Grundgehalt, allgemeiner Stellenzulage oder entsprechender Besoldungsbestandteile und anteiliger Sonderzahlung (auszugleichende Dienstbezüge), hat der aufnehmende Träger eine Ausgleichszulage zu gewähren. Die Ausgleichszulage bemisst sich nach der Differenz zwischen den auszugleichenden Dienstbezügen beim abgebenden Träger und beim aufnehmenden Träger zum Zeitpunkt des Übertritts. Auf die Ausgleichszulage werden alle Erhöhungen der auszugleichenden Dienstbezüge beim aufnehmenden Träger angerechnet. Die Ausgleichszulage ist ruhegehaltfähig. Als Bestandteil der Versorgungsbezüge vermindert sich die Ausgleichszulage bei jeder auf das Grundgehalt bezogenen Erhöhung der Versorgungsbezüge um diesen Erhöhungsbetrag. Im Fall des Satzes 2 dürfen die Beamtinnen und Beamten neben der neuen Amtsbezeichnung die des früheren Amtes mit dem Zusatz „außer Dienst" („a. D.") führen.
(5) Arbeitnehmerinnen und Arbeitnehmern, die nach Absatz 1 oder 2 kraft Gesetzes in den Dienst eines anderen Trägers übertreten, soll grundsätzlich eine tarifrechtlich gleichwertige Tätigkeit übertragen werden. Wenn eine derartige Verwendung im Ausnahmefall nicht möglich ist, kann ihnen eine niedriger bewertete Tätigkeit übertragen werden. Verringert sich das Arbeitsentgelt nach den Sätzen 1 und 2, ist eine Ausgleichszahlung in Höhe des Unterschiedsbetrages zwischen dem Arbeitsentgelt bei dem abgebenden Träger zum Zeitpunkt des Übertritts und dem jeweiligen Arbeitsentgelt bei dem aufnehmenden Träger zu zahlen.

-

§ 6d Jobcenter

Die gemeinsamen Einrichtungen nach § 44b und die zugelassenen kommunalen Träger nach § 6a führen die Bezeichnung Jobcenter.

Kapitel 2
Anspruchsvoraussetzungen

§ 7 Leistungsberechtigte

(1) Leistungen nach diesem Buch erhalten Personen, die

1. das 15. Lebensjahr vollendet und die Altersgrenze nach § 7a noch nicht erreicht haben,
2. erwerbsfähig sind,
3. hilfebedürftig sind und
4. ihren gewöhnlichen Aufenthalt in der Bundesrepublik Deutschland haben

(erwerbsfähige Leistungsberechtigte). Ausgenommen sind

1. Ausländerinnen und Ausländer, die weder in der Bundesrepublik Deutschland Arbeitnehmerinnen, Arbeitnehmer oder Selbständige noch aufgrund des § 2 Absatz 3 des Freizügigkeitsgesetzes/EU freizügigkeitsberechtigt sind, und ihre Familienangehörigen für die ersten drei Monate ihres Aufenthalts,
2. Ausländerinnen und Ausländer, deren Aufenthaltsrecht sich allein aus dem Zweck der Arbeitsuche ergibt, und ihre Familienangehörigen,
3. Leistungsberechtigte nach § 1 des Asylbewerberleistungsgesetzes.

Satz 2 Nummer 1 gilt nicht für Ausländerinnen und Ausländer, die sich mit einem Aufenthaltstitel nach Kapitel 2 Abschnitt 5 des Aufenthaltsgesetzes in der Bundesrepublik Deutschland aufhalten. Aufenthaltsrechtliche Bestimmungen bleiben unberührt.

(2) Leistungen erhalten auch Personen, die mit erwerbsfähigen Leistungsberechtigten in einer Bedarfsgemeinschaft leben. Dienstleistungen und Sachleistungen werden ihnen nur erbracht, wenn dadurch Hemmnisse bei der Eingliederung der erwerbsfähigen Leistungsberechtigten beseitigt oder vermindert werden. Zur Deckung der Bedarfe nach § 28 erhalten die dort genannten Personen auch dann Leistungen für Bildung und Teilhabe, wenn sie mit Personen in einem Haushalt zusammenleben, mit denen sie nur deshalb keine Bedarfsgemeinschaft bilden, weil diese aufgrund des zu berücksichtigenden Einkommens oder Vermögens selbst nicht leistungsberechtigt sind.

(3) Zur Bedarfsgemeinschaft gehören

1. die erwerbsfähigen Leistungsberechtigten,
2. die im Haushalt lebenden Eltern oder der im Haushalt lebende Elternteil eines unverheirateten erwerbsfähigen Kindes, welches das 25. Lebensjahr noch nicht

vollendet hat, und die im Haushalt lebende Partnerin oder der im Haushalt lebende Partner dieses Elternteils,

3. als Partnerin oder Partner der erwerbsfähigen Leistungsberechtigten
   a) die nicht dauernd getrennt lebende Ehegattin oder der nicht dauernd getrennt lebende Ehegatte,
   b) die nicht dauernd getrennt lebende Lebenspartnerin oder der nicht dauernd getrennt lebende Lebenspartner,
   c) eine Person, die mit der erwerbsfähigen leistungsberechtigten Person in einem gemeinsamen Haushalt so zusammenlebt, dass nach verständiger Würdigung der wechselseitige Wille anzunehmen ist, Verantwortung füreinander zu tragen und füreinander einzustehen.

4. die dem Haushalt angehörenden unverheirateten Kinder der in den Nummern 1 bis 3 genannten Personen, wenn sie das 25. Lebensjahr noch nicht vollendet haben, soweit sie die Leistungen zur Sicherung ihres Lebensunterhalts nicht aus eigenem Einkommen oder Vermögen beschaffen können.

(3a) Ein wechselseitiger Wille, Verantwortung füreinander zu tragen und füreinander einzustehen, wird vermutet, wenn Partner

1. länger als ein Jahr zusammenleben,
2. mit einem gemeinsamen Kind zusammenleben,
3. Kinder oder Angehörige im Haushalt versorgen oder
4. befugt sind, über Einkommen oder Vermögen des anderen zu verfügen.

(4) Leistungen nach diesem Buch erhält nicht, wer in einer stationären Einrichtung untergebracht ist, Rente wegen Alters oder Knappschaftsausgleichsleistung oder ähnliche Leistungen öffentlich-rechtlicher Art bezieht. Dem Aufenthalt in einer stationären Einrichtung ist der Aufenthalt in einer Einrichtung zum Vollzug richterlich angeordneter Freiheitsentziehung gleichgestellt. Abweichend von Satz 1 erhält Leistungen nach diesem Buch,

1. wer voraussichtlich für weniger als sechs Monate in einem Krankenhaus (§ 107 des Fünften Buches) untergebracht ist oder
2. wer in einer stationären Einrichtung untergebracht und unter den üblichen Bedingungen des allgemeinen Arbeitsmarktes mindestens 15 Stunden wöchentlich erwerbstätig ist.

(4a) Erwerbsfähige Leistungsberechtigte erhalten keine Leistungen, wenn sie sich ohne Zustimmung des zuständigen Trägers nach diesem Buch außerhalb des zeit- und ortsnahen Bereichs aufhalten und deshalb nicht für die Eingliederung in Arbeit zur Verfügung stehen. Die Zustimmung ist zu erteilen, wenn für den Aufenthalt außerhalb des zeit-und ortsnahen Bereichs ein wichtiger Grund vorliegt und die Eingliederung in Arbeit nicht beeinträchtigt wird. Ein wichtiger Grund liegt insbesondere vor bei

1. Teilnahme an einer ärztlich verordneten Maßnahme der medizinischen Vorsorge oder Rehabilitation,
2. Teilnahme an einer Veranstaltung, die staatspolitischen, kirchlichen oder gewerkschaftlichen Zwecken dient oder sonst im öffentlichen Interesse liegt, oder
3. Ausübung einer ehrenamtlichen Tätigkeit.

Die Zustimmung kann auch erteilt werden, wenn für den Aufenthalt außerhalb des zeit- und ortsnahen Bereichs kein wichtiger Grund vorliegt und die Eingliederung in Arbeit nicht beeinträchtigt wird. Die Dauer der Abwesenheiten nach Satz 4 soll in der Regel insgesamt drei Wochen im Kalenderjahr nicht überschreiten.

(5) Auszubildende, deren Ausbildung im Rahmen des Bundesausbildungsförderungsgesetzes oder der §§ 51, 57 und 58 des Dritten Buches dem Grunde nach förderungsfähig ist, haben über die Leistungen nach § 27 hinaus keinen Anspruch auf Leistungen zur Sicherung des Lebensunterhalts.

(6) Absatz 5 findet keine Anwendung auf Auszubildende,

1. die aufgrund von § 2 Absatz 1a des Bundesausbildungsförderungsgesetzes keinen Anspruch auf Ausbildungsförderung oder aufgrund von § 60 des Dritten Buches keinen Anspruch auf Berufsausbildungsbeihilfe haben,
2. deren Bedarf sich nach § 12 Absatz 1 Nummer 1 des Bundesausbildungsförderungsgesetzes, nach § 62 Absatz 1 oder § 124 Absatz 1 Nummer 1 des Dritten Buches bemisst oder
3. die eine Abendhauptschule, eine Abendrealschule oder ein Abendgymnasium besuchen, sofern sie aufgrund von § 10 Absatz 3 des Bundesausbildungsförderungsgesetzes keinen Anspruch auf Ausbildungsförderung haben.

§ 7a Altersgrenze

Personen, die vor dem 1. Januar 1947 geboren sind, erreichen die Altersgrenze mit Ablauf des Monats, in dem sie das 65. Lebensjahr vollenden. Für Personen, die nach dem 31. Dezember 1946 geboren sind, wird die Altersgrenze wie folgt angehoben:

für den Geburtsjahrgang	erfolgt eine Anhebung um Monate	auf den Ablauf des Monats, in dem ein Lebensalter vollendet wird von
1947	1	65 Jahren und 1 Monat
1948	2	65 Jahren und 2 Monaten
1949	3	65 Jahren und 3 Monaten
1950	4	65 Jahren und 4 Monaten
1951	5	65 Jahren und 5 Monaten
1952	6	65 Jahren und 6 Monaten
1953	7	65 Jahren und 7 Monaten

für den Geburtsjahrgang	erfolgt eine Anhebung um Monate	auf den Ablauf des Monats, in dem ein Lebensalter vollendet wird von
1954	8	65 Jahren und 8 Monaten
1955	9	65 Jahren und 9 Monaten
1956	10	65 Jahren und 10 Monaten
1957	11	65 Jahren und 11 Monaten
1958	12	66 Jahren
1959	14	66 Jahren und 2 Monaten
1960	16	66 Jahren und 4 Monaten
1961	18	66 Jahren und 6 Monaten
1962	20	66 Jahren und 8 Monaten
1963	22	66 Jahren und 10 Monaten
ab 1964	24	67 Jahren.

-

§ 8 Erwerbsfähigkeit

(1) Erwerbsfähig ist, wer nicht wegen Krankheit oder Behinderung auf absehbare Zeit außerstande ist, unter den üblichen Bedingungen des allgemeinen Arbeitsmarktes mindestens drei Stunden täglich erwerbstätig zu sein.
(2) Im Sinne von Absatz 1 können Ausländerinnen und Ausländer nur erwerbstätig sein, wenn ihnen die Aufnahme einer Beschäftigung erlaubt ist oder erlaubt werden könnte. Die rechtliche Möglichkeit, eine Beschäftigung vorbehaltlich einer Zustimmung nach § 39 des Aufenthaltsgesetzes aufzunehmen, ist ausreichend.

-

§ 9 Hilfebedürftigkeit

(1) Hilfebedürftig ist, wer seinen Lebensunterhalt nicht oder nicht ausreichend aus dem zu berücksichtigenden Einkommen oder Vermögen sichern kann und die erforderliche Hilfe nicht von anderen, insbesondere von Angehörigen oder von Trägern anderer Sozialleistungen, erhält.
(2) Bei Personen, die in einer Bedarfsgemeinschaft leben, sind auch das Einkommen und Vermögen des Partners zu berücksichtigen. Bei unverheirateten Kindern, die mit ihren Eltern oder einem Elternteil in einer Bedarfsgemeinschaft leben und die ihren Lebensunterhalt nicht aus eigenem Einkommen oder Vermögen sichern können, sind auch das Einkommen und Vermögen der Eltern oder des Elternteils und dessen in Bedarfsgemeinschaft lebender Partnerin oder lebenden Partners zu berücksichtigen. Ist in einer Bedarfsgemeinschaft nicht der gesamte Bedarf aus eigenen Kräften und Mitteln gedeckt, gilt jede Person der Bedarfsgemeinschaft im Verhältnis des eigenen Bedarfs zum Gesamtbedarf als hilfebedürftig, dabei bleiben die Bedarfe nach § 28 außer Betracht. In den Fällen des § 7 Absatz 2 Satz 3 ist Einkommen und Vermögen, soweit es die nach Satz 3 zu berücksichtigenden Bedarfe übersteigt, im Verhältnis mehrerer Leistungsberechtigter zueinander zu gleichen Teilen zu berücksichtigen.
(3) Absatz 2 Satz 2 findet keine Anwendung auf ein Kind, das schwanger ist oder sein Kind bis zur Vollendung des sechsten Lebensjahres betreut.

(4) Hilfebedürftig ist auch derjenige, dem der sofortige Verbrauch oder die sofortige Verwertung von zu berücksichtigendem Vermögen nicht möglich ist oder für den dies eine besondere Härte bedeuten würde.
(5) Leben Hilfebedürftige in Haushaltsgemeinschaft mit Verwandten oder Verschwägerten, so wird vermutet, dass sie von ihnen Leistungen erhalten, soweit dies nach deren Einkommen und Vermögen erwartet werden kann.
-

§ 10 Zumutbarkeit

(1) Einer erwerbsfähigen leistungsberechtigten Person ist jede Arbeit zumutbar, es sei denn, dass

1. sie zu der bestimmten Arbeit körperlich, geistig oder seelisch nicht in der Lage ist,
2. die Ausübung der Arbeit die künftige Ausübung der bisherigen überwiegenden Arbeit wesentlich erschweren würde, weil die bisherige Tätigkeit besondere körperliche Anforderungen stellt,
3. die Ausübung der Arbeit die Erziehung ihres Kindes oder des Kindes ihrer Partnerin oder ihres Partners gefährden würde; die Erziehung eines Kindes, das das dritte Lebensjahr vollendet hat, ist in der Regel nicht gefährdet, soweit die Betreuung in einer Tageseinrichtung oder in Tagespflege im Sinne der Vorschriften des Achten Buches oder auf sonstige Weise sichergestellt ist; die zuständigen kommunalen Träger sollen darauf hinwirken, dass erwerbsfähigen Erziehenden vorrangig ein Platz zur Tagesbetreuung des Kindes angeboten wird,
4. die Ausübung der Arbeit mit der Pflege einer oder eines Angehörigen nicht vereinbar wäre und die Pflege nicht auf andere Weise sichergestellt werden kann,
5. der Ausübung der Arbeit ein sonstiger wichtiger Grund entgegensteht.

(2) Eine Arbeit ist nicht allein deshalb unzumutbar, weil

1. sie nicht einer früheren beruflichen Tätigkeit entspricht, für die die erwerbsfähige leistungsberechtigte Person ausgebildet ist oder die früher ausgeübt wurde,
2. sie im Hinblick auf die Ausbildung der erwerbsfähigen leistungsberechtigten Person als geringerwertig anzusehen ist,
3. der Beschäftigungsort vom Wohnort der erwerbsfähigen leistungsberechtigten Person weiter entfernt ist als ein früherer Beschäftigungs- oder Ausbildungsort,
4. die Arbeitsbedingungen ungünstiger sind als bei den bisherigen Beschäftigungen der erwerbsfähigen leistungsberechtigten Person,
5. sie mit der Beendigung einer Erwerbstätigkeit verbunden ist, es sei denn, es liegen begründete Anhaltspunkte vor, dass durch die bisherige Tätigkeit künftig die Hilfebedürftigkeit beendet werden kann.

(3) Die Absätze 1 und 2 gelten für die Teilnahme an Maßnahmen zur Eingliederung in

Arbeit entsprechend.

§ 11 Zu berücksichtigendes Einkommen

(1) Als Einkommen zu berücksichtigen sind Einnahmen in Geld oder Geldeswert abzüglich der nach § 11b abzusetzenden Beträge mit Ausnahme der in § 11a genannten Einnahmen. Als Einkommen zu berücksichtigen sind auch Zuflüsse aus darlehensweise gewährten Sozialleistungen, soweit sie dem Lebensunterhalt dienen. Der Kinderzuschlag nach § 6a des Bundeskindergeldgesetzes ist als Einkommen dem jeweiligen Kind zuzurechnen. Dies gilt auch für das Kindergeld für zur Bedarfsgemeinschaft gehörende Kinder, soweit es bei dem jeweiligen Kind zur Sicherung des Lebensunterhalts, mit Ausnahme der Bedarfe nach § 28, benötigt wird.
(2) Laufende Einnahmen sind für den Monat zu berücksichtigen, in dem sie zufließen. Zu den laufenden Einnahmen zählen auch Einnahmen, die an einzelnen Tagen eines Monats aufgrund von kurzzeitigen Beschäftigungsverhältnissen erzielt werden. Für laufende Einnahmen, die in größeren als monatlichen Zeitabständen zufließen, gilt Absatz 3 entsprechend.
(3) Einmalige Einnahmen sind in dem Monat, in dem sie zufließen, zu berücksichtigen. Sofern für den Monat des Zuflusses bereits Leistungen ohne Berücksichtigung der einmaligen Einnahme erbracht worden sind, werden sie im Folgemonat berücksichtigt. Entfiele der Leistungsanspruch durch die Berücksichtigung in einem Monat, ist die einmalige Einnahme auf einen Zeitraum von sechs Monaten gleichmäßig aufzuteilen und monatlich mit einem entsprechenden Teilbetrag zu berücksichtigen.

§ 11a Nicht zu berücksichtigendes Einkommen

(1) Nicht als Einkommen zu berücksichtigen sind
1.
   Leistungen nach diesem Buch,
2.
   die Grundrente nach dem Bundesversorgungsgesetz und nach den Gesetzen, die eine entsprechende Anwendung des Bundesversorgungsgesetzes vorsehen,
3.
   die Renten oder Beihilfen, die nach dem Bundesentschädigungsgesetz für Schaden an Leben sowie an Körper oder Gesundheit erbracht werden, bis zur Höhe der vergleichbaren Grundrente nach dem Bundesversorgungsgesetz.

(2) Entschädigungen, die wegen eines Schadens, der kein Vermögensschaden ist, nach § 253 Absatz 2 des Bürgerlichen Gesetzbuchs geleistet werden, sind nicht als Einkommen zu berücksichtigen.
(3) Leistungen, die aufgrund öffentlich-rechtlicher Vorschriften zu einem ausdrücklich genannten Zweck erbracht werden, sind nur so weit als Einkommen zu berücksichtigen, als die Leistungen nach diesem Buch im Einzelfall demselben Zweck dienen. Abweichend von Satz 1 sind als Einkommen zu berücksichtigen
1.
   die Leistungen nach § 39 des Achten Buches, die für den erzieherischen Einsatz erbracht werden,
   a)

b) für das dritte Pflegekind zu 75 Prozent,

b) für das vierte und jedes weitere Pflegekind vollständig,

2. die Leistungen nach § 23 des Achten Buches.

(4) Zuwendungen der freien Wohlfahrtspflege sind nicht als Einkommen zu berücksichtigen, soweit sie die Lage der Empfängerinnen und Empfänger nicht so günstig beeinflussen, dass daneben Leistungen nach diesem Buch nicht gerechtfertigt wären.

(5) Zuwendungen, die ein anderer erbringt, ohne hierzu eine rechtliche oder sittliche Pflicht zu haben, sind nicht als Einkommen zu berücksichtigen, soweit

1. ihre Berücksichtigung für die Leistungsberechtigten grob unbillig wäre oder

2. sie die Lage der Leistungsberechtigten nicht so günstig beeinflussen, dass daneben Leistungen nach diesem Buch nicht gerechtfertigt wären.

-

§ 11b Absetzbeträge

(1) Vom Einkommen abzusetzen sind

1. auf das Einkommen entrichtete Steuern,

2. Pflichtbeiträge zur Sozialversicherung einschließlich der Beiträge zur Arbeitsförderung,

3. Beiträge zu öffentlichen oder privaten Versicherungen oder ähnlichen Einrichtungen, soweit diese Beiträge gesetzlich vorgeschrieben oder nach Grund und Höhe angemessen sind; hierzu gehören Beiträge

    a) zur Vorsorge für den Fall der Krankheit und der Pflegebedürftigkeit für Personen, die in der gesetzlichen Krankenversicherung nicht versicherungspflichtig sind,

    b) zur Altersvorsorge von Personen, die von der Versicherungspflicht in der gesetzlichen Rentenversicherung befreit sind,

    soweit die Beiträge nicht nach § 26 bezuschusst werden,

4. geförderte Altersvorsorgebeiträge nach § 82 des Einkommensteuergesetzes, soweit sie den Mindesteigenbeitrag nach § 86 des Einkommensteuergesetzes nicht überschreiten,

5. die mit der Erzielung des Einkommens verbundenen notwendigen Ausgaben,

6. für Erwerbstätige ferner ein Betrag nach Absatz 3,

7. Aufwendungen zur Erfüllung gesetzlicher Unterhaltsverpflichtungen bis zu dem in einem Unterhaltstitel oder in einer notariell beurkundeten Unterhaltsvereinbarung festgelegten Betrag,

8.
bei erwerbsfähigen Leistungsberechtigten, deren Einkommen nach dem Vierten Abschnitt des Bundesausbildungsförderungsgesetzes oder nach § 67 oder § 126 des Dritten Buches bei der Berechnung der Leistungen der Ausbildungsförderung für mindestens ein Kind berücksichtigt wird, der nach den Vorschriften der Ausbildungsförderung berücksichtigte Betrag.

Bei der Verteilung einer einmaligen Einnahme nach § 11 Absatz 3 Satz 3 sind die auf die einmalige Einnahme im Zuflussmonat entfallenden Beträge nach den Nummern 1, 2, 5 und 6 vorweg abzusetzen.

(2) Bei erwerbsfähigen Leistungsberechtigten, die erwerbstätig sind, ist anstelle der Beträge nach Absatz 1 Satz 1 Nummer 3 bis 5 ein Betrag von insgesamt 100 Euro monatlich abzusetzen. Beträgt das monatliche Einkommen mehr als 400 Euro, gilt Satz 1 nicht, wenn die oder der erwerbsfähige Leistungsberechtigte nachweist, dass die Summe der Beträge nach Absatz 1 Satz 1 Nummer 3 bis 5 den Betrag von 100 Euro übersteigt. Erhält eine leistungsberechtigte Person mindestens aus einer Tätigkeit Bezüge oder Einnahmen, die nach § 3 Nummer 12, 26, 26a oder 26b des Einkommensteuergesetzes steuerfrei sind, gelten die Sätze 1 und 2 mit den Maßgaben, dass jeweils an die Stelle des Betrages von 100 Euro monatlich der Betrag von 200 Euro monatlich und an die Stelle des Betrages von 400 Euro der Betrag von 200 Euro tritt. § 11a Absatz 3 bleibt unberührt.

(3) Bei erwerbsfähigen Leistungsberechtigten, die erwerbstätig sind, ist von dem monatlichen Einkommen aus Erwerbstätigkeit ein weiterer Betrag abzusetzen. Dieser beläuft sich

1.
für den Teil des monatlichen Einkommens, das 100 Euro übersteigt und nicht mehr als 1 000 Euro beträgt, auf 20 Prozent und

2.
für den Teil des monatlichen Einkommens, das 1 000 Euro übersteigt und nicht mehr als 1 200 Euro beträgt, auf 10 Prozent.

Anstelle des Betrages von 1 200 Euro tritt für erwerbsfähige Leistungsberechtigte, die entweder mit mindestens einem minderjährigen Kind in Bedarfsgemeinschaft leben oder die mindestens ein minderjähriges Kind haben, ein Betrag von 1 500 Euro.
-

§ 12 Zu berücksichtigendes Vermögen

(1) Als Vermögen sind alle verwertbaren Vermögensgegenstände zu berücksichtigen.
(2) Vom Vermögen sind abzusetzen

1.
ein Grundfreibetrag in Höhe von 150 Euro je vollendetem Lebensjahr für jede in der Bedarfsgemeinschaft lebende volljährige Person und deren Partnerin oder Partner, mindestens aber jeweils 3 100 Euro; der Grundfreibetrag darf für jede volljährige Person und ihre Partnerin oder ihren Partner jeweils den nach Satz 2 maßgebenden Höchstbetrag nicht übersteigen,

1a.
ein Grundfreibetrag in Höhe von 3 100 Euro für jedes leistungsberechtigte minderjährige Kind,

2.
Altersvorsorge in Höhe des nach Bundesrecht ausdrücklich als Altersvorsorge geförderten Vermögens einschließlich seiner Erträge und der geförderten laufenden

Altersvorsorgebeiträge, soweit die Inhaberin oder der Inhaber das Altersvorsorgevermögen nicht vorzeitig verwendet,

3. geldwerte Ansprüche, die der Altersvorsorge dienen, soweit die Inhaberin oder der Inhaber sie vor dem Eintritt in den Ruhestand aufgrund einer unwiderruflichen vertraglichen Vereinbarung nicht verwerten kann und der Wert der geldwerten Ansprüche 750 Euro je vollendetem Lebensjahr der erwerbsfähigen leistungsberechtigten Person und deren Partnerin oder Partner, höchstens jedoch jeweils den nach Satz 2 maßgebenden Höchstbetrag nicht übersteigt,

4. ein Freibetrag für notwendige Anschaffungen in Höhe von 750 Euro für jeden in der Bedarfsgemeinschaft lebenden Leistungsberechtigten.

Bei Personen, die

1. vor dem 1. Januar 1958 geboren sind, darf der Grundfreibetrag nach Satz 1 Nummer 1 jeweils 9 750 Euro und der Wert der geldwerten Ansprüche nach Satz 1 Nummer 3 jeweils 48 750 Euro,

2. nach dem 31. Dezember 1957 und vor dem 1. Januar 1964 geboren sind, darf der Grundfreibetrag nach Satz 1 Nummer 1 jeweils 9 900 Euro und der Wert der geldwerten Ansprüche nach Satz 1 Nummer 3 jeweils 49 500 Euro,

3. nach dem 31. Dezember 1963 geboren sind, darf der Grundfreibetrag nach Satz 1 Nummer 1 jeweils 10 050 Euro und der Wert der geldwerten Ansprüche nach Satz 1 Nummer 3 jeweils 50 250 Euro

nicht übersteigen.

(3) Als Vermögen sind nicht zu berücksichtigen

1. angemessener Hausrat,

2. ein angemessenes Kraftfahrzeug für jede in der Bedarfsgemeinschaft lebende erwerbsfähige Person,

3. von der Inhaberin oder dem Inhaber als für die Altersvorsorge bestimmt bezeichnete Vermögensgegenstände in angemessenem Umfang, wenn die erwerbsfähige leistungsberechtigte Person oder deren Partnerin oder Partner von der Versicherungspflicht in der gesetzlichen Rentenversicherung befreit ist,

4. ein selbst genutztes Hausgrundstück von angemessener Größe oder eine entsprechende Eigentumswohnung,

5. Vermögen, solange es nachweislich zur baldigen Beschaffung oder Erhaltung eines Hausgrundstücks von angemessener Größe bestimmt ist, soweit dieses zu Wohnzwecken behinderter oder pflegebedürftiger Menschen dient oder dienen soll und dieser Zweck durch den Einsatz oder die Verwertung des Vermögens gefährdet würde,

6. Sachen und Rechte, soweit ihre Verwertung offensichtlich unwirtschaftlich ist oder für den Betroffenen eine besondere Härte bedeuten würde.

Für die Angemessenheit sind die Lebensumstände während des Bezugs der Leistungen zur Grundsicherung für Arbeitsuchende maßgebend.
(4) Das Vermögen ist mit seinem Verkehrswert zu berücksichtigen. Für die Bewertung ist der Zeitpunkt maßgebend, in dem der Antrag auf Bewilligung oder erneute Bewilligung der Leistungen der Grundsicherung für Arbeitsuchende gestellt wird, bei späterem Erwerb von Vermögen der Zeitpunkt des Erwerbs. Wesentliche Änderungen des Verkehrswertes sind zu berücksichtigen.
-

§ 12a Vorrangige Leistungen

Leistungsberechtigte sind verpflichtet, Sozialleistungen anderer Träger in Anspruch zu nehmen und die dafür erforderlichen Anträge zu stellen, sofern dies zur Vermeidung, Beseitigung, Verkürzung oder Verminderung der Hilfebedürftigkeit erforderlich ist. Abweichend von Satz 1 sind Leistungsberechtigte nicht verpflichtet,

1. bis zur Vollendung des 63. Lebensjahres eine Rente wegen Alters vorzeitig in Anspruch zu nehmen oder
2. Wohngeld nach dem Wohngeldgesetz oder Kinderzuschlag nach dem Bundeskindergeldgesetz in Anspruch zu nehmen, wenn dadurch nicht die Hilfebedürftigkeit aller Mitglieder der Bedarfsgemeinschaft für einen zusammenhängenden Zeitraum von mindestens drei Monaten beseitigt würde.

-

§ 13 Verordnungsermächtigung

(1) Das Bundesministerium für Arbeit und Soziales wird ermächtigt, im Einvernehmen mit dem Bundesministerium der Finanzen ohne Zustimmung des Bundesrates durch Rechtsverordnung zu bestimmen,

1. welche weiteren Einnahmen nicht als Einkommen zu berücksichtigen sind und wie das Einkommen im Einzelnen zu berechnen ist,
2. welche weiteren Vermögensgegenstände nicht als Vermögen zu berücksichtigen sind und wie der Wert des Vermögens zu ermitteln ist,
3. welche Pauschbeträge für die von dem Einkommen abzusetzenden Beträge zu berücksichtigen sind,
4. welche durchschnittlichen monatlichen Beträge für einzelne Bedarfe nach § 28 für die Prüfung der Hilfebedürftigkeit zu berücksichtigen sind und welcher Eigenanteil des maßgebenden Regelbedarfs bei der Bemessung des Bedarfs nach § 28 Absatz 6 zugrunde zu legen ist.

(2) Das Bundesministerium für Arbeit und Soziales wird ermächtigt, ohne Zustimmung des Bundesrates durch Rechtsverordnung zu bestimmen, unter welchen Voraussetzungen und für welche Dauer Leistungsberechtigte nach Vollendung des 63. Lebensjahres ausnahmsweise zur Vermeidung von Unbilligkeiten nicht verpflichtet sind, eine Rente wegen Alters vorzeitig in Anspruch zu nehmen.

(3) Das Bundesministerium für Arbeit und Soziales wird ermächtigt, durch Rechtsverordnung ohne Zustimmung des Bundesrates nähere Bestimmungen zum zeit- und ortsnahen Bereich (§ 7 Absatz 4a) sowie dazu zu treffen, wie lange und unter welchen Voraussetzungen sich erwerbsfähige Leistungsberechtigte außerhalb des zeit- und ortsnahen Bereichs aufhalten dürfen, ohne Ansprüche auf Leistungen nach diesem Buch zu verlieren.

Kapitel 3
Leistungen

Abschnitt 1
Leistungen zur Eingliederung in Arbeit

§ 14 Grundsatz des Förderns

Die Träger der Leistungen nach diesem Buch unterstützen erwerbsfähige Leistungsberechtigte umfassend mit dem Ziel der Eingliederung in Arbeit. Die Agentur für Arbeit soll eine persönliche Ansprechpartnerin oder einen persönlichen Ansprechpartner für jede erwerbsfähige leistungsberechtigte Person und die mit dieser in einer Bedarfsgemeinschaft lebenden Personen benennen. Die Träger der Leistungen nach diesem Buch erbringen unter Beachtung der Grundsätze von Wirtschaftlichkeit und Sparsamkeit alle im Einzelfall für die Eingliederung in Arbeit erforderlichen Leistungen.

§ 15 Eingliederungsvereinbarung

(1) Die Agentur für Arbeit soll im Einvernehmen mit dem kommunalen Träger mit jeder erwerbsfähigen leistungsberechtigten Person die für ihre Eingliederung erforderlichen Leistungen vereinbaren (Eingliederungsvereinbarung). Die Eingliederungsvereinbarung soll insbesondere bestimmen,
1. welche Leistungen die oder der Erwerbsfähige zur Eingliederung in Arbeit erhält,
2. welche Bemühungen erwerbsfähige Leistungsberechtigte in welcher Häufigkeit zur Eingliederung in Arbeit mindestens unternehmen müssen und in welcher Form diese Bemühungen nachzuweisen sind,
3. welche Leistungen Dritter, insbesondere Träger anderer Sozialleistungen, erwerbsfähige Leistungsberechtigte zu beantragen haben.

Die Eingliederungsvereinbarung soll für sechs Monate geschlossen werden. Danach soll eine neue Eingliederungsvereinbarung abgeschlossen werden. Bei jeder folgenden Eingliederungsvereinbarung sind die bisher gewonnenen Erfahrungen zu berücksichtigen. Kommt eine Eingliederungsvereinbarung nicht zustande, sollen die Regelungen nach Satz 2 durch Verwaltungsakt erfolgen.
(2) In der Eingliederungsvereinbarung kann auch vereinbart werden, welche Leistungen die Personen erhalten, die mit der oder dem erwerbsfähigen Leistungsberechtigten in einer Bedarfsgemeinschaft leben. Diese Personen sind hierbei zu beteiligen.
(3) Wird in der Eingliederungsvereinbarung eine Bildungsmaßnahme vereinbart, ist auch

zu regeln, in welchem Umfang und unter welchen Voraussetzungen die oder der erwerbsfähige Leistungsberechtigte schadenersatzpflichtig ist, wenn sie oder er die Maßnahme aus einem von ihr oder ihm zu vertretenden Grund nicht zu Ende führt.
-

§ 15a Sofortangebot

Erwerbsfähigen Personen, die innerhalb der letzten zwei Jahre laufende Geldleistungen, die der Sicherung des Lebensunterhalts dienen, weder nach diesem Buch noch nach dem Dritten Buch bezogen haben, sollen bei der Beantragung von Leistungen nach diesem Buch unverzüglich Leistungen zur Eingliederung in Arbeit angeboten werden.
-

§ 16 Leistungen zur Eingliederung

(1) Zur Eingliederung in Arbeit erbringt die Agentur für Arbeit Leistungen nach § 35 des Dritten Buches. Sie kann folgende Leistungen des Dritten Kapitels des Dritten Buches erbringen:
1. die übrigen Leistungen der Beratung und Vermittlung nach dem Ersten Abschnitt,
2. Leistungen zur Aktivierung und beruflichen Eingliederung nach dem Zweiten Abschnitt,
3. Leistungen zur Berufsausbildung nach dem Vierten Unterabschnitt des Dritten Abschnitts und Leistungen nach den §§ 54a und 130,
4. Leistungen zur beruflichen Weiterbildung nach dem Vierten Abschnitt und Leistungen nach den §§ 131a und 131b,
5. Leistungen zur Aufnahme einer sozialversicherungspflichtigen Beschäftigung nach dem Ersten Unterabschnitt des Fünften Abschnitts.

Für Eingliederungsleistungen an erwerbsfähige behinderte Leistungsberechtigte nach diesem Buch gelten die §§ 112 bis 114, 115 Nummer 1 bis 3 mit Ausnahme berufsvorbereitender Bildungsmaßnahmen und der Berufsausbildungsbeihilfe, § 116 Absatz 1, 2 und 5, die §§ 117, 118 Satz 1 Nummer 3, Satz 2 und die §§ 127 und 128 des Dritten Buches entsprechend. § 1 Absatz 2 Nummer 4 sowie § 36 und § 81 Absatz 3 des Dritten Buches sind entsprechend anzuwenden.

(2) Soweit dieses Buch nichts Abweichendes regelt, gelten für die Leistungen nach Absatz 1 die Voraussetzungen und Rechtsfolgen des Dritten Buches mit Ausnahme der Verordnungsermächtigung nach § 47 des Dritten Buches sowie der Anordnungsermächtigungen für die Bundesagentur und mit der Maßgabe, dass an die Stelle des Arbeitslosengeldes das Arbeitslosengeld II tritt. § 44 Absatz 3 Satz 3 des Dritten Buches gilt mit der Maßgabe, dass die Förderung aus dem Vermittlungsbudget auch die anderen Leistungen nach dem Zweiten Buch nicht aufstocken, ersetzen oder umgehen darf.

(3) Abweichend von § 44 Absatz 1 Satz 1 des Dritten Buches können Leistungen auch für die Anbahnung und Aufnahme einer schulischen Berufsausbildung erbracht werden.

(3a) Abweichend von § 81 Absatz 4 des Dritten Buches kann die Agentur für Arbeit unter

Anwendung des Vergaberechts Träger mit der Durchführung von Maßnahmen der beruflichen Weiterbildung beauftragen, wenn die Maßnahme den Anforderungen des § 180 des Dritten Buches entspricht und

1.
    eine dem Bildungsziel entsprechende Maßnahme örtlich nicht verfügbar ist oder

2.
    die Eignung und persönlichen Verhältnisse der erwerbsfähigen Leistungsberechtigten dies erfordern.

§ 176 Absatz 2 des Dritten Buches findet keine Anwendung.
(4) Die Agentur für Arbeit als Träger der Grundsicherung für Arbeitsuchende kann die Ausbildungsvermittlung durch die für die Arbeitsförderung zuständigen Stellen der Bundesagentur wahrnehmen lassen. Das Bundesministerium für Arbeit und Soziales wird ermächtigt, durch Rechtsverordnung ohne Zustimmung des Bundesrates das Nähere über die Höhe, Möglichkeiten der Pauschalierung und den Zeitpunkt der Fälligkeit der Erstattung von Aufwendungen bei der Ausführung des Auftrags nach Satz 1 festzulegen.
(5) (weggefallen)

-

§ 16a Kommunale Eingliederungsleistungen

Zur Verwirklichung einer ganzheitlichen und umfassenden Betreuung und Unterstützung bei der Eingliederung in Arbeit können die folgenden Leistungen, die für die Eingliederung der oder des erwerbsfähigen Leistungsberechtigten in das Erwerbsleben erforderlich sind, erbracht werden:

1.
    die Betreuung minderjähriger oder behinderter Kinder oder die häusliche Pflege von Angehörigen,

2.
    die Schuldnerberatung,

3.
    die psychosoziale Betreuung,

4.
    die Suchtberatung.

-

§ 16b Einstiegsgeld

(1) Zur Überwindung von Hilfebedürftigkeit kann erwerbsfähigen Leistungsberechtigten, die arbeitslos sind, bei Aufnahme einer sozialversicherungspflichtigen oder selbständigen Erwerbstätigkeit ein Einstiegsgeld erbracht werden, wenn dies zur Eingliederung in den allgemeinen Arbeitsmarkt erforderlich ist. Das Einstiegsgeld kann auch erbracht werden, wenn die Hilfebedürftigkeit durch oder nach Aufnahme der Erwerbstätigkeit entfällt.
(2) Das Einstiegsgeld wird, soweit für diesen Zeitraum eine Erwerbstätigkeit besteht, für höchstens 24 Monate erbracht. Bei der Bemessung der Höhe des Einstiegsgeldes sollen die vorherige Dauer der Arbeitslosigkeit sowie die Größe der Bedarfsgemeinschaft berücksichtigt werden, in der die oder der erwerbsfähige Leistungsberechtigte lebt.
(3) Das Bundesministerium für Arbeit und Soziales wird ermächtigt, im Einvernehmen mit dem Bundesministerium der Finanzen ohne Zustimmung des Bundesrates durch Rechtsverordnung zu bestimmen, wie das Einstiegsgeld zu bemessen ist. Bei der

Bemessung ist neben der Berücksichtigung der in Absatz 2 Satz 2 genannten Kriterien auch ein Bezug zu dem für die oder den erwerbsfähigen Leistungsberechtigten jeweils maßgebenden Regelbedarf herzustellen.

-

§ 16c Leistungen zur Eingliederung von Selbständigen

(1) Erwerbsfähige Leistungsberechtigte, die eine selbständige, hauptberufliche Tätigkeit aufnehmen oder ausüben, können Darlehen und Zuschüsse für die Beschaffung von Sachgütern erhalten, die für die Ausübung der selbständigen Tätigkeit notwendig und angemessen sind. Zuschüsse dürfen einen Betrag von 5 000 Euro nicht übersteigen.
(2) Erwerbsfähige Leistungsberechtigte, die eine selbständige, hauptberufliche Tätigkeit ausüben, können durch geeignete Dritte durch Beratung oder Vermittlung von Kenntnissen und Fertigkeiten gefördert werden, wenn dies für die weitere Ausübung der selbständigen Tätigkeit erforderlich ist. Die Vermittlung von beruflichen Kenntnissen ist ausgeschlossen.
(3) Leistungen zur Eingliederung von erwerbsfähigen Leistungsberechtigten, die eine selbständige, hauptberufliche Tätigkeit aufnehmen oder ausüben, können nur gewährt werden, wenn zu erwarten ist, dass die selbständige Tätigkeit wirtschaftlich tragfähig ist und die Hilfebedürftigkeit durch die selbständige Tätigkeit innerhalb eines angemessenen Zeitraums dauerhaft überwunden oder verringert wird. Zur Beurteilung der Tragfähigkeit der selbständigen Tätigkeit soll die Agentur für Arbeit die Stellungnahme einer fachkundigen Stelle verlangen.

-

§ 16d Arbeitsgelegenheiten

(1) Erwerbsfähige Leistungsberechtigte können zur Erhaltung oder Wiedererlangung ihrer Beschäftigungsfähigkeit, die für eine Eingliederung in Arbeit erforderlich ist, in Arbeitsgelegenheiten zugewiesen werden, wenn die darin verrichteten Arbeiten zusätzlich sind, im öffentlichen Interesse liegen und wettbewerbsneutral sind. § 18d Satz 2 findet Anwendung.
(2) Arbeiten sind zusätzlich, wenn sie ohne die Förderung nicht, nicht in diesem Umfang oder erst zu einem späteren Zeitpunkt durchgeführt würden. Arbeiten, die auf Grund einer rechtlichen Verpflichtung durchzuführen sind oder die üblicherweise von juristischen Personen des öffentlichen Rechts durchgeführt werden, sind nur förderungsfähig, wenn sie ohne die Förderung voraussichtlich erst nach zwei Jahren durchgeführt würden. Ausgenommen sind Arbeiten zur Bewältigung von Naturkatastrophen und sonstigen außergewöhnlichen Ereignissen.
(3) Arbeiten liegen im öffentlichen Interesse, wenn das Arbeitsergebnis der Allgemeinheit dient. Arbeiten, deren Ergebnis überwiegend erwerbswirtschaftlichen Interessen oder den Interessen eines begrenzten Personenkreises dient, liegen nicht im öffentlichen Interesse. Das Vorliegen des öffentlichen Interesses wird nicht allein dadurch ausgeschlossen, dass das Arbeitsergebnis auch den in der Maßnahme beschäftigten Leistungsberechtigten zugute kommt, wenn sichergestellt ist, dass die Arbeiten nicht zu einer Bereicherung Einzelner führen.
(4) Arbeiten sind wettbewerbsneutral, wenn durch sie eine Beeinträchtigung der Wirtschaft infolge der Förderung nicht zu befürchten ist und Erwerbstätigkeit auf dem allgemeinen Arbeitsmarkt weder verdrängt noch in ihrer Entstehung verhindert wird.
(5) Leistungen zur Eingliederung in Arbeit nach diesem Buch, mit denen die Aufnahme einer Erwerbstätigkeit auf dem allgemeinen Arbeitsmarkt unmittelbar unterstützt werden

kann, haben Vorrang gegenüber der Zuweisung in Arbeitsgelegenheiten.
(6) Erwerbsfähige Leistungsberechtigte dürfen innerhalb eines Zeitraums von fünf Jahren nicht länger als insgesamt 24 Monate in Arbeitsgelegenheiten zugewiesen werden. Der Zeitraum beginnt mit Eintritt in die erste Arbeitsgelegenheit.
(7) Den erwerbsfähigen Leistungsberechtigten ist während einer Arbeitsgelegenheit zuzüglich zum Arbeitslosengeld II von der Agentur für Arbeit eine angemessene Entschädigung für Mehraufwendungen zu zahlen. Die Arbeiten begründen kein Arbeitsverhältnis im Sinne des Arbeitsrechts und auch kein Beschäftigungsverhältnis im Sinne des Vierten Buches; die Vorschriften über den Arbeitsschutz und das Bundesurlaubsgesetz mit Ausnahme der Regelungen über das Urlaubsentgelt sind entsprechend anzuwenden. Für Schäden bei der Ausübung ihrer Tätigkeit haften die erwerbsfähigen Leistungsberechtigten wie Arbeitnehmerinnen und Arbeitnehmer.
(8) Auf Antrag werden die unmittelbar im Zusammenhang mit der Verrichtung von Arbeiten nach Absatz 1 erforderlichen Kosten, einschließlich der Kosten, die bei besonderem Anleitungsbedarf für das erforderliche Betreuungspersonal entstehen, erstattet.

§ 16e Förderung von Arbeitsverhältnissen

(1) Arbeitgeber können auf Antrag für die Beschäftigung von zugewiesenen erwerbsfähigen Leistungsberechtigten durch Zuschüsse zum Arbeitsentgelt gefördert werden, wenn zwischen dem Arbeitgeber und der erwerbsfähigen leistungsberechtigten Person ein Arbeitsverhältnis begründet wird.
(2) Der Zuschuss nach Absatz 1 richtet sich nach der Leistungsfähigkeit des erwerbsfähigen Leistungsberechtigten und beträgt bis zu 75 Prozent des berücksichtigungsfähigen Arbeitsentgelts. Berücksichtigungsfähig sind das zu zahlende Arbeitsentgelt und der pauschalierte Anteil des Arbeitgebers am Gesamtsozialversicherungsbeitrag abzüglich des Beitrags zur Arbeitsförderung. Einmalig gezahltes Arbeitsentgelt ist nicht berücksichtigungsfähig. § 91 Absatz 2 des Dritten Buches gilt entsprechend.
(3) Eine erwerbsfähige leistungsberechtigte Person kann einem Arbeitgeber zugewiesen werden, wenn

1. sie langzeitarbeitslos im Sinne des § 18 des Dritten Buches ist und in ihren Erwerbsmöglichkeiten durch mindestens zwei weitere in ihrer Person liegende Vermittlungshemmnisse besonders schwer beeinträchtigt ist,
2. sie für einen Zeitraum von mindestens sechs Monaten verstärkte vermittlerische Unterstützung nach § 16 Absatz 1 Satz 1 unter Einbeziehung der übrigen Eingliederungsleistungen nach diesem Buch erhalten hat,
3. eine Erwerbstätigkeit auf dem allgemeinen Arbeitsmarkt für die Dauer der Zuweisung ohne die Förderung voraussichtlich nicht möglich ist und
4. für sie innerhalb eines Zeitraums von fünf Jahren Zuschüsse an Arbeitgeber nach Absatz 1 höchstens für eine Dauer von 24 Monaten erbracht werden. Der Zeitraum beginnt mit dem ersten nach Absatz 1 geförderten Arbeitsverhältnis.

(4) Die Agentur für Arbeit soll die erwerbsfähige leistungsberechtigte Person umgehend abberufen, wenn sie diese in eine zumutbare Arbeit oder Ausbildung vermitteln kann oder die Förderung aus anderen Gründen beendet wird. Die erwerbsfähige leistungsberechtigte

Person kann das Arbeitsverhältnis ohne Einhaltung einer Frist kündigen, wenn sie eine Arbeit oder Ausbildung aufnimmt, an einer Maßnahme der Berufsausbildung oder beruflichen Weiterbildung teilnehmen kann oder nach Satz 1 abberufen wird. Der Arbeitgeber kann das Arbeitsverhältnis ohne Einhaltung einer Frist kündigen, wenn die Arbeitnehmerin oder der Arbeitnehmer nach Satz 1 abberufen wird.
(5) Eine Förderung ist ausgeschlossen, wenn zu vermuten ist, dass der Arbeitgeber
1. die Beendigung eines anderen Beschäftigungsverhältnisses veranlasst hat, um eine Förderung nach Absatz 1 zu erhalten, oder
2. eine bisher für das Beschäftigungsverhältnis erbrachte Förderung ohne besonderen Grund nicht mehr in Anspruch nimmt.

-

§ 16f Freie Förderung

(1) Die Agentur für Arbeit kann die Möglichkeiten der gesetzlich geregelten Eingliederungsleistungen durch freie Leistungen zur Eingliederung in Arbeit erweitern. Die freien Leistungen müssen den Zielen und Grundsätzen dieses Buches entsprechen.
(2) Die Ziele der Leistungen sind vor Förderbeginn zu beschreiben. Eine Kombination oder Modularisierung von Inhalten ist zulässig. Die Leistungen der Freien Förderung dürfen gesetzliche Leistungen nicht umgehen oder aufstocken. Ausgenommen hiervon sind Leistungen für
1. Langzeitarbeitslose und
2. erwerbsfähige Leistungsberechtigte, die das 25. Lebensjahr noch nicht vollendet haben und deren berufliche Eingliederung auf Grund von schwerwiegenden Vermittlungshemmnissen besonders erschwert ist,
bei denen in angemessener Zeit von in der Regel sechs Monaten nicht mit Aussicht auf Erfolg auf einzelne Gesetzesgrundlagen dieses Buches oder des Dritten Buches zurückgegriffen werden kann. Bei Leistungen an Arbeitgeber ist darauf zu achten, Wettbewerbsverfälschungen zu vermeiden. Projektförderungen im Sinne von Zuwendungen sind nach Maßgabe der §§ 23 und 44 der Bundeshaushaltsordnung zulässig. Bei längerfristig angelegten Förderungen ist der Erfolg regelmäßig zu überprüfen und zu dokumentieren.

-

§ 16g Förderung bei Wegfall der Hilfebedürftigkeit

(1) Entfällt die Hilfebedürftigkeit der oder des Erwerbsfähigen während einer Maßnahme zur Eingliederung, kann sie weiter gefördert werden, wenn dies wirtschaftlich erscheint und die oder der Erwerbsfähige die Maßnahme voraussichtlich erfolgreich abschließen wird. Die Förderung soll als Darlehen erbracht werden.
(2) Für die Dauer einer Förderung des Arbeitgebers oder eines Trägers durch eine Geldleistung nach § 16 Absatz 1 und § 16e können auch Leistungen nach dem Dritten Kapitel und § 46 Absatz 1 Satz 1 Nummer 5 des Dritten Buches oder nach § 16a Nummer 1 bis 4 und § 16b erbracht werden, wenn die Hilfebedürftigkeit der oder des Erwerbsfähigen aufgrund des zu berücksichtigenden Einkommens entfallen ist. Während

der Förderdauer nach Satz 1 gilt § 15 entsprechend.

§ 17 Einrichtungen und Dienste für Leistungen zur Eingliederung

(1) Zur Erbringung von Leistungen zur Eingliederung in Arbeit sollen die zuständigen Träger der Leistungen nach diesem Buch eigene Einrichtungen und Dienste nicht neu schaffen, soweit geeignete Einrichtungen und Dienste Dritter vorhanden sind, ausgebaut oder in Kürze geschaffen werden können. Die zuständigen Träger der Leistungen nach diesem Buch sollen Träger der freien Wohlfahrtspflege in ihrer Tätigkeit auf dem Gebiet der Grundsicherung für Arbeitsuchende angemessen unterstützen.
(2) Wird die Leistung von einem Dritten erbracht und sind im Dritten Buch keine Anforderungen geregelt, denen die Leistung entsprechen muss, sind die Träger der Leistungen nach diesem Buch zur Vergütung für die Leistung nur verpflichtet, wenn mit dem Dritten oder seinem Verband eine Vereinbarung insbesondere über

1. Inhalt, Umfang und Qualität der Leistungen,
2. die Vergütung, die sich aus Pauschalen und Beträgen für einzelne Leistungsbereiche zusammensetzen kann, und
3. die Prüfung der Wirtschaftlichkeit und Qualität der Leistungen

besteht. Die Vereinbarungen müssen den Grundsätzen der Wirtschaftlichkeit, Sparsamkeit und Leistungsfähigkeit entsprechen.

§ 18 Örtliche Zusammenarbeit

(1) Die Agenturen für Arbeit arbeiten bei der Erbringung von Leistungen zur Eingliederung in Arbeit unter Berücksichtigung ihrer Aufgaben nach dem Dritten Buch mit den Beteiligten des örtlichen Arbeitsmarktes, insbesondere den Gemeinden, den Kreisen und Bezirken, den Trägern der freien Wohlfahrtspflege, den Vertretern der Arbeitgeber sowie der Arbeitnehmerinnen und Arbeitnehmer sowie den Kammern und berufsständischen Organisationen zusammen, um die gleichmäßige oder gemeinsame Durchführung von Maßnahmen zu beraten oder zu sichern und Leistungsmissbrauch zu verhindern oder aufzudecken. Die örtlichen Träger der Sozialhilfe sind verpflichtet, mit den Agenturen für Arbeit zusammenzuarbeiten.
(1a) Absatz 1 gilt für die kommunalen Träger und die zugelassenen kommunalen Träger entsprechend.
(2) Die Leistungen nach diesem Buch sind in das regionale Arbeitsmarktmonitoring der Agenturen für Arbeit nach § 9 Absatz 2 des Dritten Buches einzubeziehen.
(3) Die Agenturen für Arbeit sollen mit Gemeinden, Kreisen und Bezirken auf deren Verlangen Vereinbarungen über das Erbringen von Leistungen zur Eingliederung nach diesem Gesetz mit Ausnahme der Leistungen nach § 16 Absatz 1 schließen, wenn sie den durch eine Rechtsverordnung festgelegten Mindestanforderungen entsprechen. Satz 1 gilt nicht für die zugelassenen kommunalen Träger.
(4) Das Bundesministerium für Arbeit und Soziales wird ermächtigt, ohne Zustimmung des Bundesrates durch Rechtsverordnung zu bestimmen, welchen Anforderungen eine Vereinbarung nach Absatz 3 mindestens genügen muss.

§ 18a Zusammenarbeit mit den für die Arbeitsförderung zuständigen Stellen

Beziehen erwerbsfähige Leistungsberechtigte auch Leistungen der Arbeitsförderung, so sind die Agenturen für Arbeit, die zugelassenen kommunalen Träger und die gemeinsamen Einrichtungen verpflichtet, bei der Wahrnehmung der Aufgaben nach diesem Buch mit den für die Arbeitsförderung zuständigen Dienststellen der Bundesagentur eng zusammenzuarbeiten. Sie unterrichten diese unverzüglich über die ihnen insoweit bekannten, für die Wahrnehmung der Aufgaben der Arbeitsförderung erforderlichen Tatsachen, insbesondere über

1.
   die für erwerbsfähige Leistungsberechtigte, die auch Leistungen der Arbeitsförderung beziehen, vorgesehenen und erbrachten Leistungen zur Eingliederung in Arbeit,
2.
   den Wegfall der Hilfebedürftigkeit bei diesen Personen.

§ 18b Kooperationsausschuss

(1) Die zuständige oberste Landesbehörde und das Bundesministerium für Arbeit und Soziales bilden einen Kooperationsausschuss. Der Kooperationsausschuss koordiniert die Umsetzung der Grundsicherung für Arbeitsuchende auf Landesebene. Im Kooperationsausschuss vereinbaren das Land und der Bund jährlich die Ziele und Schwerpunkte der Arbeitsmarkt- und Integrationspolitik in der Grundsicherung für Arbeitsuchende auf Landesebene. § 48b bleibt unberührt. Die Verfahren zum Abschluss der Vereinbarungen zwischen Bund und Ländern werden mit den Verfahren zum Abschluss der Zielvereinbarungen zwischen dem Bundesministerium für Arbeit und Soziales und der Bundesagentur sowie deren Konkretisierung in den Zielvereinbarungen der Bundesagentur und den gemeinsamen Einrichtungen abgestimmt. Der Kooperationsausschuss kann sich über die Angelegenheiten der gemeinsamen Einrichtungen unterrichten lassen. Der Kooperationsausschuss entscheidet darüber hinaus bei einer Meinungsverschiedenheit über die Weisungszuständigkeit im Verfahren nach § 44e, berät die Trägerversammlung bei der Bestellung und Abberufung eines Geschäftsführers nach § 44c Absatz 2 Nummer 1 und gibt in den Fällen einer Weisung in grundsätzlichen Angelegenheiten nach § 44b Absatz 3 Satz 4 eine Empfehlung ab.
(2) Der Kooperationsausschuss besteht aus sechs Mitgliedern, von denen drei Mitglieder von der zuständigen obersten Landesbehörde und drei Mitglieder vom Bundesministerium für Arbeit und Soziales entsandt werden. Die Mitglieder des Kooperationsausschusses können sich vertreten lassen. An den Sitzungen soll in der Regel jeweils mindestens eine Mitarbeiterin oder ein Mitarbeiter der zuständigen obersten Landesbehörde und des Bundesministeriums für Arbeit und Soziales teilnehmen.
(3) Die Mitglieder wählen eine Vorsitzende oder einen Vorsitzenden. Kann im Kooperationsausschuss keine Einigung über die Person der oder des Vorsitzenden erzielt werden, wird die oder der Vorsitzende von den Vertreterinnen und Vertretern des Bundesministeriums für Arbeit und Soziales oder den Vertreterinnen und Vertretern der zuständigen obersten Landesbehörde abwechselnd jeweils für zwei Jahre bestimmt; die erstmalige Bestimmung erfolgt durch die Vertreterinnen und Vertreter des Bundesministeriums für Arbeit und Soziales. Der Kooperationsausschuss gibt sich eine

Geschäftsordnung.

§ 18c Bund-Länder-Ausschuss

(1) Beim Bundesministerium für Arbeit und Soziales wird ein Ausschuss für die Grundsicherung für Arbeitsuchende gebildet. Er beobachtet und berät die zentralen Fragen der Umsetzung der Grundsicherung für Arbeitsuchende und Fragen der Aufsicht nach den §§ 47 und 48, Fragen des Kennzahlenvergleichs nach § 48a Absatz 2 sowie Fragen der zu erhebenden Daten nach § 51b Absatz 1 Satz 2 und erörtert die Zielvereinbarungen nach § 48b Absatz 1.
(2) Bei der Beobachtung und Beratung zentraler Fragen der Umsetzung der Grundsicherung für Arbeitsuchende sowie Fragen des Kennzahlenvergleichs nach § 48a Absatz 2 und Fragen der zu erhebenden Daten nach § 51b Absatz 1 Satz 2 ist der Ausschuss besetzt mit Vertreterinnen und Vertretern der Bundesregierung, der Länder, der kommunalen Spitzenverbände und der Bundesagentur. Der Ausschuss kann sich von den Trägern berichten lassen.
(3) Bei der Beratung von Fragen der Aufsicht nach den §§ 47 und 48 ist der Ausschuss besetzt mit Vertreterinnen und Vertretern der Bundesregierung und der Aufsichtsbehörden der Länder. Bund und Länder können dazu einvernehmlich Vertreterinnen und Vertreter der kommunalen Spitzenverbände und der Bundesagentur einladen, sofern dies sachdienlich ist.

§ 18d Örtlicher Beirat

Bei jeder gemeinsamen Einrichtung nach § 44b wird ein Beirat gebildet. Der Beirat berät die Einrichtung bei der Auswahl und Gestaltung der Eingliederungsinstrumente und -maßnahmen. Die Trägerversammlung beruft die Mitglieder des Beirats auf Vorschlag der Beteiligten des örtlichen Arbeitsmarktes, insbesondere den Trägern der freien Wohlfahrtspflege, den Vertreterinnen und Vertretern der Arbeitgeber und Arbeitnehmer sowie den Kammern und berufsständischen Organisationen. Vertreterinnen und Vertreter von Beteiligten des örtlichen Arbeitsmarktes, die Eingliederungsleistungen nach diesem Buch anbieten, dürfen nicht Mitglied des Beirats sein. Der Beirat gibt sich eine Geschäftsordnung. Die Sätze 1 bis 5 gelten entsprechend für die zugelassenen kommunalen Träger mit der Maßgabe, dass die Berufung der Mitglieder des Beirats durch den zugelassenen kommunalen Träger erfolgt.

§ 18e Beauftragte für Chancengleichheit am Arbeitsmarkt

(1) Die Trägerversammlungen bei den gemeinsamen Einrichtungen bestellen Beauftragte für Chancengleichheit am Arbeitsmarkt aus dem Kreis der Beamtinnen und Beamten, Arbeitnehmerinnen und Arbeitnehmer, denen in den gemeinsamen Einrichtungen Tätigkeiten zugewiesen worden sind. Sie sind unmittelbar der jeweiligen Geschäftsführerin oder dem jeweiligen Geschäftsführer zugeordnet.
(2) Die Beauftragten unterstützen und beraten die gemeinsamen Einrichtungen in Fragen der Gleichstellung von Frauen und Männern in der Grundsicherung für Arbeitsuchende, der Frauenförderung sowie der Vereinbarkeit von Familie und Beruf bei beiden

Geschlechtern. Hierzu zählen insbesondere Fragen der Beratung, der Eingliederung in Arbeit und Ausbildung sowie des beruflichen Wiedereinstiegs von Frauen und Männern nach einer Familienphase.
(3) Die Beauftragten sind bei der Erarbeitung des örtlichen Arbeitsmarkt- und Integrationsprogramms der Grundsicherung für Arbeitsuchende sowie bei der geschlechter- und familiengerechten fachlichen Aufgabenerledigung der gemeinsamen Einrichtung zu beteiligen. Sie haben ein Informations-, Beratungs- und Vorschlagsrecht in Fragen, die Auswirkungen auf die Chancengleichheit von Frauen und Männern haben.
(4) Die Beauftragten unterstützen und beraten erwerbsfähige Leistungsberechtigte und die mit diesen in einer Bedarfsgemeinschaft lebenden Personen, Arbeitgeber sowie Arbeitnehmer- und Arbeitgeberorganisationen in übergeordneten Fragen der Gleichstellung von Frauen und Männern in der Grundsicherung für Arbeitsuchende, der Frauenförderung sowie der Vereinbarkeit von Familie und Beruf bei beiden Geschlechtern. Zur Sicherung der gleichberechtigten Teilhabe von Frauen und Männern am Arbeitsmarkt arbeiten die Beauftragten mit den in Fragen der Gleichstellung im Erwerbsleben tätigen Stellen im Zuständigkeitsbereich der gemeinsamen Einrichtung zusammen.
(5) Die gemeinsamen Einrichtungen werden in den Sitzungen kommunaler Gremien zu Themen, die den Aufgabenbereich der Beauftragten betreffen, von den Beauftragten vertreten.
(6) Die Absätze 1 bis 5 gelten entsprechend für die zugelassenen kommunalen Träger.

Abschnitt 2
Leistungen zur Sicherung des Lebensunterhalts

Unterabschnitt 1
Leistungsanspruch

-

§ 19 Arbeitslosengeld II, Sozialgeld und Leistungen für Bildung und Teilhabe

(1) Erwerbsfähige Leistungsberechtigte erhalten Arbeitslosengeld II. Nichterwerbsfähige Leistungsberechtigte, die mit erwerbsfähigen Leistungsberechtigten in einer Bedarfsgemeinschaft leben, erhalten Sozialgeld, soweit sie keinen Anspruch auf Leistungen nach dem Vierten Kapitel des Zwölften Buches haben. Die Leistungen umfassen den Regelbedarf, Mehrbedarfe und den Bedarf für Unterkunft und Heizung.
(2) Leistungsberechtigte haben unter den Voraussetzungen des § 28 Anspruch auf Leistungen für Bildung und Teilhabe, soweit sie keinen Anspruch auf Leistungen nach dem Vierten Kapitel des Zwölften Buches haben. Soweit für Kinder Leistungen zur Deckung von Bedarfen für Bildung und Teilhabe nach § 6b des Bundeskindergeldgesetzes gewährt werden, haben sie keinen Anspruch auf entsprechende Leistungen zur Deckung von Bedarfen nach § 28.
(3) Die Leistungen zur Sicherung des Lebensunterhalts werden in Höhe der Bedarfe nach den Absätzen 1 und 2 erbracht, soweit diese nicht durch das zu berücksichtigende Einkommen und Vermögen gedeckt sind. Zu berücksichtigendes Einkommen und Vermögen deckt zunächst die Bedarfe nach den §§ 20, 21 und 23, darüber hinaus die Bedarfe nach § 22. Sind nur noch Leistungen für Bildung und Teilhabe zu leisten, deckt weiteres zu berücksichtigendes Einkommen und Vermögen die Bedarfe in der Reihenfolge der Absätze 2 bis 7 nach § 28.

Unterabschnitt 2
Arbeitslosengeld II und Sozialgeld

§ 20 Regelbedarf zur Sicherung des Lebensunterhalts

(1) Der Regelbedarf zur Sicherung des Lebensunterhalts umfasst insbesondere Ernährung, Kleidung, Körperpflege, Hausrat, Haushaltsenergie ohne die auf die Heizung und Erzeugung von Warmwasser entfallenden Anteile sowie persönliche Bedürfnisse des täglichen Lebens. Zu den persönlichen Bedürfnissen des täglichen Lebens gehört in vertretbarem Umfang eine Teilhabe am sozialen und kulturellen Leben in der Gemeinschaft. Der Regelbedarf wird als monatlicher Pauschalbetrag berücksichtigt. Über die Verwendung der zur Deckung des Regelbedarfs erbrachten Leistungen entscheiden die Leistungsberechtigten eigenverantwortlich; dabei haben sie das Eintreten unregelmäßig anfallender Bedarfe zu berücksichtigen.
(2) Als Regelbedarf werden bei Personen, die alleinstehend oder alleinerziehend sind oder deren Partnerin oder Partner minderjährig ist, monatlich 364 Euro anerkannt. Für sonstige erwerbsfähige Angehörige der Bedarfsgemeinschaft werden als Regelbedarf anerkannt
1. monatlich 275 Euro, sofern sie das 18. Lebensjahr noch nicht vollendet haben,
2. monatlich 291 Euro in den übrigen Fällen.

(3) Abweichend von Absatz 2 Satz 1 ist bei Personen, die das 25. Lebensjahr noch nicht vollendet haben und ohne Zusicherung des zuständigen kommunalen Trägers nach § 22 Absatz 5 umziehen, bis zur Vollendung des 25. Lebensjahres der in Absatz 2 Satz 2 Nummer 2 genannte Betrag als Regelbedarf anzuerkennen.
(4) Haben zwei Partner der Bedarfsgemeinschaft das 18. Lebensjahr vollendet, ist als Regelbedarf für jede dieser Personen ein Betrag in Höhe von monatlich 328 Euro anzuerkennen.
(5) Die Regelbedarfe nach den Absätzen 2 bis 4 sowie nach § 23 Nummer 1 werden jeweils zum 1. Januar eines Jahres entsprechend § 28a des Zwölften Buches in Verbindung mit der Verordnung nach § 40 Satz 1 Nummer 1 des Zwölften Buches angepasst. Für die Neuermittlung der Regelbedarfe findet § 28 des Zwölften Buches in Verbindung mit dem Regelbedarfs-Ermittlungsgesetz entsprechende Anwendung. Das Bundesministerium für Arbeit und Soziales gibt jeweils spätestens zum 1. November eines Kalenderjahres die Höhe der Regelbedarfe, die für die folgenden zwölf Monate maßgebend sind, im Bundesgesetzblatt bekannt.

Fußnote

(+++ Hinweis: Regelbedarfe nach § 20 Abs. 1 bis 4 für die Zeit ab 1.1.2012 vgl. Bek. v. 20.10.2011 I 2093, für die Zeit ab 1.1.2013 vgl. Bek. v. 18.10.2012 I 2175, für die Zeit ab 1.1.2014 vgl. Bek. v. 16.10.2013 I 3857, für die Zeit ab 1.1.2015 vgl. Bek. v. 15.10.2014 I 1620, für die Zeit ab 1.1.2016 vgl. Bek. v. 22.10.2015 I 1792 +++)
§ 20 Abs. 2 Satz 1 u. 2 Nr. 1, Abs. 4 u. 5 iVm § 20 Abs. 1 Satz 1 u. 2 SGB 2 u. § 28a SGB 12 jeweils idF d. G v. 24.3.2011 I 453: Nach Maßgabe der Gründe mit Art. 1 Abs. 1 iVm Art. 20 Abs. 1 GG vereinbar gem. BVerfGE v. 23.7.2014 I 1581 - 1 BvL 10/2012 u.a.

§ 21 Mehrbedarfe

(1) Mehrbedarfe umfassen Bedarfe nach den Absätzen 2 bis 6, die nicht durch den Regelbedarf abgedeckt sind.

(2) Bei werdenden Müttern wird nach der zwölften Schwangerschaftswoche ein Mehrbedarf von 17 Prozent des nach § 20 maßgebenden Regelbedarfs anerkannt.

(3) Bei Personen, die mit einem oder mehreren minderjährigen Kindern zusammenleben und allein für deren Pflege und Erziehung sorgen, ist ein Mehrbedarf anzuerkennen

1.
    in Höhe von 36 Prozent des nach § 20 Absatz 2 maßgebenden Bedarfs, wenn sie mit einem Kind unter sieben Jahren oder mit zwei oder drei Kindern unter 16 Jahren zusammenleben, oder
2.
    in Höhe von 12 Prozent des nach § 20 Absatz 2 maßgebenden Bedarfs für jedes Kind, wenn sich dadurch ein höherer Prozentsatz als nach der Nummer 1 ergibt, höchstens jedoch in Höhe von 60 Prozent des nach § 20 Absatz 2 maßgebenden Regelbedarfs.

(4) Bei erwerbsfähigen behinderten Leistungsberechtigten, denen Leistungen zur Teilhabe am Arbeitsleben nach § 33 des Neunten Buches sowie sonstige Hilfen zur Erlangung eines geeigneten Platzes im Arbeitsleben oder Eingliederungshilfen nach § 54 Absatz 1 Satz 1 Nummer 1 bis 3 des Zwölften Buches erbracht werden, wird ein Mehrbedarf von 35 Prozent des nach § 20 maßgebenden Regelbedarfs anerkannt. Satz 1 kann auch nach Beendigung der dort genannten Maßnahmen während einer angemessenen Übergangszeit, vor allem einer Einarbeitungszeit, angewendet werden.

(5) Bei Leistungsberechtigten, die aus medizinischen Gründen einer kostenaufwändigen Ernährung bedürfen, wird ein Mehrbedarf in angemessener Höhe anerkannt.

(6) Bei Leistungsberechtigten wird ein Mehrbedarf anerkannt, soweit im Einzelfall ein unabweisbarer, laufender, nicht nur einmaliger besonderer Bedarf besteht. Der Mehrbedarf ist unabweisbar, wenn er insbesondere nicht durch die Zuwendungen Dritter sowie unter Berücksichtigung von Einsparmöglichkeiten der Leistungsberechtigten gedeckt ist und seiner Höhe nach erheblich von einem durchschnittlichen Bedarf abweicht.

(7) Bei Leistungsberechtigten wird ein Mehrbedarf anerkannt, soweit Warmwasser durch in der Unterkunft installierte Vorrichtungen erzeugt wird (dezentrale Warmwassererzeugung) und deshalb keine Bedarfe für zentral bereitgestelltes Warmwasser nach § 22 anerkannt werden. Der Mehrbedarf beträgt für jede im Haushalt lebende leistungsberechtigte Person jeweils

1.
    2,3 Prozent des für sie geltenden Regelbedarfs nach § 20 Absatz 2 Satz 1 oder Satz 2 Nummer 2, Absatz 3 oder 4,
2.
    1,4 Prozent des für sie geltenden Regelbedarfs nach § 20 Absatz 2 Satz 2 Nummer 1 oder § 23 Nummer 1 bei Leistungsberechtigten im 15. Lebensjahr,
3.
    1,2 Prozent des Regelbedarfs nach § 23 Nummer 1 bei Leistungsberechtigten vom Beginn des siebten bis zur Vollendung des 14. Lebensjahres oder
4.
    0,8 Prozent des Regelbedarfs nach § 23 Nummer 1 bei Leistungsberechtigten bis zur Vollendung des sechsten Lebensjahres,

soweit nicht im Einzelfall ein abweichender Bedarf besteht oder ein Teil des angemessenen Warmwasserbedarfs nach § 22 Absatz 1 anerkannt wird.

(8) Die Summe des insgesamt anerkannten Mehrbedarfs nach den Absätzen 2 bis 5 darf die Höhe des für erwerbsfähige Leistungsberechtigte maßgebenden Regelbedarfs nicht übersteigen.

§ 22 Bedarfe für Unterkunft und Heizung

(1) Bedarfe für Unterkunft und Heizung werden in Höhe der tatsächlichen Aufwendungen anerkannt, soweit diese angemessen sind. Erhöhen sich nach einem nicht erforderlichen Umzug die angemessenen Aufwendungen für Unterkunft und Heizung, wird nur der bisherige Bedarf anerkannt. Soweit die Aufwendungen für die Unterkunft und Heizung den der Besonderheit des Einzelfalles angemessenen Umfang übersteigen, sind sie als Bedarf so lange anzuerkennen, wie es der oder dem alleinstehenden Leistungsberechtigten oder der Bedarfsgemeinschaft nicht möglich oder nicht zuzumuten ist, durch einen Wohnungswechsel, durch Vermieten oder auf andere Weise die Aufwendungen zu senken, in der Regel jedoch längstens für sechs Monate. Eine Absenkung der nach Satz 1 unangemessenen Aufwendungen muss nicht gefordert werden, wenn diese unter Berücksichtigung der bei einem Wohnungswechsel zu erbringenden Leistungen unwirtschaftlich wäre.
(2) Als Bedarf für die Unterkunft werden auch unabweisbare Aufwendungen für Instandhaltung und Reparatur bei selbst bewohntem Wohneigentum im Sinne des § 12 Absatz 3 Satz 1 Nummer 4 anerkannt, soweit diese unter Berücksichtigung der im laufenden sowie den darauffolgenden elf Kalendermonaten anfallenden Aufwendungen insgesamt angemessen sind. Übersteigen unabweisbare Aufwendungen für Instandhaltung und Reparatur den Bedarf für die Unterkunft nach Satz 1, kann der kommunale Träger zur Deckung dieses Teils der Aufwendungen ein Darlehen erbringen, das dinglich gesichert werden soll.
(3) Rückzahlungen und Guthaben, die dem Bedarf für Unterkunft und Heizung zuzuordnen sind, mindern die Aufwendungen für Unterkunft und Heizung nach dem Monat der Rückzahlung oder der Gutschrift; Rückzahlungen, die sich auf die Kosten für Haushaltsenergie beziehen, bleiben außer Betracht.
(4) Vor Abschluss eines Vertrages über eine neue Unterkunft soll die erwerbsfähige leistungsberechtigte Person die Zusicherung des für die Leistungserbringung bisher örtlich zuständigen kommunalen Trägers zur Berücksichtigung der Aufwendungen für die neue Unterkunft einholen. Der kommunale Träger ist zur Zusicherung verpflichtet, wenn der Umzug erforderlich ist und die Aufwendungen für die neue Unterkunft angemessen sind; der für den Ort der neuen Unterkunft örtlich zuständige kommunale Träger ist zu beteiligen.
(5) Sofern Personen, die das 25. Lebensjahr noch nicht vollendet haben, umziehen, werden Bedarfe für Unterkunft und Heizung für die Zeit nach einem Umzug bis zur Vollendung des 25. Lebensjahres nur anerkannt, wenn der kommunale Träger dies vor Abschluss des Vertrages über die Unterkunft zugesichert hat. Der kommunale Träger ist zur Zusicherung verpflichtet, wenn

1. die oder der Betroffene aus schwerwiegenden sozialen Gründen nicht auf die Wohnung der Eltern oder eines Elternteils verwiesen werden kann,
2. der Bezug der Unterkunft zur Eingliederung in den Arbeitsmarkt erforderlich ist oder
3. ein sonstiger, ähnlich schwerwiegender Grund vorliegt.

Unter den Voraussetzungen des Satzes 2 kann vom Erfordernis der Zusicherung abgesehen werden, wenn es der oder dem Betroffenen aus wichtigem Grund nicht zumutbar war, die Zusicherung einzuholen. Bedarfe für Unterkunft und Heizung werden bei Personen, die das 25. Lebensjahr noch nicht vollendet haben, nicht anerkannt, wenn diese vor der Beantragung von Leistungen in eine Unterkunft in der Absicht umziehen, die Voraussetzungen für die Gewährung der Leistungen herbeizuführen.
(6) Wohnungsbeschaffungskosten und Umzugskosten können bei vorheriger Zusicherung durch den bis zum Umzug örtlich zuständigen kommunalen Träger als Bedarf anerkannt werden; eine Mietkaution kann bei vorheriger Zusicherung durch den am Ort der neuen Unterkunft zuständigen kommunalen Träger als Bedarf anerkannt werden. Die Zusicherung soll erteilt werden, wenn der Umzug durch den kommunalen Träger veranlasst oder aus anderen Gründen notwendig ist und wenn ohne die Zusicherung eine Unterkunft in einem angemessenen Zeitraum nicht gefunden werden kann. Eine Mietkaution soll als Darlehen erbracht werden.
(7) Soweit Arbeitslosengeld II für den Bedarf für Unterkunft und Heizung geleistet wird, ist es auf Antrag der leistungsberechtigten Person an den Vermieter oder andere Empfangsberechtigte zu zahlen. Es soll an den Vermieter oder andere Empfangsberechtigte gezahlt werden, wenn die zweckentsprechende Verwendung durch die leistungsberechtigte Person nicht sichergestellt ist. Das ist insbesondere der Fall, wenn

1.
   Mietrückstände bestehen, die zu einer außerordentlichen Kündigung des Mietverhältnisses berechtigen,
2.
   Energiekostenrückstände bestehen, die zu einer Unterbrechung der Energieversorgung berechtigen,
3.
   konkrete Anhaltspunkte für ein krankheits- oder suchtbedingtes Unvermögen der leistungsberechtigten Person bestehen, die Mittel zweckentsprechend zu verwenden, oder
4.
   konkrete Anhaltspunkte dafür bestehen, dass die im Schuldnerverzeichnis eingetragene leistungsberechtigte Person die Mittel nicht zweckentsprechend verwendet.

Der kommunale Träger hat die leistungsberechtigte Person über eine Zahlung der Leistungen für die Unterkunft und Heizung an den Vermieter oder andere Empfangsberechtigte schriftlich zu unterrichten.
(8) Sofern Arbeitslosengeld II für den Bedarf für Unterkunft und Heizung erbracht wird, können auch Schulden übernommen werden, soweit dies zur Sicherung der Unterkunft oder zur Behebung einer vergleichbaren Notlage gerechtfertigt ist. Sie sollen übernommen werden, wenn dies gerechtfertigt und notwendig ist und sonst Wohnungslosigkeit einzutreten droht. Vermögen nach § 12 Absatz 2 Satz 1 Nummer 1 ist vorrangig einzusetzen. Geldleistungen sollen als Darlehen erbracht werden.
(9) Geht bei einem Gericht eine Klage auf Räumung von Wohnraum im Falle der Kündigung des Mietverhältnisses nach § 543 Absatz 1, 2 Satz 1 Nummer 3 in Verbindung mit § 569 Absatz 3 des Bürgerlichen Gesetzbuchs ein, teilt das Gericht dem örtlich zuständigen Träger nach diesem Buch oder der von diesem beauftragten Stelle zur Wahrnehmung der in Absatz 8 bestimmten Aufgaben unverzüglich Folgendes mit:

1.

2. den Tag des Eingangs der Klage,
3. die Namen und die Anschriften der Parteien,
4. die Höhe der monatlich zu entrichtenden Miete,
5. die Höhe des geltend gemachten Mietrückstandes und der geltend gemachten Entschädigung und
5. den Termin zur mündlichen Verhandlung, sofern dieser bereits bestimmt ist.

Außerdem kann der Tag der Rechtshängigkeit mitgeteilt werden. Die Übermittlung unterbleibt, wenn die Nichtzahlung der Miete nach dem Inhalt der Klageschrift offensichtlich nicht auf Zahlungsunfähigkeit der Mieterin oder des Mieters beruht.
-

§ 22a Satzungsermächtigung

(1) Die Länder können die Kreise und kreisfreien Städte durch Gesetz ermächtigen oder verpflichten, durch Satzung zu bestimmen, in welcher Höhe Aufwendungen für Unterkunft und Heizung in ihrem Gebiet angemessen sind. Eine solche Satzung bedarf der vorherigen Zustimmung der obersten Landesbehörde oder einer von ihr bestimmten Stelle, wenn dies durch Landesgesetz vorgesehen ist. Die Länder Berlin und Hamburg bestimmen, welche Form der Rechtsetzung an die Stelle einer nach Satz 1 vorgesehenen Satzung tritt. Das Land Bremen kann eine Bestimmung nach Satz 3 treffen.
(2) Die Länder können die Kreise und kreisfreien Städte auch ermächtigen, abweichend von § 22 Absatz 1 Satz 1 die Bedarfe für Unterkunft und Heizung in ihrem Gebiet durch eine monatliche Pauschale zu berücksichtigen, wenn auf dem örtlichen Wohnungsmarkt ausreichend freier Wohnraum verfügbar ist und dies dem Grundsatz der Wirtschaftlichkeit entspricht. In der Satzung sind Regelungen für den Fall vorzusehen, dass die Pauschalierung im Einzelfall zu unzumutbaren Ergebnissen führt. Absatz 1 Satz 2 bis 4 gilt entsprechend.
(3) Die Bestimmung der angemessenen Aufwendungen für Unterkunft und Heizung soll die Verhältnisse des einfachen Standards auf dem örtlichen Wohnungsmarkt abbilden. Sie soll die Auswirkungen auf den örtlichen Wohnungsmarkt berücksichtigen hinsichtlich:

1. der Vermeidung von Mietpreis erhöhenden Wirkungen,
2. der Verfügbarkeit von Wohnraum des einfachen Standards,
3. aller verschiedenen Anbietergruppen und
4. der Schaffung und Erhaltung sozial ausgeglichener Bewohnerstrukturen.

-

§ 22b Inhalt der Satzung

(1) In der Satzung ist zu bestimmen,
1. welche Wohnfläche entsprechend der Struktur des örtlichen Wohnungsmarktes als

2. angemessen anerkannt wird und

2. in welcher Höhe Aufwendungen für die Unterkunft als angemessen anerkannt werden.

In der Satzung kann auch die Höhe des als angemessen anerkannten Verbrauchswertes oder der als angemessen anerkannten Aufwendungen für die Heizung bestimmt werden. Bei einer Bestimmung nach Satz 2 kann sowohl eine Quadratmeterhöchstmiete als auch eine Gesamtangemessenheitsgrenze unter Berücksichtigung der in den Sätzen 1 und 2 genannten Werte gebildet werden. Um die Verhältnisse des einfachen Standards auf dem örtlichen Wohnungsmarkt realitätsgerecht abzubilden, können die Kreise und kreisfreien Städte ihr Gebiet in mehrere Vergleichsräume unterteilen, für die sie jeweils eigene Angemessenheitswerte bestimmen.

(2) Der Satzung ist eine Begründung beizufügen. Darin ist darzulegen, wie die Angemessenheit der Aufwendungen für Unterkunft und Heizung ermittelt wird. Die Satzung ist mit ihrer Begründung ortsüblich bekannt zu machen.

(3) In der Satzung soll für Personen mit einem besonderen Bedarf für Unterkunft und Heizung eine Sonderregelung getroffen werden. Dies gilt insbesondere für Personen, die einen erhöhten Raumbedarf haben wegen

1. einer Behinderung oder
2. der Ausübung ihres Umgangsrechts.

-

§ 22c Datenerhebung, -auswertung und -überprüfung

(1) Zur Bestimmung der angemessenen Aufwendungen für Unterkunft und Heizung sollen die Kreise und kreisfreien Städte insbesondere

1. Mietspiegel, qualifizierte Mietspiegel und Mietdatenbanken und
2. geeignete eigene statistische Datenerhebungen und -auswertungen oder Erhebungen Dritter

einzeln oder kombiniert berücksichtigen. Hilfsweise können auch die monatlichen Höchstbeträge nach § 12 Absatz 1 des Wohngeldgesetzes berücksichtigt werden. In die Auswertung sollen sowohl Neuvertrags- als auch Bestandsmieten einfließen. Die Methodik der Datenerhebung und -auswertung ist in der Begründung der Satzung darzulegen.

(2) Die Kreise und kreisfreien Städte müssen die durch Satzung bestimmten Werte für die Unterkunft mindestens alle zwei Jahre und die durch Satzung bestimmten Werte für die Heizung mindestens jährlich überprüfen und gegebenenfalls neu festsetzen.

-

§ 23 Besonderheiten beim Sozialgeld

Beim Sozialgeld gelten ergänzend folgende Maßgaben:

1. Der Regelbedarf beträgt bis zur Vollendung des sechsten Lebensjahres 213 Euro, bis zur Vollendung des 14. Lebensjahres 242 Euro und im 15. Lebensjahr 275 Euro;

2.
    Mehrbedarfe nach § 21 Absatz 4 werden auch bei behinderten Menschen, die das 15. Lebensjahr vollendet haben, anerkannt, wenn Leistungen der Eingliederungshilfe nach § 54 Absatz 1 Nummer 1 und 2 des Zwölften Buches erbracht werden;

3.
    § 21 Absatz 4 Satz 2 gilt auch nach Beendigung der in § 54 Absatz 1 Nummer 1 und 2 des Zwölften Buches genannten Maßnahmen;

4.
    bei nicht erwerbsfähigen Personen, die voll erwerbsgemindert nach dem Sechsten Buch sind, wird ein Mehrbedarf von 17 Prozent der nach § 20 maßgebenden Regelbedarfe anerkannt, wenn sie Inhaberin oder Inhaber eines Ausweises nach § 69 Absatz 5 des Neunten Buches mit dem Merkzeichen G sind; dies gilt nicht, wenn bereits ein Anspruch auf einen Mehrbedarf wegen Behinderung nach § 21 Absatz 4 oder nach der vorstehenden Nummer 2 oder 3 besteht.

Fußnote

(+++ Hinweis: Regelbedarfe nach § 23 Nr. 1 für die Zeit ab 1.1.2012 vgl. Bek. v. 20.10.2011 I 2093, für die Zeit ab 1.1.2013 vgl. Bek. v. 18.10.2012 I 2175, für die Zeit ab 1.1.2014 vgl. Bek. v. 16.10.2013 I 3857, für die Zeit ab 1.1.2015 vgl. Bek. v. 15.10.2014 I 1620, für die Zeit ab 1.1.2016 vgl. Bek. v. 22.10.2015 I 1792 +++)
§ 23 Nr. 1 iVm § 20 Abs. 1 Satz 1 u. 2 SGB 2 u. § 28a SGB 12 jeweils idF d. G v. 24.3.2011 I 453: Nach Maßgabe der Gründe mit Art. 1 Abs. 1 iVm Art. 20 Abs. 1 GG vereinbar gem. BVerfGE v. 23.7.2014 I 1581 - 1 BvL 10/2012 u.a.

Unterabschnitt 3
Abweichende Leistungserbringung und weitere Leistungen

-

§ 24 Abweichende Erbringung von Leistungen

(1) Kann im Einzelfall ein vom Regelbedarf zur Sicherung des Lebensunterhalts umfasster und nach den Umständen unabweisbarer Bedarf nicht gedeckt werden, erbringt die Agentur für Arbeit bei entsprechendem Nachweis den Bedarf als Sachleistung oder als Geldleistung und gewährt der oder dem Leistungsberechtigten ein entsprechendes Darlehen. Bei Sachleistungen wird das Darlehen in Höhe des für die Agentur für Arbeit entstandenen Anschaffungswertes gewährt. Weiter gehende Leistungen sind ausgeschlossen.
(2) Solange sich Leistungsberechtigte, insbesondere bei Drogen- oder Alkoholabhängigkeit sowie im Falle unwirtschaftlichen Verhaltens, als ungeeignet erweisen, mit den Leistungen für den Regelbedarf nach § 20 ihren Bedarf zu decken, kann das Arbeitslosengeld II bis zur Höhe des Regelbedarfs für den Lebensunterhalt in voller Höhe oder anteilig in Form von Sachleistungen erbracht werden.
(3) Nicht vom Regelbedarf nach § 20 umfasst sind Bedarfe für

1.
    Erstausstattungen für die Wohnung einschließlich Haushaltsgeräten,

2.
    Erstausstattungen für Bekleidung und Erstausstattungen bei Schwangerschaft und Geburt sowie

3.

Anschaffung und Reparaturen von orthopädischen Schuhen, Reparaturen von therapeutischen Geräten und Ausrüstungen sowie die Miete von therapeutischen Geräten.
Leistungen für diese Bedarfe werden gesondert erbracht. Leistungen nach Satz 2 werden auch erbracht, wenn Leistungsberechtigte keine Leistungen zur Sicherung des Lebensunterhalts einschließlich der angemessenen Kosten für Unterkunft und Heizung benötigen, den Bedarf nach Satz 1 jedoch aus eigenen Kräften und Mitteln nicht voll decken können. In diesem Fall kann das Einkommen berücksichtigt werden, das Leistungsberechtigte innerhalb eines Zeitraumes von bis zu sechs Monaten nach Ablauf des Monats erwerben, in dem über die Leistung entschieden wird. Die Leistungen für Bedarfe nach Satz 1 Nummer 1 und 2 können als Sachleistung oder Geldleistung, auch in Form von Pauschalbeträgen, erbracht werden. Bei der Bemessung der Pauschalbeträge sind geeignete Angaben über die erforderlichen Aufwendungen und nachvollziehbare Erfahrungswerte zu berücksichtigen.
(4) Leistungen zur Sicherung des Lebensunterhalts können als Darlehen erbracht werden, soweit in dem Monat, für den die Leistungen erbracht werden, voraussichtlich Einnahmen anfallen.
(5) Soweit Leistungsberechtigten der sofortige Verbrauch oder die sofortige Verwertung von zu berücksichtigendem Vermögen nicht möglich ist oder für sie eine besondere Härte bedeuten würde, sind Leistungen als Darlehen zu erbringen. Die Leistungen können davon abhängig gemacht werden, dass der Anspruch auf Rückzahlung dinglich oder in anderer Weise gesichert wird.
(6) In Fällen des § 22 Absatz 5 werden Leistungen für Erstausstattungen für die Wohnung nur erbracht, wenn der kommunale Träger die Übernahme der Leistungen für Unterkunft und Heizung zugesichert hat oder vom Erfordernis der Zusicherung abgesehen werden konnte.

-

§ 25 Leistungen bei medizinischer Rehabilitation der Rentenversicherung und bei Anspruch auf Verletztengeld aus der Unfallversicherung

Haben Leistungsberechtigte dem Grunde nach Anspruch auf Übergangsgeld bei medizinischen Leistungen der gesetzlichen Rentenversicherung, erbringen die Träger der Leistungen nach diesem Buch die bisherigen Leistungen als Vorschuss auf die Leistungen der Rentenversicherung weiter; dies gilt entsprechend bei einem Anspruch auf Verletztengeld aus der gesetzlichen Unfallversicherung. Werden Vorschüsse länger als einen Monat geleistet, erhalten die Träger der Leistungen nach diesem Buch von den zur Leistung verpflichteten Trägern monatliche Abschlagszahlungen in Höhe der Vorschüsse des jeweils abgelaufenen Monats. § 102 des Zehnten Buches gilt entsprechend.

-

§ 26 Zuschuss zu Versicherungsbeiträgen

(1) Für Bezieherinnen und Bezieher von Arbeitslosengeld II oder Sozialgeld, die in der gesetzlichen Krankenversicherung weder versicherungspflichtig noch familienversichert sind und die für den Fall der Krankheit

1. bei einem privaten Krankenversicherungsunternehmen versichert sind, gilt § 152 Absatz 4 Satz 2 und 3 des Versicherungsaufsichtsgesetzes,

2.
freiwillig in der gesetzlichen Krankenversicherung versichert sind, wird für die Dauer des Leistungsbezugs der Beitrag übernommen; für Personen, die allein durch den Beitrag zur freiwilligen Versicherung hilfebedürftig würden, wird der Beitrag im notwendigen Umfang übernommen.

Der Beitrag wird ferner für Personen im notwendigen Umfang übernommen, die in der gesetzlichen Krankenversicherung versicherungspflichtig sind und die allein durch den Krankenversicherungsbeitrag hilfebedürftig würden.
(2) Für Bezieherinnen und Bezieher von Arbeitslosengeld II oder Sozialgeld, die in der sozialen Pflegeversicherung weder versicherungspflichtig noch familienversichert sind, werden für die Dauer des Leistungsbezugs die Aufwendungen für eine angemessene private Pflegeversicherung im notwendigen Umfang übernommen. Satz 1 gilt entsprechend, soweit Personen allein durch diese Aufwendungen hilfebedürftig würden. Für Personen, die in der sozialen Pflegeversicherung versicherungspflichtig sind und die allein durch den Pflegeversicherungsbeitrag hilfebedürftig würden, wird der Beitrag im notwendigen Umfang übernommen.
(3) Die Bundesagentur zahlt den Zusatzbeitrag zur gesetzlichen Krankenversicherung nach § 242 des Fünften Buches für Personen, die allein durch diese Aufwendungen hilfebedürftig würden, in der erforderlichen Höhe.
(4) Der Zuschuss nach Absatz 1 Satz 1 Nummer 1 sowie nach Absatz 2 Satz 1 und 2 ist an das Versicherungsunternehmen zu zahlen, bei dem die leistungsberechtigte Person versichert ist.
-

§ 27 Leistungen für Auszubildende

(1) Auszubildende im Sinne des § 7 Absatz 5 erhalten Leistungen zur Sicherung des Lebensunterhalts nach Maßgabe der folgenden Absätze. Die Leistungen für Auszubildende gelten nicht als Arbeitslosengeld II.
(2) Leistungen werden in Höhe der Mehrbedarfe nach § 21 Absatz 2, 3, 5 und 6 und in Höhe der Leistungen nach § 24 Absatz 3 Nummer 2 erbracht, soweit die Mehrbedarfe nicht durch zu berücksichtigendes Einkommen oder Vermögen gedeckt sind.
(3) Erhalten Auszubildende Berufsausbildungsbeihilfe oder Ausbildungsgeld nach dem Dritten Buch oder Leistungen nach dem Bundesausbildungsförderungsgesetz oder erhalten sie diese nur wegen der Vorschriften zur Berücksichtigung von Einkommen und Vermögen nicht und bemisst sich deren Bedarf nach § 61 Absatz 1, § 62 Absatz 2, § 116 Absatz 3, § 123 Absatz 1 Nummer 1 und 4, § 124 Absatz 1 Nummer 2 des Dritten Buches oder nach § 12 Absatz 1 Nummer 2 und Absatz 2, § 13 Absatz 1 in Verbindung mit Absatz 2 Nummer 1 des Bundesausbildungsförderungsgesetzes, erhalten sie einen Zuschuss zu ihren angemessenen Aufwendungen für Unterkunft und Heizung (§ 22 Absatz 1 Satz 1), soweit der Bedarf in entsprechender Anwendung des § 19 Absatz 3 ungedeckt ist. Satz 1 gilt nicht, wenn die Berücksichtigung des Bedarfs für Unterkunft und Heizung nach § 22 Absatz 5 ausgeschlossen ist.
(4) Leistungen können als Darlehen für Regelbedarfe, Bedarfe für Unterkunft und Heizung und notwendige Beiträge zur Kranken- und Pflegeversicherung erbracht werden, sofern der Leistungsausschluss nach § 7 Absatz 5 eine besondere Härte bedeutet. Für den Monat der Aufnahme einer Ausbildung können Leistungen entsprechend § 24 Absatz 4 erbracht werden. Leistungen nach den Sätzen 1 und 2 sind gegenüber den Leistungen nach den Absätzen 2 und 3 nachrangig.
(5) Unter den Voraussetzungen des § 22 Absatz 8 können Auszubildenden auch

Leistungen für die Übernahme von Schulden erbracht werden.

<u>Unterabschnitt 4</u>
<u>Leistungen für Bildung und Teilhabe</u>

§ 28 Bedarfe für Bildung und Teilhabe
(1) Bedarfe für Bildung und Teilhabe am sozialen und kulturellen Leben in der Gemeinschaft werden bei Kindern, Jugendlichen und jungen Erwachsenen neben dem Regelbedarf nach Maßgabe der Absätze 2 bis 7 gesondert berücksichtigt. Bedarfe für Bildung werden nur bei Personen berücksichtigt, die das 25. Lebensjahr noch nicht vollendet haben, eine allgemein- oder berufsbildende Schule besuchen und keine Ausbildungsvergütung erhalten (Schülerinnen und Schüler).
(2) Bei Schülerinnen und Schülern werden die tatsächlichen Aufwendungen anerkannt für
1. Schulausflüge und
2. mehrtägige Klassenfahrten im Rahmen der schulrechtlichen Bestimmungen.
Für Kinder, die eine Kindertageseinrichtung besuchen, gilt Satz 1 entsprechend.
(3) Für die Ausstattung mit persönlichem Schulbedarf werden bei Schülerinnen und Schülern 70 Euro zum 1. August und 30 Euro zum 1. Februar eines jeden Jahres berücksichtigt.
(4) Bei Schülerinnen und Schülern, die für den Besuch der nächstgelegenen Schule des gewählten Bildungsgangs auf Schülerbeförderung angewiesen sind, werden die dafür erforderlichen tatsächlichen Aufwendungen berücksichtigt, soweit sie nicht von Dritten übernommen werden und es der leistungsberechtigten Person nicht zugemutet werden kann, die Aufwendungen aus dem Regelbedarf zu bestreiten. Als zumutbare Eigenleistung gilt in der Regel ein Betrag in Höhe von 5 Euro monatlich.
(5) Bei Schülerinnen und Schülern wird eine schulische Angebote ergänzende angemessene Lernförderung berücksichtigt, soweit diese geeignet und zusätzlich erforderlich ist, um die nach den schulrechtlichen Bestimmungen festgelegten wesentlichen Lernziele zu erreichen.
(6) Bei Teilnahme an einer gemeinschaftlichen Mittagsverpflegung werden die entstehenden Mehraufwendungen berücksichtigt für
1. Schülerinnen und Schüler und
2. Kinder, die eine Tageseinrichtung besuchen oder für die Kindertagespflege geleistet wird.
Für Schülerinnen und Schüler gilt dies unter der Voraussetzung, dass die Mittagsverpflegung in schulischer Verantwortung angeboten wird. In den Fällen des Satzes 2 ist für die Ermittlung des monatlichen Bedarfs die Anzahl der Schultage in dem Land zugrunde zu legen, in dem der Schulbesuch stattfindet.
(7) Bei Leistungsberechtigten bis zur Vollendung des 18. Lebensjahres wird ein Bedarf zur Teilhabe am sozialen und kulturellen Leben in der Gemeinschaft in Höhe von insgesamt 10 Euro monatlich berücksichtigt für
1.

2. Mitgliedsbeiträge in den Bereichen Sport, Spiel, Kultur und Geselligkeit,

3. Unterricht in künstlerischen Fächern (zum Beispiel Musikunterricht) und vergleichbare angeleitete Aktivitäten der kulturellen Bildung und

die Teilnahme an Freizeiten.

Neben der Berücksichtigung von Bedarfen nach Satz 1 können auch weitere tatsächliche Aufwendungen berücksichtigt werden, wenn sie im Zusammenhang mit der Teilnahme an Aktivitäten nach Satz 1 Nummer 1 bis 3 entstehen und es den Leistungsberechtigten im begründeten Ausnahmefall nicht zugemutet werden kann, diese aus dem Regelbedarf zu bestreiten.

-

§ 29 Erbringung der Leistungen für Bildung und Teilhabe

(1) Leistungen zur Deckung der Bedarfe nach § 28 Absatz 2 und 5 bis 7 werden erbracht durch Sach- und Dienstleistungen, insbesondere in Form von personalisierten Gutscheinen oder Direktzahlungen an Anbieter von Leistungen zur Deckung dieser Bedarfe (Anbieter); die kommunalen Träger bestimmen, in welcher Form sie die Leistungen erbringen. Sie können auch bestimmen, dass die Leistungen nach § 28 Absatz 2 durch Geldleistungen gedeckt werden. Die Bedarfe nach § 28 Absatz 3 und 4 werden jeweils durch Geldleistungen gedeckt. Die kommunalen Träger können mit Anbietern pauschal abrechnen.
(2) Werden die Bedarfe durch Gutscheine gedeckt, gelten die Leistungen mit Ausgabe des jeweiligen Gutscheins als erbracht. Die kommunalen Träger gewährleisten, dass Gutscheine bei geeigneten vorhandenen Anbietern oder zur Wahrnehmung ihrer eigenen Angebote eingelöst werden können. Gutscheine können für den gesamten Bewilligungszeitraum im Voraus ausgegeben werden. Die Gültigkeit von Gutscheinen ist angemessen zu befristen. Im Fall des Verlustes soll ein Gutschein erneut in dem Umfang ausgestellt werden, in dem er noch nicht in Anspruch genommen wurde.
(3) Werden die Bedarfe durch Direktzahlungen an Anbieter gedeckt, gelten die Leistungen mit der Zahlung als erbracht. Eine Direktzahlung ist für den gesamten Bewilligungszeitraum im Voraus möglich.
(4) Im begründeten Einzelfall kann ein Nachweis über eine zweckentsprechende Verwendung der Leistung verlangt werden. Soweit der Nachweis nicht geführt wird, soll die Bewilligungsentscheidung widerrufen werden.

-

§ 30 Berechtigte Selbsthilfe

Geht die leistungsberechtigte Person durch Zahlung an Anbieter in Vorleistung, ist der kommunale Träger zur Übernahme der berücksichtigungsfähigen Aufwendungen verpflichtet, soweit

1. unbeschadet des Satzes 2 die Voraussetzungen einer Leistungsgewährung zur Deckung der Bedarfe im Zeitpunkt der Selbsthilfe nach § 28 Absatz 2 und 5 bis 7 vorlagen und

2. zum Zeitpunkt der Selbsthilfe der Zweck der Leistung durch Erbringung als Sach-

oder Dienstleistung ohne eigenes Verschulden nicht oder nicht rechtzeitig zu erreichen war.
War es dem Leistungsberechtigten nicht möglich, rechtzeitig einen Antrag zu stellen, gilt dieser als zum Zeitpunkt der Selbstvornahme gestellt.

Unterabschnitt 5
Sanktionen

-

§ 31 Pflichtverletzungen

(1) Erwerbsfähige Leistungsberechtigte verletzen ihre Pflichten, wenn sie trotz schriftlicher Belehrung über die Rechtsfolgen oder deren Kenntnis

1. sich weigern, in der Eingliederungsvereinbarung oder in dem diese ersetzenden Verwaltungsakt nach § 15 Absatz 1 Satz 6 festgelegte Pflichten zu erfüllen, insbesondere in ausreichendem Umfang Eigenbemühungen nachzuweisen,
2. sich weigern, eine zumutbare Arbeit, Ausbildung, Arbeitsgelegenheit nach § 16d oder ein nach § 16e gefördertes Arbeitsverhältnis aufzunehmen, fortzuführen oder deren Anbahnung durch ihr Verhalten verhindern,
3. eine zumutbare Maßnahme zur Eingliederung in Arbeit nicht antreten, abbrechen oder Anlass für den Abbruch gegeben haben.

Dies gilt nicht, wenn erwerbsfähige Leistungsberechtigte einen wichtigen Grund für ihr Verhalten darlegen und nachweisen.

(2) Eine Pflichtverletzung von erwerbsfähigen Leistungsberechtigten ist auch anzunehmen, wenn

1. sie nach Vollendung des 18. Lebensjahres ihr Einkommen oder Vermögen in der Absicht vermindert haben, die Voraussetzungen für die Gewährung oder Erhöhung des Arbeitslosengeldes II herbeizuführen,
2. sie trotz Belehrung über die Rechtsfolgen oder deren Kenntnis ihr unwirtschaftliches Verhalten fortsetzen,
3. ihr Anspruch auf Arbeitslosengeld ruht oder erloschen ist, weil die Agentur für Arbeit das Eintreten einer Sperrzeit oder das Erlöschen des Anspruchs nach den Vorschriften des Dritten Buches festgestellt hat, oder
4. sie die im Dritten Buch genannten Voraussetzungen für das Eintreten einer Sperrzeit erfüllen, die das Ruhen oder Erlöschen eines Anspruchs auf Arbeitslosengeld begründen.

-

§ 31a Rechtsfolgen bei Pflichtverletzungen

(1) Bei einer Pflichtverletzung nach § 31 mindert sich das Arbeitslosengeld II in einer

ersten Stufe um 30 Prozent des für die erwerbsfähige leistungsberechtigte Person nach § 20 maßgebenden Regelbedarfs. Bei der ersten wiederholten Pflichtverletzung nach § 31 mindert sich das Arbeitslosengeld II um 60 Prozent des für die erwerbsfähige leistungsberechtigte Person nach § 20 maßgebenden Regelbedarfs. Bei jeder weiteren wiederholten Pflichtverletzung nach § 31 entfällt das Arbeitslosengeld II vollständig. Eine wiederholte Pflichtverletzung liegt nur vor, wenn bereits zuvor eine Minderung festgestellt wurde. Sie liegt nicht vor, wenn der Beginn des vorangegangenen Minderungszeitraums länger als ein Jahr zurückliegt. Erklären sich erwerbsfähige Leistungsberechtigte nachträglich bereit, ihren Pflichten nachzukommen, kann der zuständige Träger die Minderung der Leistungen nach Satz 3 ab diesem Zeitpunkt auf 60 Prozent des für sie nach § 20 maßgebenden Regelbedarfs begrenzen.
(2) Bei erwerbsfähigen Leistungsberechtigten, die das 25. Lebensjahr noch nicht vollendet haben, ist das Arbeitslosengeld II bei einer Pflichtverletzung nach § 31 auf die für die Bedarfe nach § 22 zu erbringenden Leistungen beschränkt. Bei wiederholter Pflichtverletzung nach § 31 entfällt das Arbeitslosengeld II vollständig. Absatz 1 Satz 4 und 5 gilt entsprechend. Erklären sich erwerbsfähige Leistungsberechtigte, die das 25. Lebensjahr noch nicht vollendet haben, nachträglich bereit, ihren Pflichten nachzukommen, kann der Träger unter Berücksichtigung aller Umstände des Einzelfalles ab diesem Zeitpunkt wieder die für die Bedarfe nach § 22 zu erbringenden Leistungen gewähren.
(3) Bei einer Minderung des Arbeitslosengeldes II um mehr als 30 Prozent des nach § 20 maßgebenden Regelbedarfs kann der Träger auf Antrag in angemessenem Umfang ergänzende Sachleistungen oder geldwerte Leistungen erbringen. Der Träger hat Leistungen nach Satz 1 zu erbringen, wenn Leistungsberechtigte mit minderjährigen Kindern in einem Haushalt leben. Bei einer Minderung des Arbeitslosengeldes II um mindestens 60 Prozent des für den erwerbsfähigen Leistungsberechtigten nach § 20 maßgebenden Regelbedarfs soll das Arbeitslosengeld II, soweit es für den Bedarf für Unterkunft und Heizung nach § 22 Absatz 1 erbracht wird, an den Vermieter oder andere Empfangsberechtigte gezahlt werden.
(4) Für nichterwerbsfähige Leistungsberechtigte gilt Absatz 1 und 3 bei Pflichtverletzungen nach § 31 Absatz 2 Nummer 1 und 2 entsprechend.
-

§ 31b Beginn und Dauer der Minderung

(1) Der Auszahlungsanspruch mindert sich mit Beginn des Kalendermonats, der auf das Wirksamwerden des Verwaltungsaktes folgt, der die Pflichtverletzung und den Umfang der Minderung der Leistung feststellt. In den Fällen des § 31 Absatz 2 Nummer 3 tritt die Minderung mit Beginn der Sperrzeit oder mit dem Erlöschen des Anspruchs nach dem Dritten Buch ein. Der Minderungszeitraum beträgt drei Monate. Bei erwerbsfähigen Leistungsberechtigten, die das 25. Lebensjahr noch nicht vollendet haben, kann der Träger die Minderung des Auszahlungsanspruchs in Höhe der Bedarfe nach den §§ 20 und 21 unter Berücksichtigung aller Umstände des Einzelfalls auf sechs Wochen verkürzen. Die Feststellung der Minderung ist nur innerhalb von sechs Monaten ab dem Zeitpunkt der Pflichtverletzung zulässig.
(2) Während der Minderung des Auszahlungsanspruchs besteht kein Anspruch auf ergänzende Hilfe zum Lebensunterhalt nach den Vorschriften des Zwölften Buches.
-

§ 32 Meldeversäumnisse

(1) Kommen Leistungsberechtigte trotz schriftlicher Belehrung über die Rechtsfolgen oder deren Kenntnis einer Aufforderung des zuständigen Trägers, sich bei ihm zu melden oder bei einem ärztlichen oder psychologischen Untersuchungstermin zu erscheinen, nicht nach, mindert sich das Arbeitslosengeld II oder das Sozialgeld jeweils um 10 Prozent des für sie nach § 20 maßgebenden Regelbedarfs. Dies gilt nicht, wenn Leistungsberechtigte einen wichtigen Grund für ihr Verhalten darlegen und nachweisen.
(2) Die Minderung nach dieser Vorschrift tritt zu einer Minderung nach § 31a hinzu. § 31a Absatz 3 und § 31b gelten entsprechend.

<u>Unterabschnitt 6</u>
<u>Verpflichtungen Anderer</u>

§ 33 Übergang von Ansprüchen

(1) Haben Personen, die Leistungen zur Sicherung des Lebensunterhalts beziehen, für die Zeit, für die Leistungen erbracht werden, einen Anspruch gegen einen Anderen, der nicht Leistungsträger ist, geht der Anspruch bis zur Höhe der geleisteten Aufwendungen auf die Träger der Leistungen nach diesem Buch über, wenn bei rechtzeitiger Leistung des Anderen Leistungen zur Sicherung des Lebensunterhalts nicht erbracht worden wären. Satz 1 gilt auch, soweit Kinder unter Berücksichtigung von Kindergeld nach § 11 Absatz 1 Satz 4 keine Leistungen empfangen haben und bei rechtzeitiger Leistung des Anderen keine oder geringere Leistungen an die Mitglieder der Haushaltsgemeinschaft erbracht worden wären. Der Übergang wird nicht dadurch ausgeschlossen, dass der Anspruch nicht übertragen, verpfändet oder gepfändet werden kann. Unterhaltsansprüche nach bürgerlichem Recht gehen zusammen mit dem unterhaltsrechtlichen Auskunftsanspruch auf die Träger der Leistungen nach diesem Buch über.
(2) Ein Unterhaltsanspruch nach bürgerlichem Recht geht nicht über, wenn die unterhaltsberechtigte Person

1.
   mit der oder dem Verpflichteten in einer Bedarfsgemeinschaft lebt,
2.
   mit der oder dem Verpflichteten verwandt ist und den Unterhaltsanspruch nicht geltend macht; dies gilt nicht für Unterhaltsansprüche
   a)
      minderjähriger Leistungsberechtigter,
   b)
      Leistungsberechtigter, die das 25. Lebensjahr noch nicht vollendet und die Erstausbildung noch nicht abgeschlossen haben,
   gegen ihre Eltern,
3.
   in einem Kindschaftsverhältnis zur oder zum Verpflichteten steht und
   a)
      schwanger ist oder
   b)
      ihr leibliches Kind bis zur Vollendung seines sechsten Lebensjahres betreut.

Der Übergang ist auch ausgeschlossen, soweit der Unterhaltsanspruch durch laufende Zahlung erfüllt wird. Der Anspruch geht nur über, soweit das Einkommen und Vermögen

der unterhaltsverpflichteten Person das nach den §§ 11 bis 12 zu berücksichtigende Einkommen und Vermögen übersteigt.
(3) Für die Vergangenheit können die Träger der Leistungen nach diesem Buch außer unter den Voraussetzungen des bürgerlichen Rechts nur von der Zeit an den Anspruch geltend machen, zu welcher sie der oder dem Verpflichteten die Erbringung der Leistung schriftlich mitgeteilt haben. Wenn die Leistung voraussichtlich auf längere Zeit erbracht werden muss, können die Träger der Leistungen nach diesem Buch bis zur Höhe der bisherigen monatlichen Aufwendungen auch auf künftige Leistungen klagen.
(4) Die Träger der Leistungen nach diesem Buch können den auf sie übergegangenen Anspruch im Einvernehmen mit der Empfängerin oder dem Empfänger der Leistungen auf diese oder diesen zur gerichtlichen Geltendmachung rückübertragen und sich den geltend gemachten Anspruch abtreten lassen. Kosten, mit denen die Leistungsempfängerin oder der Leistungsempfänger dadurch selbst belastet wird, sind zu übernehmen. Über die Ansprüche nach Absatz 1 Satz 3 ist im Zivilrechtsweg zu entscheiden.
(5) Die §§ 115 und 116 des Zehnten Buches gehen der Regelung des Absatzes 1 vor.

-

§ 34 Ersatzansprüche bei sozialwidrigem Verhalten

(1) Wer nach Vollendung des 18. Lebensjahres vorsätzlich oder grob fahrlässig die Voraussetzungen für die Gewährung von Leistungen nach diesem Buch an sich oder an Personen, die mit ihr oder ihm in einer Bedarfsgemeinschaft leben, ohne wichtigen Grund herbeigeführt hat, ist zum Ersatz der deswegen gezahlten Leistungen verpflichtet. Der Ersatzanspruch umfasst auch die geleisteten Beiträge zur Kranken-, Renten- und Pflegeversicherung. Von der Geltendmachung des Ersatzanspruchs ist abzusehen, soweit sie eine Härte bedeuten würde.
(2) Eine nach Absatz 1 eingetretene Verpflichtung zum Ersatz der Leistungen geht auf den Erben über. Sie ist auf den Nachlasswert zum Zeitpunkt des Erbfalls begrenzt.
(3) Der Ersatzanspruch erlischt drei Jahre nach Ablauf des Jahres, in dem die Leistung erbracht worden ist. Die Bestimmungen des Bürgerlichen Gesetzbuchs über die Hemmung, die Ablaufhemmung, den Neubeginn und die Wirkung der Verjährung gelten sinngemäß; der Erhebung der Klage steht der Erlass eines Leistungsbescheides gleich.

-

§ 34a Ersatzansprüche für rechtswidrig erhaltene Leistungen

(1) Zum Ersatz rechtswidrig erbrachter Leistungen nach diesem Buch ist verpflichtet, wer diese durch vorsätzliches oder grob fahrlässiges Verhalten an Dritte herbeigeführt hat. Der Ersatzanspruch umfasst auch die geleisteten Beiträge zur Kranken-, Renten- und Pflegeversicherung entsprechend § 335 Absatz 1, 2 und 5 des Dritten Buches.
(2) Der Ersatzanspruch verjährt in vier Jahren nach Ablauf des Kalenderjahres, in dem der Verwaltungsakt, mit dem die Erstattung nach § 50 des Zehnten Buches festgesetzt worden ist, unanfechtbar geworden ist. Soweit gegenüber einer rechtswidrig begünstigten Person ein Verwaltungsakt nicht aufgehoben werden kann, beginnt die Frist nach Satz 1 mit dem Zeitpunkt, ab dem die Behörde Kenntnis von der Rechtswidrigkeit der Leistungserbringung hat. § 34 Absatz 3 Satz 2 gilt entsprechend. § 52 des Zehnten Buches bleibt unberührt.
(3) § 34 Absatz 2 gilt entsprechend. Auf den Ersatzanspruch gegenüber einem Erben ist § 35 Absatz 3 entsprechend anwendbar.
(4) Zum Ersatz nach Absatz 1 und zur Erstattung nach § 50 des Zehnten Buches Verpflichtete haften als Gesamtschuldner.

§ 34b Ersatzansprüche nach sonstigen Vorschriften

Bestimmt sich das Recht des Trägers nach diesem Buch, Ersatz seiner Aufwendungen von einem anderen zu verlangen, gegen den die Leistungsberechtigten einen Anspruch haben, nach sonstigen gesetzlichen Vorschriften, die dem § 33 vorgehen, gelten als Aufwendungen auch solche Leistungen zur Sicherung des Lebensunterhalts, die an die nicht getrennt lebende Ehegattin oder Lebenspartnerin oder den nicht getrennt lebenden Ehegatten oder Lebenspartner der leistungsberechtigten Person erbracht wurden sowie an deren oder dessen unverheiratete Kinder, die das 25. Lebensjahr noch nicht vollendet hatten.

§ 35 Erbenhaftung

(1) Der Erbe einer Person, die Leistungen nach diesem Buch erhalten hat, ist zum Ersatz der Leistungen verpflichtet, soweit diese innerhalb der letzten zehn Jahre vor dem Erbfall erbracht worden sind und 1 700 Euro übersteigen. Der Ersatzanspruch umfasst auch die geleisteten Beiträge zur Kranken-, Renten- und Pflegeversicherung. Die Ersatzpflicht ist auf den Nachlasswert zum Zeitpunkt des Erbfalls begrenzt.
(2) Der Ersatzanspruch ist nicht geltend zu machen,
1. soweit der Wert des Nachlasses unter 15 500 Euro liegt, wenn der Erbe der Partner der Person, die die Leistungen empfangen hat, war oder mit diesem verwandt war und nicht nur vorübergehend bis zum Tode der Person, die die Leistungen empfangen hat, mit dieser in häuslicher Gemeinschaft gelebt und sie gepflegt hat,
2. soweit die Inanspruchnahme des Erben nach der Besonderheit des Einzelfalles eine besondere Härte bedeuten würde.

(3) Der Ersatzanspruch erlischt drei Jahre nach dem Tod der Person, die die Leistungen empfangen hat. § 34 Absatz 3 Satz 2 gilt sinngemäß.

<u>Kapitel 4
Gemeinsame Vorschriften für Leistungen</u>

<u>Abschnitt 1
Zuständigkeit und Verfahren</u>

§ 36 Örtliche Zuständigkeit

Für die Leistungen nach § 6 Absatz 1 Nummer 1 ist die Agentur für Arbeit zuständig, in deren Bezirk die erwerbsfähige leistungsberechtigte Person ihren gewöhnlichen Aufenthalt hat. Für die Leistungen nach § 6 Absatz 1 Satz 1 Nummer 2 ist der kommunale Träger zuständig, in dessen Gebiet die erwerbsfähige leistungsberechtigte Person ihren gewöhnlichen Aufenthalt hat. Für Leistungen nach den Sätzen 1 und 2 an Minderjährige, die Leistungen für die Zeit der Ausübung des Umgangsrechts nur für einen kurzen

Zeitraum beanspruchen, ist der jeweilige Träger an dem Ort zuständig, an dem die umgangsberechtigte Person ihren gewöhnlichen Aufenthalt hat. Kann ein gewöhnlicher Aufenthaltsort nicht festgestellt werden, so ist der Träger nach diesem Buch örtlich zuständig, in dessen Bereich sich die oder der erwerbsfähige Leistungsberechtigte tatsächlich aufhält. Für nicht erwerbsfähige Personen, deren Leistungsberechtigung sich aus § 7 Absatz 2 Satz 3 ergibt, gelten die Sätze 1 bis 4 entsprechend.

-

§ 36a Kostenerstattung bei Aufenthalt im Frauenhaus

Sucht eine Person in einem Frauenhaus Zuflucht, ist der kommunale Träger am bisherigen gewöhnlichen Aufenthaltsort verpflichtet, dem durch die Aufnahme im Frauenhaus zuständigen kommunalen Träger am Ort des Frauenhauses die Kosten für die Zeit des Aufenthaltes im Frauenhaus zu erstatten.

-

§ 37 Antragserfordernis

(1) Leistungen nach diesem Buch werden auf Antrag erbracht. Leistungen nach § 24 Absatz 1 und 3 und Leistungen für die Bedarfe nach § 28 Absatz 2, Absatz 4 bis 7 sind gesondert zu beantragen.
(2) Leistungen nach diesem Buch werden nicht für Zeiten vor der Antragstellung erbracht. Der Antrag auf Leistungen zur Sicherung des Lebensunterhalts wirkt auf den Ersten des Monats zurück. Der Antrag auf Leistungen für die Bedarfe nach § 28 Absatz 7 wirkt, soweit daneben andere Leistungen zur Sicherung des Lebensunterhalts erbracht werden, auf den Beginn des aktuellen Bewilligungszeitraums nach § 41 Absatz 1 Satz 4 beziehungsweise 5 zurück.

-

§ 38 Vertretung der Bedarfsgemeinschaft

(1) Soweit Anhaltspunkte dem nicht entgegenstehen, wird vermutet, dass die oder der erwerbsfähige Leistungsberechtigte bevollmächtigt ist, Leistungen nach diesem Buch auch für die mit ihm in einer Bedarfsgemeinschaft lebenden Personen zu beantragen und entgegenzunehmen. Leben mehrere erwerbsfähige Leistungsberechtigte in einer Bedarfsgemeinschaft, gilt diese Vermutung zugunsten der Antrag stellenden Person.
(2) Für Leistungen an Kinder im Rahmen der Ausübung des Umgangsrechts hat die umgangsberechtigte Person die Befugnis, Leistungen nach diesem Buch zu beantragen und entgegenzunehmen, soweit das Kind dem Haushalt angehört.

-

§ 39 Sofortige Vollziehbarkeit

Keine aufschiebende Wirkung haben Widerspruch und Anfechtungsklage gegen einen Verwaltungsakt,

1. der Leistungen der Grundsicherung für Arbeitsuchende aufhebt, zurücknimmt, widerruft, die Pflichtverletzung und die Minderung des Auszahlungsanspruchs feststellt oder Leistungen zur Eingliederung in Arbeit oder Pflichten erwerbsfähiger

2. Leistungsberechtigter bei der Eingliederung in Arbeit regelt,

3. der den Übergang eines Anspruchs bewirkt,

4. mit dem zur Beantragung einer vorrangigen Leistung aufgefordert wird oder

\- mit dem nach § 59 in Verbindung mit § 309 des Dritten Buches zur persönlichen Meldung bei der Agentur für Arbeit aufgefordert wird.

§ 40 Anwendung von Verfahrensvorschriften

(1) Für das Verfahren nach diesem Buch gilt das Zehnte Buch. Abweichend von Satz 1 gilt § 44 Absatz 4 Satz 1 des Zehnten Buches mit der Maßgabe, dass anstelle des Zeitraums von vier Jahren ein Zeitraum von einem Jahr tritt.

(2) Entsprechend anwendbar sind die Vorschriften des Dritten Buches über

1. die vorläufige Entscheidung (§ 328) mit der Maßgabe, dass auch dann vorläufig entschieden werden kann, wenn die Gültigkeit einer Satzung oder einer anderen im Rang unter einem Landesgesetz stehenden Rechtsvorschrift, die nach § 22a Absatz 1 und dem dazu ergangenen Landesgesetz erlassen worden ist, Gegenstand eines Verfahrens bei einem Landessozialgericht, dem Bundessozialgericht oder einem Verfassungsgericht ist;

2. die Aufhebung von Verwaltungsakten nach § 330 Absatz 1 mit der Maßgabe, dass bei der Unwirksamkeit einer Satzung oder einer anderen im Rang unter einem Landesgesetz stehenden Rechtsvorschrift, die nach § 22a Absatz 1 und dem dazu ergangenen Landesgesetz erlassen worden ist, auf die Zeit nach der Entscheidung des Landessozialgerichts abgestellt wird;

3. die Aufhebung von Verwaltungsakten (§ 330 Absatz 2, 3 Satz 1 und 4);

4. die vorläufige Zahlungseinstellung nach § 331 mit der Maßgabe, dass die Träger auch zur teilweisen Zahlungseinstellung berechtigt sind, wenn sie von Tatsachen Kenntnis erhalten, die zu einem geringeren Leistungsanspruch führen;

5. die Erstattung von Beiträgen zur Kranken-, Renten- und Pflegeversicherung (§ 335 Absatz 1, 2 und 5); § 335 Absatz 1 Satz 1 und Absatz 5 in Verbindung mit Absatz 1 Satz 1 ist nicht anwendbar, wenn in einem Kalendermonat für mindestens einen Tag rechtmäßig Arbeitslosengeld II gewährt wurde; in den Fällen des § 335 Absatz 1 Satz 2 und Absatz 5 in Verbindung mit Absatz 1 Satz 2 besteht kein Beitragserstattungsanspruch.

(3) § 50 Absatz 1 des Zehnten Buches ist mit der Maßgabe anzuwenden, dass Gutscheine in Geld zu erstatten sind. Die leistungsberechtigte Person kann die Erstattungsforderung auch durch Rückgabe des Gutscheins erfüllen, soweit dieser nicht in Anspruch genommen wurde. Eine Erstattung der Leistungen nach § 28 erfolgt nicht, soweit eine Aufhebungsentscheidung allein wegen dieser Leistungen zu treffen wäre.

(4) Abweichend von § 50 des Zehnten Buches sind 56 Prozent der bei der Berechnung des Arbeitslosengeldes II und des Sozialgeldes berücksichtigten Bedarfe für Unterkunft nicht zu erstatten. Satz 1 gilt nicht in den Fällen des § 45 Absatz 2 Satz 3 des Zehnten

Buches, des § 48 Absatz 1 Satz 2 Nummer 2 und 4 des Zehnten Buches sowie in Fällen, in denen die Bewilligung lediglich teilweise aufgehoben wird.
(5) § 28 des Zehnten Buches gilt mit der Maßgabe, dass der Antrag unverzüglich nach Ablauf des Monats, in dem die Ablehnung oder Erstattung der anderen Leistung bindend geworden ist, nachzuholen ist.
(6) Für die Vollstreckung von Ansprüchen der in gemeinsamen Einrichtungen zusammenwirkenden Träger nach diesem Buch gilt das Verwaltungs-Vollstreckungsgesetz des Bundes; im Übrigen gilt § 66 des Zehnten Buches.
-

§ 40a Erstattungsanspruch

Wird einer leistungsberechtigten Person für denselben Zeitraum, für den ein Träger der Grundsicherung für Arbeitsuchende Leistungen nach diesem Buch erbracht hat, eine andere Sozialleistung bewilligt, so steht dem Träger der Grundsicherung für Arbeitsuchende unter den Voraussetzungen des § 104 des Zehnten Buches ein Erstattungsanspruch gegen den anderen Sozialleistungsträger zu. Der Erstattungsanspruch besteht auch, soweit die Erbringung des Arbeitslosengeldes II allein auf Grund einer nachträglich festgestellten vollen Erwerbsminderung rechtswidrig war oder rückwirkend eine Rente wegen Alters oder eine Knappschaftsausgleichsleistung zuerkannt wird. Die §§ 106 bis 114 des Zehnten Buches gelten entsprechend. § 44a Absatz 3 bleibt unberührt.
-

§ 41 Berechnung der Leistungen

(1) Anspruch auf Leistungen zur Sicherung des Lebensunterhalts besteht für jeden Kalendertag. Der Monat wird mit 30 Tagen berechnet. Stehen die Leistungen nicht für einen vollen Monat zu, wird die Leistung anteilig erbracht. Die Leistungen sollen jeweils für sechs Monate bewilligt und monatlich im Voraus erbracht werden. Der Bewilligungszeitraum kann auf bis zu zwölf Monate bei Leistungsberechtigten verlängert werden, bei denen eine Veränderung der Verhältnisse in diesem Zeitraum nicht zu erwarten ist.
(2) Berechnungen werden auf zwei Dezimalstellen durchgeführt, wenn nichts Abweichendes bestimmt ist. Bei einer auf Dezimalstellen durchgeführten Berechnung wird die letzte Dezimalstelle um eins erhöht, wenn sich in der folgenden Dezimalstelle eine der Ziffern 5 bis 9 ergeben würde.
-

§ 42 Auszahlung der Geldleistungen

Geldleistungen nach diesem Buch werden auf das im Antrag angegebene Konto bei einem Geldinstitut überwiesen, für das die Verordnung (EU) Nr. 260/2012 des Europäischen Parlaments und des Rates vom 14. März 2012 zur Festlegung der technischen Vorschriften und der Geschäftsanforderungen für Überweisungen und Lastschriften in Euro und zur Änderung der Verordnung (EG) Nr. 924/2009 (ABl. L 94 vom 30.3.2012, S. 22) gilt. Werden sie an den Wohnsitz oder gewöhnlichen Aufenthalt der Leistungsberechtigten übermittelt, sind die dadurch veranlassten Kosten abzuziehen. Dies gilt nicht, wenn Leistungsberechtigte nachweisen, dass ihnen die Einrichtung eines Kontos bei einem Geldinstitut ohne eigenes Verschulden nicht möglich ist.

-

§ 42a Darlehen

(1) Darlehen werden nur erbracht, wenn ein Bedarf weder durch Vermögen nach § 12 Absatz 2 Satz 1 Nummer 1, 1a und 4 noch auf andere Weise gedeckt werden kann. Darlehen können an einzelne Mitglieder von Bedarfsgemeinschaften oder an mehrere gemeinsam vergeben werden. Die Rückzahlungsverpflichtung trifft die Darlehensnehmer.
(2) Solange Darlehensnehmer Leistungen zur Sicherung des Lebensunterhalts beziehen, werden Rückzahlungsansprüche aus Darlehen ab dem Monat, der auf die Auszahlung folgt, durch monatliche Aufrechnung in Höhe von 10 Prozent des maßgebenden Regelbedarfs getilgt. Die Aufrechnung ist gegenüber den Darlehensnehmern schriftlich durch Verwaltungsakt zu erklären. Satz 1 gilt nicht, soweit Leistungen zur Sicherung des Lebensunterhalts nach § 24 Absatz 5 oder § 27 Absatz 4 erbracht werden.
(3) Rückzahlungsansprüche aus Darlehen nach § 24 Absatz 5 sind nach erfolgter Verwertung sofort in voller Höhe und Rückzahlungsansprüche aus Darlehen nach § 22 Absatz 6 bei Rückzahlung durch den Vermieter sofort in Höhe des noch nicht getilgten Darlehensbetrages fällig. Deckt der erlangte Betrag den noch nicht getilgten Darlehensbetrag nicht, soll eine Vereinbarung über die Rückzahlung des ausstehenden Betrags unter Berücksichtigung der wirtschaftlichen Verhältnisse der Darlehensnehmer getroffen werden.
(4) Nach Beendigung des Leistungsbezuges ist der noch nicht getilgte Darlehensbetrag sofort fällig. Über die Rückzahlung des ausstehenden Betrags soll eine Vereinbarung unter Berücksichtigung der wirtschaftlichen Verhältnisse der Darlehensnehmer getroffen werden.
(5) Rückzahlungsansprüche aus Darlehen nach § 27 Absatz 4 sind abweichend von Absatz 4 Satz 1 erst nach Abschluss der Ausbildung fällig. Absatz 4 Satz 2 gilt entsprechend.
(6) Sofern keine abweichende Tilgungsbestimmung getroffen wird, werden Zahlungen, die zur Tilgung der gesamten fälligen Schuld nicht ausreichen, zunächst auf das zuerst erbrachte Darlehen angerechnet.

-

§ 43 Aufrechnung

(1) Die Träger von Leistungen nach diesem Buch können gegen Ansprüche von Leistungsberechtigten auf Geldleistungen zur Sicherung des Lebensunterhalts aufrechnen mit ihren

1. Erstattungsansprüchen nach § 42 Absatz 2 Satz 2, § 43 Absatz 2 Satz 1 des Ersten Buches, § 328 Absatz 3 Satz 2 des Dritten Buches oder § 50 des Zehnten Buches oder
2. Ersatzansprüchen nach den §§ 34 oder 34a.

(2) Die Höhe der Aufrechnung beträgt bei Erstattungsansprüchen, die auf den §§ 42 und 43 des Ersten Buches, § 328 Absatz 3 Satz 2 des Dritten Buches oder § 48 Absatz 1 Satz 2 Nummer 3 in Verbindung mit § 50 des Zehnten Buches beruhen, 10 Prozent des für den Leistungsberechtigten maßgebenden Regelbedarfs, in den übrigen Fällen 30 Prozent. Die

Höhe der monatlichen Aufrechnung ist auf insgesamt 30 Prozent des maßgebenden Regelbedarfs begrenzt. Soweit die Erklärung einer späteren Aufrechnung zu einem höheren monatlichen Aufrechnungsbetrag als 30 Prozent führen würde, erledigen sich die vorherigen Aufrechnungserklärungen.
(3) Sind in einem Monat Aufrechnungen nach Absatz 1 und § 42a Absatz 2 zu vollziehen, gilt Absatz 2 Satz 2 entsprechend.Würden die Aufrechnungen nach § 42a Absatz 2 und nach Absatz 1 den in Absatz 2 Satz 2 genannten Betrag übersteigen, erledigt sich die nach § 42a Absatz 2 erklärte Aufrechnung, soweit sie der Aufrechnung nach Absatz 1 entgegensteht.
(4) Die Aufrechnung ist gegenüber der leistungsberechtigten Person schriftlich durch Verwaltungsakt zu erklären. Sie endet spätestens drei Jahre nach dem Monat, der auf die Bestandskraft der in Absatz 1 genannten Entscheidungen folgt. Zeiten, in denen die Aufrechnung nicht vollziehbar ist, verlängern den Aufrechnungszeitraum entsprechend.
-

§ 43a Verteilung von Teilzahlungen

Teilzahlungen auf Ersatz- und Erstattungsansprüche der Träger nach diesem Buch gegen Leistungsberechtigte oder Dritte mindern die Aufwendungen der Träger der Aufwendungen im Verhältnis des jeweiligen Anteils an der Forderung zueinander.
-

§ 44 Veränderung von Ansprüchen

Die Träger von Leistungen nach diesem Buch dürfen Ansprüche erlassen, wenn deren Einziehung nach Lage des einzelnen Falles unbillig wäre.

<u>Abschnitt 2
Einheitliche Entscheidung</u>

-

§ 44a Feststellung von Erwerbsfähigkeit und Hilfebedürftigkeit

(1) Die Agentur für Arbeit stellt fest, ob die oder der Arbeitsuchende erwerbsfähig ist. Der Entscheidung können widersprechen:
1.
    der kommunale Träger,
2.
    ein anderer Träger, der bei voller Erwerbsminderung zuständig wäre, oder
3.
    die Krankenkasse, die bei Erwerbsfähigkeit Leistungen der Krankenversicherung zu erbringen hätte.
Der Widerspruch ist zu begründen. Im Widerspruchsfall entscheidet die Agentur für Arbeit, nachdem sie eine gutachterliche Stellungnahme eingeholt hat. Die gutachterliche Stellungnahme erstellt der nach § 109a Absatz 2 des Sechsten Buches zuständige Träger der Rentenversicherung. Die Agentur für Arbeit ist bei der Entscheidung über den Widerspruch an die gutachterliche Stellungnahme nach Satz 5 gebunden. Bis zu der Entscheidung über den Widerspruch erbringen die Agentur für Arbeit und der kommunale Träger bei Vorliegen der übrigen Voraussetzungen Leistungen der Grundsicherung für

Arbeitsuchende.
(1a) Der Einholung einer gutachterlichen Stellungnahme nach Absatz 1 Satz 4 bedarf es nicht, wenn der zuständige Träger der Rentenversicherung bereits nach § 109a Absatz 2 Satz 2 des Sechsten Buches eine gutachterliche Stellungnahme abgegeben hat. Die Agentur für Arbeit ist an die gutachterliche Stellungnahme gebunden.
(2) Die gutachterliche Stellungnahme des Rentenversicherungsträgers zur Erwerbsfähigkeit ist für alle gesetzlichen Leistungsträger nach dem Zweiten, Dritten, Fünften, Sechsten und Zwölften Buch bindend; § 48 des Zehnten Buches bleibt unberührt.
(3) Entscheidet die Agentur für Arbeit, dass ein Anspruch auf Leistungen der Grundsicherung für Arbeitsuchende nicht besteht, stehen ihr und dem kommunalen Träger Erstattungsansprüche nach § 103 des Zehnten Buches zu, wenn der oder dem Leistungsberechtigten eine andere Sozialleistung zuerkannt wird. § 103 Absatz 3 des Zehnten Buches gilt mit der Maßgabe, dass Zeitpunkt der Kenntnisnahme der Leistungsverpflichtung des Trägers der Sozialhilfe, der Kriegsopferfürsorge und der Jugendhilfe der Tag des Widerspruchs gegen die Feststellung der Agentur für Arbeit ist.
(4) Die Agentur für Arbeit stellt fest, ob und in welchem Umfang die erwerbsfähige Person und die dem Haushalt angehörenden Personen hilfebedürftig sind. Sie ist dabei und bei den weiteren Entscheidungen nach diesem Buch an die Feststellung der Angemessenheit der Kosten für Unterkunft und Heizung durch den kommunalen Träger gebunden. Die Agentur für Arbeit stellt fest, ob die oder der erwerbsfähige Leistungsberechtigte oder die dem Haushalt angehörenden Personen vom Bezug von Leistungen nach diesem Buch ausgeschlossen sind.
(5) Der kommunale Träger stellt die Höhe der in seiner Zuständigkeit zu erbringenden Leistungen fest. Er ist dabei und bei den weiteren Entscheidungen nach diesem Buch an die Feststellungen der Agentur für Arbeit nach Absatz 4 gebunden. Satz 2 gilt nicht, sofern der kommunale Träger zur vorläufigen Zahlungseinstellung berechtigt ist und dies der Agentur für Arbeit vor dieser Entscheidung mitteilt.
(6) Der kommunale Träger kann einer Feststellung der Agentur für Arbeit nach Absatz 4 Satz 1 oder 3 innerhalb eines Monats schriftlich widersprechen, wenn er aufgrund der Feststellung höhere Leistungen zu erbringen hat. Der Widerspruch ist zu begründen; er befreit nicht von der Verpflichtung, die Leistungen entsprechend der Feststellung der Agentur für Arbeit zu gewähren. Die Agentur für Arbeit überprüft ihre Feststellung und teilt dem kommunalen Träger innerhalb von zwei Wochen ihre endgültige Feststellung mit. Hält der kommunale Träger seinen Widerspruch aufrecht, sind die Träger bis zu einer anderen Entscheidung der Agentur für Arbeit oder einer gerichtlichen Entscheidung an die Feststellung der Agentur für Arbeit gebunden.
-

§ 44b Gemeinsame Einrichtung

(1) Zur einheitlichen Durchführung der Grundsicherung für Arbeitsuchende bilden die Träger im Gebiet jedes kommunalen Trägers nach § 6 Absatz 1 Satz 1 Nummer 2 eine gemeinsame Einrichtung. Die gemeinsame Einrichtung nimmt die Aufgaben der Träger nach diesem Buch wahr; die Trägerschaft nach § 6 sowie nach den §§ 6a und 6b bleibt unberührt. Die gemeinsame Einrichtung ist befugt, Verwaltungsakte und Widerspruchsbescheide zu erlassen. Die Aufgaben werden von Beamtinnen und Beamten sowie Arbeitnehmerinnen und Arbeitnehmern wahrgenommen, denen entsprechende Tätigkeiten zugewiesen worden sind.
(2) Die Träger bestimmen den Standort sowie die nähere Ausgestaltung und Organisation der gemeinsamen Einrichtung durch Vereinbarung. Die Ausgestaltung und Organisation

der gemeinsamen Einrichtung sollen die Besonderheiten der beteiligten Träger, des regionalen Arbeitsmarktes und der regionalen Wirtschaftsstruktur berücksichtigen. Die Träger können die Zusammenlegung mehrerer gemeinsamer Einrichtungen zu einer gemeinsamen Einrichtung vereinbaren.
(3) Den Trägern obliegt die Verantwortung für die rechtmäßige und zweckmäßige Erbringung ihrer Leistungen. Sie haben in ihrem Aufgabenbereich nach § 6 Absatz 1 Nummer 1 oder 2 gegenüber der gemeinsamen Einrichtung ein Weisungsrecht; dies gilt nicht im Zuständigkeitsbereich der Trägerversammlung nach § 44c. Die Träger sind berechtigt, von der gemeinsamen Einrichtung die Erteilung von Auskunft und Rechenschaftslegung über die Leistungserbringung zu fordern, die Wahrnehmung der Aufgaben in der gemeinsamen Einrichtung zu prüfen und die gemeinsame Einrichtung an ihre Auffassung zu binden. Vor Ausübung ihres Weisungsrechts in Angelegenheiten grundsätzlicher Bedeutung befassen die Träger den Kooperationsausschuss nach § 18b. Der Kooperationsausschuss kann innerhalb von zwei Wochen nach Anrufung eine Empfehlung abgeben.
(4) Die gemeinsame Einrichtung kann einzelne Aufgaben auch durch die Träger wahrnehmen lassen.
(5) Die Bundesagentur stellt der gemeinsamen Einrichtung Angebote an Dienstleistungen zur Verfügung.
(6) Die Träger teilen der gemeinsamen Einrichtung alle Tatsachen und Feststellungen mit, von denen sie Kenntnis erhalten und die für die Leistungen erforderlich sind.
-

§ 44c Trägerversammlung

(1) Die gemeinsame Einrichtung hat eine Trägerversammlung. In der Trägerversammlung sind Vertreterinnen und Vertreter der Agentur für Arbeit und des kommunalen Trägers je zur Hälfte vertreten. In der Regel entsenden die Träger je drei Vertreterinnen oder Vertreter. Jede Vertreterin und jeder Vertreter hat eine Stimme. Die Vertreterinnen und Vertreter wählen eine Vorsitzende oder einen Vorsitzenden für eine Amtszeit von bis zu fünf Jahren. Kann in der Trägerversammlung keine Einigung über die Person der oder des Vorsitzenden erzielt werden, wird die oder der Vorsitzende von den Vertreterinnen und Vertretern der Agentur für Arbeit und des kommunalen Trägers abwechselnd jeweils für zwei Jahre bestimmt; die erstmalige Bestimmung erfolgt durch die Vertreterinnen und Vertreter der Agentur für Arbeit. Die Trägerversammlung entscheidet durch Beschluss mit Stimmenmehrheit. Bei Stimmengleichheit entscheidet die Stimme der oder des Vorsitzenden; dies gilt nicht für Entscheidungen nach Absatz 2 Satz 2 Nummer 1, 4 und 8. Die Beschlüsse sind von der oder dem Vorsitzenden schriftlich niederzulegen. Die Trägerversammlung gibt sich eine Geschäftsordnung.
(2) Die Trägerversammlung entscheidet über organisatorische, personalwirtschaftliche, personalrechtliche und personalvertretungsrechtliche Angelegenheiten der gemeinsamen Einrichtung. Dies sind insbesondere

1. die Bestellung und Abberufung der Geschäftsführerin oder des Geschäftsführers,
2. der Verwaltungsablauf und die Organisation,
3. die Änderung des Standorts der gemeinsamen Einrichtung,
4. die Entscheidungen nach § 6 Absatz 1 Satz 2 und § 44b Absatz 4, ob einzelne

5. Aufgaben durch die Träger oder durch Dritte wahrgenommen werden,
6. die Regelung der Ordnung in der Dienststelle und des Verhaltens der Beschäftigten,
7. die Arbeitsplatzgestaltung,
8. die Genehmigung von Dienstvereinbarungen mit der Personalvertretung,
9. die Aufstellung des Stellenplans und der Richtlinien zur Stellenbewirtschaftung,

die grundsätzlichen Regelungen der innerdienstlichen, sozialen und persönlichen Angelegenheiten der Beschäftigten.

(3) Die Trägerversammlung nimmt in Streitfragen zwischen Personalvertretung und Geschäftsführerin oder Geschäftsführer die Aufgaben einer übergeordneten Dienststelle und obersten Dienstbehörde nach den §§ 69 bis 72 des Bundespersonalvertretungsgesetzes wahr.

(4) Die Trägerversammlung berät zu gemeinsamen Betreuungsschlüsseln. Sie hat dabei die zur Verfügung stehenden Haushaltsmittel zu berücksichtigen. Bei der Personalbedarfsermittlung sind im Regelfall folgende Anteilsverhältnisse zwischen eingesetztem Personal und Leistungsberechtigten nach diesem Buch zu berücksichtigen:

1. 1:75 bei der Gewährung der Leistungen zur Eingliederung in Arbeit von erwerbsfähigen Leistungsberechtigten bis zur Vollendung des 25. Lebensjahres,
2. 1:150 bei der Gewährung der Leistungen zur Eingliederung in Arbeit von erwerbsfähigen Leistungsberechtigten, die das 25. Lebensjahr vollendet und die Altersgrenze nach § 7a noch nicht erreicht haben.

(5) Die Trägerversammlung stellt einheitliche Grundsätze der Qualifizierungsplanung und Personalentwicklung auf, die insbesondere der individuellen Entwicklung der Mitarbeiterinnen und Mitarbeiter dienen und ihnen unter Beachtung ihrer persönlichen Interessen und Fähigkeiten die zur Wahrnehmung ihrer Aufgaben erforderliche Qualifikation vermitteln sollen. Die Trägerversammlung stimmt die Grundsätze der Personalentwicklung mit den Personalentwicklungskonzepten der Träger ab. Die Geschäftsführerin oder der Geschäftsführer berichtet der Trägerversammlung regelmäßig über den Stand der Umsetzung.

(6) In der Trägerversammlung wird das örtliche Arbeitsmarkt- und Integrationsprogramm der Grundsicherung für Arbeitsuchende unter Beachtung von Zielvorgaben der Träger abgestimmt.

-

§ 44d Geschäftsführerin, Geschäftsführer

(1) Die Geschäftsführerin oder der Geschäftsführer führt hauptamtlich die Geschäfte der gemeinsamen Einrichtung, soweit durch Gesetz nichts Abweichendes bestimmt ist. Sie oder er vertritt die gemeinsame Einrichtung gerichtlich und außergerichtlich. Sie oder er hat die von der Trägerversammlung in deren Aufgabenbereich beschlossenen Maßnahmen auszuführen und nimmt an deren Sitzungen beratend teil.

(2) Die Geschäftsführerin oder der Geschäftsführer wird für fünf Jahre bestellt. Für die Ausschreibung der zu besetzenden Stelle findet § 4 der Bundeslaufbahnverordnung entsprechende Anwendung. Kann in der Trägerversammlung keine Einigung über die

Person der Geschäftsführerin oder des Geschäftsführers erzielt werden, unterrichtet die oder der Vorsitzende der Trägerversammlung den Kooperationsausschuss. Der Kooperationsausschuss hört die Träger der gemeinsamen Einrichtung an und unterbreitet einen Vorschlag. Können sich die Mitglieder des Kooperationsausschusses nicht auf einen Vorschlag verständigen oder kann in der Trägerversammlung trotz Vorschlags keine Einigung erzielt werden, wird die Geschäftsführerin oder der Geschäftsführer von der Agentur für Arbeit und dem kommunalen Träger abwechselnd jeweils für zweieinhalb Jahre bestimmt. Die erstmalige Bestimmung erfolgt durch die Agentur für Arbeit; abweichend davon erfolgt die erstmalige Bestimmung durch den kommunalen Träger, wenn die Agentur für Arbeit erstmalig die Vorsitzende oder den Vorsitzenden der Trägerversammlung bestimmt hat. Die Geschäftsführerin oder der Geschäftsführer kann auf Beschluss der Trägerversammlung vorzeitig abberufen werden. Bis zur Bestellung einer neuen Geschäftsführerin oder eines neuen Geschäftsführers führt sie oder er die Geschäfte der gemeinsamen Einrichtung kommissarisch.
(3) Die Geschäftsführerin oder der Geschäftsführer ist Beamtin, Beamter, Arbeitnehmerin oder Arbeitnehmer eines Trägers und untersteht dessen Dienstaufsicht. Soweit sie oder er Beamtin, Beamter, Arbeitnehmerin oder Arbeitnehmer einer nach § 6 Absatz 2 Satz 1 herangezogenen Gemeinde ist, untersteht sie oder er der Dienstaufsicht ihres oder seines Dienstherrn oder Arbeitgebers.
(4) Die Geschäftsführerin oder der Geschäftsführer übt über die Beamtinnen und Beamten sowie die Arbeitnehmerinnen und Arbeitnehmer, denen in der gemeinsamen Einrichtung Tätigkeiten zugewiesen worden sind, die dienst-, personal- und arbeitsrechtlichen Befugnisse der Bundesagentur und des kommunalen Trägers und die Dienstvorgesetzten- und Vorgesetztenfunktion, mit Ausnahme der Befugnisse zur Begründung und Beendigung der mit den Beamtinnen und Beamten sowie Arbeitnehmerinnen und Arbeitnehmern bestehenden Rechtsverhältnisse, aus.
(5) Die Geschäftsführerin ist Leiterin, der Geschäftsführer ist Leiter der Dienststelle im personalvertretungsrechtlichen Sinn und Arbeitgeber im Sinne des Arbeitsschutzgesetzes.
(6) Bei personalrechtlichen Entscheidungen, die in der Zuständigkeit der Träger liegen, hat die Geschäftsführerin oder der Geschäftsführer ein Anhörungs- und Vorschlagsrecht.
(7) Bei der besoldungsrechtlichen Einstufung der Dienstposten der Geschäftsführerinnen und der Geschäftsführer sind Höchstgrenzen einzuhalten. Die Besoldungsgruppe A 16 der Bundesbesoldungsordnung A, in Ausnahmefällen die Besoldungsgruppe B 3 der Bundesbesoldungsordnung B, oder die entsprechende landesrechtliche Besoldungsgruppe darf nicht überschritten werden. Das Entgelt für Arbeitnehmerinnen und Arbeitnehmer darf die für Beamtinnen und Beamte geltende Besoldung nicht übersteigen.
-

§ 44e Verfahren bei Meinungsverschiedenheit über die Weisungszuständigkeit

(1) Zur Beilegung einer Meinungsverschiedenheit über die Zuständigkeit nach § 44b Absatz 3 und § 44c Absatz 2 können die Träger oder die Trägerversammlung den Kooperationsausschuss anrufen. Stellt die Geschäftsführerin oder der Geschäftsführer fest, dass sich Weisungen der Träger untereinander oder mit einer Weisung der Trägerversammlung widersprechen, unterrichtet sie oder er unverzüglich die Träger, um diesen Gelegenheit zur Überprüfung der Zuständigkeit zum Erlass der Weisungen zu geben. Besteht die Meinungsverschiedenheit danach fort, kann die Geschäftsführerin oder der Geschäftsführer den Kooperationsausschuss anrufen.
(2) Der Kooperationsausschuss entscheidet nach Anhörung der Träger und der Geschäftsführerin oder des Geschäftsführers durch Beschluss mit Stimmenmehrheit. Bei

Stimmengleichheit entscheidet die Stimme der oder des Vorsitzenden. Die Beschlüsse des Ausschusses sind von der Vorsitzenden oder von dem Vorsitzenden schriftlich niederzulegen. Die oder der Vorsitzende teilt den Trägern, der Trägerversammlung sowie der Geschäftsführerin oder dem Geschäftsführer die Beschlüsse mit.
(3) Die Entscheidung des Kooperationsausschusses bindet die Träger. Soweit nach anderen Vorschriften der Rechtsweg gegeben ist, wird er durch die Anrufung des Kooperationsausschusses nicht ausgeschlossen.
-

§ 44f Bewirtschaftung von Bundesmitteln

(1) Die Bundesagentur überträgt der gemeinsamen Einrichtung die Bewirtschaftung von Haushaltsmitteln des Bundes, die sie im Rahmen von § 46 bewirtschaftet. Für die Übertragung und die Bewirtschaftung gelten die haushaltsrechtlichen Bestimmungen des Bundes.
(2) Zur Bewirtschaftung der Haushaltsmittel des Bundes bestellt die Geschäftsführerin oder der Geschäftsführer eine Beauftragte oder einen Beauftragten für den Haushalt. Die Geschäftsführerin oder der Geschäftsführer und die Trägerversammlung haben die Beauftragte oder den Beauftragten für den Haushalt an allen Maßnahmen von finanzieller Bedeutung zu beteiligen.
(3) Die Bundesagentur hat die Übertragung der Bewirtschaftung zu widerrufen, wenn die gemeinsame Einrichtung bei der Bewirtschaftung wiederholt oder erheblich gegen Rechts- oder Verwaltungsvorschriften verstoßen hat und durch die Bestellung einer oder eines anderen Beauftragten für den Haushalt keine Abhilfe zu erwarten ist.
(4) Näheres zur Übertragung und Durchführung der Bewirtschaftung von Haushaltsmitteln des Bundes kann zwischen der Bundesagentur und der gemeinsamen Einrichtung vereinbart werden. Der kommunale Träger kann die gemeinsame Einrichtung auch mit der Bewirtschaftung von kommunalen Haushaltsmitteln beauftragen.
(5) Auf Beschluss der Trägerversammlung kann die Befugnis nach Absatz 1 auf die Bundesagentur zurückübertragen werden.
-

§ 44g Zuweisung von Tätigkeiten bei der gemeinsamen Einrichtung

(1) Beamtinnen und Beamten sowie Arbeitnehmerinnen und Arbeitnehmern der Träger und der nach § 6 Absatz 2 Satz 1 herangezogenen Gemeinden und Gemeindeverbände können mit Zustimmung der Geschäftsführerin oder des Geschäftsführers der gemeinsamen Einrichtung nach den beamten- und tarifrechtlichen Regelungen Tätigkeiten bei den gemeinsamen Einrichtungen zugewiesen werden; diese Zuweisung kann auch auf Dauer erfolgen. Die Zuweisung ist auch ohne Zustimmung der Beamtinnen und Beamten sowie Arbeitnehmerinnen und Arbeitnehmer zulässig, wenn dringende dienstliche Interessen es erfordern.
(2) Bei einer Zuweisung von Tätigkeiten bei den gemeinsamen Einrichtungen an Beschäftigte, denen bereits eine Tätigkeit in diesen gemeinsamen Einrichtungen zugewiesen worden war, ist die Zustimmung der Geschäftsführerin oder des Geschäftsführers der gemeinsamen Einrichtung nicht erforderlich.
(3) Die Rechtsstellung der Beamtinnen und der Beamten bleibt unberührt. Ihnen ist eine ihrem Amt entsprechende Tätigkeit zu übertragen.
(4) Die mit der Bundesagentur, dem kommunalen Träger oder einer nach § 6 Absatz 2 Satz 1 herangezogenen Gemeinde oder einem Gemeindeverband bestehenden

Arbeitsverhältnisse bleiben unberührt. Werden einer Arbeitnehmerin oder einem Arbeitnehmer aufgrund der Zuweisung Tätigkeiten übertragen, die einer niedrigeren Entgeltgruppe oder Tätigkeitsebene zuzuordnen sind, bestimmt sich die Eingruppierung nach der vorherigen Tätigkeit.
(5) Die Zuweisung kann
1. aus dienstlichen Gründen mit einer Frist von drei Monaten,
2. auf Verlangen der Beamtin, des Beamten, der Arbeitnehmerin oder des Arbeitnehmers aus wichtigem Grund jederzeit

beendet werden. Die Geschäftsführerin oder der Geschäftsführer kann der Beendigung nach Nummer 2 aus zwingendem dienstlichem Grund widersprechen.

-

§ 44h Personalvertretung

(1) In den gemeinsamen Einrichtungen wird eine Personalvertretung gebildet. Die Regelungen des Bundespersonalvertretungsgesetzes gelten entsprechend.
(2) Die Beamtinnen und Beamten sowie Arbeitnehmerinnen und Arbeitnehmer in der gemeinsamen Einrichtung besitzen für den Zeitraum, für den ihnen Tätigkeiten in der gemeinsamen Einrichtung zugewiesen worden sind, ein aktives und passives Wahlrecht zu der Personalvertretung.
(3) Der Personalvertretung der gemeinsamen Einrichtung stehen alle Rechte entsprechend den Regelungen des Bundespersonalvertretungsgesetzes zu, soweit der Trägerversammlung oder der Geschäftsführerin oder dem Geschäftsführer Entscheidungsbefugnisse in personalrechtlichen, personalwirtschaftlichen, sozialen oder die Ordnung der Dienststelle betreffenden Angelegenheiten zustehen.
(4) Zur Erörterung und Abstimmung gemeinsamer personalvertretungsrechtlich relevanter Angelegenheiten wird eine Arbeitsgruppe der Vorsitzenden der Personalvertretungen der gemeinsamen Einrichtungen eingerichtet. Die Arbeitsgruppe hält bis zu zwei Sitzungen im Jahr ab. Sie beschließt mit der Mehrheit der Stimmen ihrer Mitglieder eine Geschäftsordnung, die Regelungen über den Vorsitz, das Verfahren zur internen Willensbildung und zur Beschlussfassung enthalten muss. Die Arbeitsgruppe kann Stellungnahmen zu Maßnahmen der Träger, die Einfluss auf die Arbeitsbedingungen aller Arbeitnehmerinnen und Arbeitnehmer sowie Beamtinnen und Beamten in den gemeinsamen Einrichtungen haben können, an die zuständigen Träger abgeben.
(5) Die Rechte der Personalvertretungen der abgebenden Dienstherren und Arbeitgeber bleiben unberührt, soweit die Entscheidungsbefugnisse bei den Trägern verbleiben.

-

§ 44i Schwerbehindertenvertretung; Jugend- und Auszubildendenvertretung

Auf die Schwerbehindertenvertretung und Jugend- und Auszubildendenvertretung ist § 44h entsprechend anzuwenden.

-

§ 44j Gleichstellungsbeauftragte

In der gemeinsamen Einrichtung wird eine Gleichstellungsbeauftragte bestellt. Das

Bundesgleichstellungsgesetz gilt entsprechend. Der Gleichstellungsbeauftragten stehen die Rechte entsprechend den Regelungen des Bundesgleichstellungsgesetzes zu, soweit die Trägerversammlung und die Geschäftsführer entscheidungsbefugt sind.

§ 44k Stellenbewirtschaftung

(1) Mit der Zuweisung von Tätigkeiten nach § 44g Absatz 1 und 2 übertragen die Träger der gemeinsamen Einrichtung die entsprechenden Planstellen und Stellen sowie Ermächtigungen für die Beschäftigung von Arbeitnehmerinnen und Arbeitnehmern mit befristeten Arbeitsverträgen zur Bewirtschaftung.
(2) Der von der Trägerversammlung aufzustellende Stellenplan bedarf der Genehmigung der Träger. Bei Aufstellung und Bewirtschaftung des Stellenplanes unterliegt die gemeinsame Einrichtung den Weisungen der Träger.

§ 45 (weggefallen)

Kapitel 5
Finanzierung und Aufsicht

§ 46 Finanzierung aus Bundesmitteln

(1) Der Bund trägt die Aufwendungen der Grundsicherung für Arbeitsuchende einschließlich der Verwaltungskosten, soweit die Leistungen von der Bundesagentur erbracht werden. Der Bundesrechnungshof prüft die Leistungsgewährung. Dies gilt auch, soweit die Aufgaben von gemeinsamen Einrichtungen nach § 44b wahrgenommen werden. Eine Pauschalierung von Eingliederungsleistungen und Verwaltungskosten ist zulässig. Die Mittel für die Erbringung von Eingliederungsleistungen und Verwaltungskosten werden in einem Gesamtbudget veranschlagt.
(2) Der Bund kann festlegen, nach welchen Maßstäben die Mittel nach Absatz 1 Satz 4 auf die Agenturen für Arbeit zu verteilen sind. Bei der Zuweisung wird die Zahl der erwerbsfähigen Leistungsberechtigten nach diesem Buch zugrunde gelegt. Für Leistungen nach den §§ 16e und 16f kann die Agentur für Arbeit insgesamt bis zu 20 Prozent der auf sie entfallenden Eingliederungsmittel einsetzen. Das Bundesministerium für Arbeit und Soziales kann im Einvernehmen mit dem Bundesministerium der Finanzen durch Rechtsverordnung ohne Zustimmung des Bundesrates andere oder ergänzende Maßstäbe für die Verteilung der Mittel nach Absatz 1 Satz 4 festlegen.
(3) Der Anteil des Bundes an den Gesamtverwaltungskosten der gemeinsamen Einrichtungen beträgt 84,8 Prozent. Durch Rechtsverordnung mit Zustimmung des Bundesrates kann das Bundesministerium für Arbeit und Soziales im Einvernehmen mit dem Bundesministerium der Finanzen festlegen, nach welchen Maßstäben

1.
    kommunale Träger die Aufwendungen der Grundsicherung für Arbeitsuchende bei der Bundesagentur abrechnen, soweit sie Aufgaben nach § 6 Absatz 1 Satz 1 Nummer 1 wahrnehmen,
2.

die Gesamtverwaltungskosten, die der Berechnung des Finanzierungsanteils nach Satz 1 zugrunde liegen, zu bestimmen sind.

(4) (weggefallen)

(5) Der Bund beteiligt sich zweckgebunden an den Leistungen für Unterkunft und Heizung nach § 22 Absatz 1. Diese Beteiligung beträgt in den Jahren 2011 bis 2013 im Land Baden-Württemberg 34,4 vom Hundert, im Land Rheinland-Pfalz 40,4 vom Hundert und in den übrigen Ländern 30,4 vom Hundert der Leistungen nach Satz 1. Im Jahr 2014 sowie ab dem Jahr 2018 beträgt diese Beteiligung im Land Baden-Württemberg 31,6 vom Hundert, im Land Rheinland-Pfalz 37,6 vom Hundert und in den übrigen Ländern 27,6 vom Hundert der Leistungen nach Satz 1. In den Jahren 2015 bis 2016 erhöht der Bund seine Beteiligung an den Leistungen nach Satz 1 um 3,7 Prozentpunkte auf 35,3 vom Hundert im Land Baden-Württemberg, auf 41,3 vom Hundert im Land Rheinland-Pfalz und auf 31,3 vom Hundert in den übrigen Ländern. Im Jahr 2017 erhöht der Bund seine Beteiligung an den Leistungen nach Satz 1 um 7,4 Prozentpunkte auf 39,0 vom Hundert im Land Baden-Württemberg, auf 45,0 vom Hundert im Land Rheinland-Pfalz und auf 35,0 vom Hundert in den übrigen Ländern.

(6) Die in Absatz 5 Satz 2 bis 5 genannten Prozentsätze erhöhen sich jeweils um einen Wert in Prozentpunkten. Dieser entspricht den Gesamtausgaben für die Leistungen nach § 28 sowie nach § 6b des Bundeskindergeldgesetzes des abgeschlossenen Vorjahres geteilt durch die Gesamtausgaben für die Leistungen nach Absatz 5 Satz 1 des abgeschlossenen Vorjahres multipliziert mit 100. Bis zum Jahr 2013 beträgt dieser Wert 5,4 Prozentpunkte; Absatz 7 bleibt unberührt.

(7) Das Bundesministerium für Arbeit und Soziales wird ermächtigt, den Wert nach Absatz 6 Satz 1 erstmalig im Jahr 2013 jährlich durch Rechtsverordnung mit Zustimmung des Bundesrates für das Folgejahr festzulegen und für das laufende Jahr rückwirkend anzupassen. Dabei legt es jeweils den Wert nach Absatz 6 Satz 2 für das abgeschlossene Vorjahr zugrunde. Für die rückwirkende Anpassung wird die Differenz zwischen dem Wert nach Satz 2 und dem für das abgeschlossene Vorjahr festgelegten Wert nach Absatz 6 Satz 1 im laufenden Jahr zeitnah ausgeglichen. Die Höhe der Beteiligung des Bundes an den in Absatz 5 Satz 1 genannten Leistungen beträgt höchstens 49 vom Hundert.

(7a) Die in Absatz 5 Satz 3 genannten Prozentsätze erhöhen sich im Jahr 2014 jeweils um 0,18 Prozentpunkte. Das Bundesministerium für Arbeit und Soziales wird ermächtigt, ausgehend von diesem Wert auf Grundlage der Entwicklung der Zuwanderung aus anderen EU-Mitgliedstaaten durch Rechtsverordnung mit Zustimmung des Bundesrates länderspezifische Werte festzusetzen.

(8) Der Anteil des Bundes an den in Absatz 5 Satz 1 genannten Leistungen wird den Ländern erstattet. Der Abruf der Erstattungen ist zur Monatsmitte und zum Monatsende zulässig. Soweit eine Bundesbeteiligung für Zahlungen geltend gemacht wird, die wegen des fristgerechten Eingangs beim Empfänger bereits am Ende eines Haushaltsjahres geleistet wurden, aber erst im folgenden Haushaltsjahr fällig werden, ist die für das folgende Haushaltsjahr geltende Bundesbeteiligung maßgeblich. Die Gesamtausgaben für die Leistungen nach § 28 sowie nach § 6b des Bundeskindergeldgesetzes sind durch die Länder bis zum 31. März des Folgejahres zu ermitteln und dem Bundesministerium für Arbeit und Soziales mitzuteilen. Die Länder gewährleisten, dass geprüft wird, dass die Ausgaben der kommunalen Träger begründet und belegt sind und den Grundsätzen der Wirtschaftlichkeit und Sparsamkeit entsprechen.

§ 47 Aufsicht

(1) Das Bundesministerium für Arbeit und Soziales führt die Rechts- und Fachaufsicht über die Bundesagentur, soweit dieser nach § 44b Absatz 3 ein Weisungsrecht gegenüber den gemeinsamen Einrichtungen zusteht. Das Bundesministerium für Arbeit und Soziales kann der Bundesagentur Weisungen erteilen und sie an seine Auffassung binden; es kann organisatorische Maßnahmen zur Wahrung der Interessen des Bundes an der Umsetzung der Grundsicherung für Arbeitsuchende treffen.
(2) Die zuständigen Landesbehörden führen die Aufsicht über die kommunalen Träger, soweit diesen nach § 44b Absatz 3 ein Weisungsrecht gegenüber den gemeinsamen Einrichtungen zusteht. Im Übrigen bleiben landesrechtliche Regelungen unberührt.
(3) Im Aufgabenbereich der Trägerversammlung führt das Bundesministerium für Arbeit und Soziales die Rechtsaufsicht über die gemeinsamen Einrichtungen im Einvernehmen mit der zuständigen obersten Landesbehörde. Kann ein Einvernehmen nicht hergestellt werden, gibt der Kooperationsausschuss eine Empfehlung ab. Von der Empfehlung kann das Bundesministerium für Arbeit und Soziales nur aus wichtigem Grund abweichen. Im Übrigen ist der Kooperationsausschuss bei Aufsichtsmaßnahmen zu unterrichten.
(4) Das Bundesministerium für Arbeit und Soziales kann durch Rechtsverordnung ohne Zustimmung des Bundesrates die Wahrnehmung seiner Aufgaben nach den Absätzen 1 und 3 auf eine Bundesoberbehörde übertragen.
(5) Die aufsichtführenden Stellen sind berechtigt, die Wahrnehmung der Aufgaben bei den gemeinsamen Einrichtungen zu prüfen.

-

§ 48 Aufsicht über die zugelassenen kommunalen Träger

(1) Die Aufsicht über die zugelassenen kommunalen Träger obliegt den zuständigen Landesbehörden.
(2) Die Rechtsaufsicht über die obersten Landesbehörden übt die Bundesregierung aus, soweit die zugelassenen kommunalen Träger Aufgaben anstelle der Bundesagentur erfüllen. Zu diesem Zweck kann die Bundesregierung mit Zustimmung des Bundesrates allgemeine Verwaltungsvorschriften zu grundsätzlichen Rechtsfragen der Leistungserbringung erlassen. Die Bundesregierung kann die Ausübung der Rechtsaufsicht auf das Bundesministerium für Arbeit und Soziales übertragen.
(3) Das Bundesministerium für Arbeit und Soziales kann mit Zustimmung des Bundesrates allgemeine Verwaltungsvorschriften für die Abrechnung der Aufwendungen der Grundsicherung für Arbeitsuchende erlassen.

-

§ 48a Vergleich der Leistungsfähigkeit

(1) Zur Feststellung und Förderung der Leistungsfähigkeit der örtlichen Aufgabenwahrnehmung der Träger der Grundsicherung für Arbeitsuchende erstellt das Bundesministerium für Arbeit und Soziales auf der Grundlage der Kennzahlen nach § 51b Absatz 3 Nummer 3 Kennzahlenvergleiche und veröffentlicht die Ergebnisse vierteljährlich.
(2) Das Bundesministerium für Arbeit und Soziales wird ermächtigt, durch Rechtsverordnung mit Zustimmung des Bundesrates die für die Vergleiche erforderlichen Kennzahlen sowie das Verfahren zu deren Weiterentwicklung und die Form der Veröffentlichung der Ergebnisse festzulegen.

-

§ 48b Zielvereinbarungen

(1) Zur Erreichung der Ziele nach diesem Buch schließen

1.
   das Bundesministerium für Arbeit und Soziales im Einvernehmen mit dem Bundesministerium der Finanzen mit der Bundesagentur,
2.
   die Bundesagentur und die kommunalen Träger mit den Geschäftsführerinnen und Geschäftsführern der gemeinsamen Einrichtungen,
3.
   das Bundesministerium für Arbeit und Soziales mit der zuständigen Landesbehörde sowie
4.
   die zuständige Landesbehörde mit den zugelassenen kommunalen Trägern

Vereinbarungen ab. Die Vereinbarungen nach Satz 1 Nummer 2 bis 4 umfassen alle Leistungen dieses Buches. Die Beratungen über die Vereinbarung nach Satz 1 Nummer 3 führen die Kooperationsausschüsse nach § 18b. Im Bund-Länder-Ausschuss nach § 18c wird für die Vereinbarungen nach diesem Absatz über einheitliche Grundlagen beraten.
(2) Die Vereinbarungen werden nach Beschlussfassung des Bundestages über das jährliche Haushaltsgesetz abgeschlossen.
(3) Die Vereinbarungen umfassen insbesondere die Ziele der Verringerung der Hilfebedürftigkeit, Verbesserung der Integration in Erwerbstätigkeit und Vermeidung von langfristigem Leistungsbezug. Die Vereinbarungen nach Absatz 1 Satz 1 Nummer 2 bis 4 umfassen zusätzlich das Ziel der Verbesserung der sozialen Teilhabe.
(4) Die Vereinbarungen nach Absatz 1 Satz 1 Nummer 4 sollen sich an den Vereinbarungen nach Absatz 1 Satz 1 Nummer 3 orientieren.
(5) Für den Abschluss der Vereinbarungen und die Nachhaltung der Zielerreichung sind die Daten nach § 51b und die Kennzahlen nach § 48a Absatz 2 maßgeblich.
(6) Die Vereinbarungen nach Absatz 1 Satz 1 Nummer 1 können

1.
   erforderliche Genehmigungen oder Zustimmungen des Bundesministeriums für Arbeit und Soziales ersetzen,
2.
   die Selbstbewirtschaftung von Haushaltsmitteln für Leistungen zur Eingliederung in Arbeit sowie für Verwaltungskosten zulassen.

-

§ 49 Innenrevision

(1) Die Bundesagentur stellt durch organisatorische Maßnahmen sicher, dass in allen Dienststellen und gemeinsamen Einrichtungen durch eigenes, nicht der Dienststelle angehörendes Personal geprüft wird, ob von ihr Leistungen nach diesem Buch unter Beachtung der gesetzlichen Bestimmungen nicht hätten erbracht werden dürfen oder zweckmäßiger oder wirtschaftlicher hätten eingesetzt werden können. Mit der Durchführung der Prüfungen können Dritte beauftragt werden.
(2) Das Prüfpersonal der Bundesagentur ist für die Zeit seiner Prüftätigkeit fachlich unmittelbar der Leitung der Dienststelle unterstellt, in der es beschäftigt ist.
(3) Der Vorstand legt die Berichte nach Absatz 1 unverzüglich dem Bundesministerium für Arbeit und Soziales vor.

Kapitel 6
Datenerhebung, -verarbeitung und -nutzung, datenschutzrechtliche Verantwortung

§ 50 Datenübermittlung

(1) Die Bundesagentur, die kommunalen Träger, die zugelassenen kommunalen Träger, gemeinsame Einrichtungen, die für die Bekämpfung von Leistungsmissbrauch und illegaler Beschäftigung zuständigen Stellen und mit der Wahrnehmung von Aufgaben beauftragte Dritte sollen sich gegenseitig Sozialdaten übermitteln, soweit dies zur Erfüllung ihrer Aufgaben nach diesem Buch oder dem Dritten Buch erforderlich ist.
(2) Die gemeinsame Einrichtung ist verantwortliche Stelle für die Erhebung, Verarbeitung und Nutzung von Sozialdaten nach § 67 Absatz 9 des Zehnten Buches sowie Stelle im Sinne des § 35 Absatz 1 des Ersten Buches.
(3) Die gemeinsame Einrichtung nutzt zur Erfüllung ihrer Aufgaben durch die Bundesagentur zentral verwaltete Verfahren der Informationstechnik. Sie ist verpflichtet, auf einen auf dieser Grundlage erstellten gemeinsamen zentralen Datenbestand zuzugreifen. Verantwortliche Stelle für die zentral verwalteten Verfahren der Informationstechnik nach § 67 Absatz 9 des Zehnten Buches ist die Bundesagentur.
(4) Die Zulässigkeit der Erhebung, Verarbeitung und Nutzung von personenbezogenen Sozialdaten durch die gemeinsame Einrichtung richtet sich nach dem Datenschutzrecht des Bundes, soweit nicht in diesem Buch und im Zweiten Kapitel des Zehnten Buches vorrangige Regelungen getroffen sind. Der Anspruch auf Zugang zu amtlichen Informationen gegenüber der gemeinsamen Einrichtung richtet sich nach dem Informationsfreiheitsgesetz des Bundes. Die Datenschutzkontrolle und die Kontrolle der Einhaltung der Vorschriften über die Informationsfreiheit bei der gemeinsamen Einrichtung sowie für die zentralen Verfahren der Informationstechnik obliegen nach § 24 des Bundesdatenschutzgesetzes der oder dem Bundesbeauftragten für den Datenschutz und die Informationsfreiheit.

-

§ 51 Erhebung, Verarbeitung und Nutzung von Sozialdaten durch nichtöffentliche Stellen

Die Träger der Leistungen nach diesem Buch dürfen abweichend von § 80 Absatz 5 des Zehnten Buches zur Erfüllung ihrer Aufgaben nach diesem Buch einschließlich der Erbringung von Leistungen zur Eingliederung in Arbeit und Bekämpfung von Leistungsmissbrauch nichtöffentliche Stellen mit der Erhebung, Verarbeitung und Nutzung von Sozialdaten beauftragen, auch soweit die Speicherung der Daten den gesamten Datenbestand umfasst.

-

§ 51a Kundennummer

Jeder Person, die Leistungen nach diesem Gesetz bezieht, wird einmalig eine eindeutige, von der Bundesagentur oder im Auftrag der Bundesagentur von den zugelassenen kommunalen Trägern vergebene Kundennummer zugeteilt. Die Kundennummer ist vom Träger der Grundsicherung für Arbeitsuchende als Identifikationsmerkmal zu nutzen und dient ausschließlich diesem Zweck sowie den Zwecken nach § 51b Absatz 3. Soweit vorhanden, ist die schon beim Vorbezug von Leistungen nach dem Dritten Buch

vergebene Kundennummer der Bundesagentur zu verwenden. Die Kundennummer bleibt der jeweiligen Person auch zugeordnet, wenn sie den Träger wechselt. Bei erneuter Leistung nach längerer Zeit ohne Inanspruchnahme von Leistungen nach diesem Buch oder nach dem Dritten Buch wird eine neue Kundennummer vergeben. Diese Regelungen gelten entsprechend auch für Bedarfsgemeinschaften. Als Bedarfsgemeinschaft im Sinne dieser Vorschrift gelten auch ein oder mehrere Kinder eines Haushalts, die nach § 7 Absatz 2 Satz 3 Leistungen erhalten. Bei der Übermittlung der Daten verwenden die Träger eine eindeutige, von der Bundesagentur vergebene Trägernummer.
-

§ 51b Datenerhebung und -verarbeitung durch die Träger der Grundsicherung für Arbeitsuchende

(1) Die zuständigen Träger der Grundsicherung für Arbeitsuchende erheben laufend die für die Durchführung der Grundsicherung für Arbeitsuchende erforderlichen Daten. Das Bundesministerium für Arbeit und Soziales wird ermächtigt, durch Rechtsverordnung mit Zustimmung des Bundesrates die nach Satz 1 zu erhebenden Daten, die zur Nutzung für die in Absatz 3 genannten Zwecke erforderlich sind, einschließlich des Verfahrens zu deren Weiterentwicklung festzulegen.
(2) Die kommunalen Träger und die zugelassenen kommunalen Träger übermitteln der Bundesagentur die Daten nach Absatz 1 unter Angabe eines eindeutigen Identifikationsmerkmals, personenbezogene Datensätze unter Angabe der Kundennummer sowie der Nummer der Bedarfsgemeinschaft nach § 51a.
(3) Die nach den Absätzen 1 und 2 erhobenen und an die Bundesagentur übermittelten Daten dürfen nur – unbeschadet auf sonstiger gesetzlicher Grundlagen bestehender Mitteilungspflichten – für folgende Zwecke verarbeitet und genutzt werden:

1.
    die zukünftige Gewährung von Leistungen nach diesem und dem Dritten Buch an die von den Erhebungen betroffenen Personen,
2.
    Überprüfungen der Träger der Grundsicherung für Arbeitsuchende auf korrekte und wirtschaftliche Leistungserbringung,
3.
    die Erstellung von Statistiken, Kennzahlen für die Zwecke nach § 48a Absatz 2 und § 48b Absatz 5, Eingliederungsbilanzen und Controllingberichten durch die Bundesagentur, der laufenden Berichterstattung und der Wirkungsforschung nach den §§ 53 bis 55,
4.
    die Durchführung des automatisierten Datenabgleichs nach § 52,
5.
    die Bekämpfung von Leistungsmissbrauch.

(4) Die Bundesagentur regelt im Benehmen mit den kommunalen Spitzenverbänden auf Bundesebene den genauen Umfang der nach den Absätzen 1 und 2 zu übermittelnden Informationen, einschließlich einer Inventurmeldung, sowie die Fristen für deren Übermittlung. Sie regelt ebenso die zu verwendenden Systematiken, die Art der Übermittlung der Datensätze einschließlich der Datenformate sowie Aufbau, Vergabe, Verwendung und Löschungsfristen von Kunden- und Bedarfsgemeinschaftsnummern nach § 51a.
-

§ 51c (weggefallen)

§ 52 Automatisierter Datenabgleich

(1) Die Bundesagentur und die zugelassenen kommunalen Träger überprüfen Personen, die Leistungen nach diesem Buch beziehen, zum 1. Januar, 1. April, 1. Juli und 1. Oktober im Wege des automatisierten Datenabgleichs daraufhin,

1. ob und in welcher Höhe und für welche Zeiträume von ihnen Leistungen der Träger der gesetzlichen Unfall- oder Rentenversicherung bezogen werden oder wurden,
2. ob und in welchem Umfang Zeiten des Leistungsbezuges nach diesem Buch mit Zeiten einer Versicherungspflicht oder Zeiten einer geringfügigen Beschäftigung zusammentreffen,
3. ob und welche Daten nach § 45d Absatz 1 und § 45e des Einkommensteuergesetzes an das Bundeszentralamt für Steuern übermittelt worden sind,
4. ob und in welcher Höhe ein Kapital nach § 12 Absatz 2 Nummer 2 nicht mehr dem Zweck einer geförderten zusätzlichen Altersvorsorge im Sinne des § 10a oder des Abschnitts XI des Einkommensteuergesetzes dient,
5. ob und in welcher Höhe und für welche Zeiträume von ihnen Leistungen der Träger der Sozialhilfe bezogen werden oder wurden,
6. ob und in welcher Höhe und für welche Zeiträume von ihnen Leistungen der Bundesagentur als Träger der Arbeitsförderung nach dem Dritten Buch bezogen werden oder wurden,
7. ob und in welcher Höhe und für welche Zeiträume von ihnen Leistungen anderer Träger der Grundsicherung für Arbeitsuchende bezogen werden oder wurden.

(2) Zur Durchführung des automatisierten Datenabgleichs dürfen die Träger der Leistungen nach diesem Buch die folgenden Daten einer Person, die Leistungen nach diesem Buch bezieht, an die in Absatz 1 genannten Stellen übermitteln:

1. Name und Vorname,
2. Geburtsdatum und -ort,
3. Anschrift,
4. Versicherungsnummer.

(2a) Die Datenstelle der Rentenversicherungsträger darf als Vermittlungsstelle die nach den Absätzen 1 und 2 übermittelten Daten speichern und nutzen, soweit dies für die Datenabgleiche nach den Absätzen 1 und 2 erforderlich ist. Sie darf die Daten der Stammsatzdatei (§ 150 des Sechsten Buches) und der bei ihr für die Prüfung bei den Arbeitgebern geführten Datei (§ 28p Absatz 8 Satz 2 des Vierten Buches) nutzen, soweit die Daten für die Datenabgleiche erforderlich sind. Die nach Satz 1 bei der Datenstelle der

Rentenversicherungsträger gespeicherten Daten sind unverzüglich nach Abschluss des Datenabgleichs zu löschen.
(3) Die den in Absatz 1 genannten Stellen überlassenen Daten und Datenträger sind nach Durchführung des Abgleichs unverzüglich zurückzugeben, zu löschen oder zu vernichten. Die Träger der Leistungen nach diesem Buch dürfen die ihnen übermittelten Daten nur zur Überprüfung nach Absatz 1 nutzen. Die übermittelten Daten der Personen, bei denen die Überprüfung zu keinen abweichenden Feststellungen führt, sind unverzüglich zu löschen.
(4) Das Bundesministerium für Arbeit und Soziales wird ermächtigt, durch Rechtsverordnung das Nähere über das Verfahren des automatisierten Datenabgleichs und die Kosten des Verfahrens zu regeln; dabei ist vorzusehen, dass die Zuleitung an die Auskunftsstellen durch eine zentrale Vermittlungsstelle (Kopfstelle) zu erfolgen hat, deren Zuständigkeitsbereich zumindest das Gebiet eines Bundeslandes umfasst.

§ 52a Überprüfung von Daten

(1) Die Agentur für Arbeit darf bei Personen, die Leistungen nach diesem Buch beantragt haben, beziehen oder bezogen haben, Auskunft einholen
1.
über die in § 39 Absatz 1 Nummer 5 und 11 des Straßenverkehrsgesetzes angeführten Daten über ein Fahrzeug, für das die Person als Halter eingetragen ist, bei dem Zentralen Fahrzeugregister;
2.
aus dem Melderegister nach den §§ 34 und 38 bis 41 des Bundesmeldegesetzes und dem Ausländerzentralregister,
soweit dies zur Bekämpfung von Leistungsmissbrauch erforderlich ist.
(2) Die Agentur für Arbeit darf Daten von Personen, die Leistungen nach diesem Buch beantragt haben, beziehen oder bezogen haben und die Wohngeld beantragt haben, beziehen oder bezogen haben, an die nach dem Wohngeldgesetz zuständige Behörde übermitteln, soweit dies zur Feststellung der Voraussetzungen des Ausschlusses vom Wohngeld (§§ 7 und 8 Absatz 1 des Wohngeldgesetzes) erforderlich ist. Die Übermittlung der in § 52 Absatz 2 Nummer 1 bis 3 genannten Daten ist zulässig. Die in Absatz 1 genannten Behörden führen die Überprüfung durch und teilen das Ergebnis der Überprüfungen der Agentur für Arbeit unverzüglich mit. Die in Absatz 1 und Satz 1 genannten Behörden haben die ihnen übermittelten Daten nach Abschluss der Überprüfung unverzüglich zu löschen.

Kapitel 7
Statistik und Forschung

§ 53 Statistik und Übermittlung statistischer Daten

(1) Die Bundesagentur erstellt aus den bei der Durchführung der Grundsicherung für Arbeitsuchende von ihr nach § 51b erhaltenen und den ihr von den kommunalen Trägern und den zugelassenen kommunalen Trägern nach § 51b übermittelten Daten Statistiken. Sie übernimmt die laufende Berichterstattung und bezieht die Leistungen nach diesem Buch in die Arbeitsmarkt- und Berufsforschung ein.
(2) Das Bundesministerium für Arbeit und Soziales kann Art und Umfang sowie

Tatbestände und Merkmale der Statistiken und der Berichterstattung näher bestimmen.
(3) Die Bundesagentur legt die Statistiken nach Absatz 1 dem Bundesministerium für Arbeit und Soziales vor und veröffentlicht sie in geeigneter Form. Sie gewährleistet, dass auch kurzfristigem Informationsbedarf des Bundesministeriums für Arbeit und Soziales entsprochen werden kann.
(4) Die Bundesagentur stellt den statistischen Stellen der Kreise und kreisfreien Städte die für Zwecke der Planungsunterstützung und für die Sozialberichterstattung erforderlichen Daten und Tabellen der Arbeitsmarkt- und Grundsicherungsstatistik zur Verfügung.
(5) Die Bundesagentur kann dem Statistischen Bundesamt und den statistischen Ämtern der Länder für Zwecke der Planungsunterstützung und für die Sozialberichterstattung für ihren Zuständigkeitsbereich Daten und Tabellen der Arbeitsmarkt- und Grundsicherungsstatistik zur Verfügung stellen. Sie ist berechtigt, dem Statistischen Bundesamt und den statistischen Ämtern der Länder für ergänzende Auswertungen anonymisierte und pseudonymisierte Einzeldaten zu übermitteln. Bei der Übermittlung von pseudonymisierten Einzeldaten sind die Namen durch jeweils neu zu generierende Pseudonyme zu ersetzen. Nicht pseudonymisierte Anschriften dürfen nur zum Zwecke der Zuordnung zu statistischen Blöcken übermittelt werden.
(6) Die Bundesagentur ist berechtigt, für ausschließlich statistische Zwecke den zur Durchführung statistischer Aufgaben zuständigen Stellen der Gemeinden und Gemeindeverbände für ihren Zuständigkeitsbereich Daten und Tabellen der Arbeitsmarkt- und Grundsicherungsstatistik sowie anonymisierte und pseudonymisierte Einzeldaten zu übermitteln, soweit die Voraussetzungen nach § 16 Absatz 5 Satz 2 des Bundesstatistikgesetzes gegeben sind. Bei der Übermittlung von pseudonymisierten Einzeldaten sind die Namen durch jeweils neu zu generierende Pseudonyme zu ersetzen. Dabei dürfen nur Angaben zu kleinräumigen Gebietseinheiten, nicht aber die genauen Anschriften übermittelt werden.
(7) Die §§ 280 und 281 des Dritten Buches gelten entsprechend. § 282a des Dritten Buches gilt mit der Maßgabe, dass Daten und Tabellen der Arbeitsmarkt- und Grundsicherungsstatistik auch den zur Durchführung statistischer Aufgaben zuständigen Stellen der Kreise und kreisfreien Städte sowie der Gemeinden und Gemeindeverbänden übermittelt werden dürfen, soweit die Voraussetzungen nach § 16 Absatz 5 Satz 2 des Bundesstatistikgesetzes gegeben sind.

-

§ 53a Arbeitslose

(1) Arbeitslose im Sinne dieses Gesetzes sind erwerbsfähige Leistungsberechtigte, die die Voraussetzungen des § 16 des Dritten Buches in sinngemäßer Anwendung erfüllen.
(2) Erwerbsfähige Leistungsberechtigte, die nach Vollendung des 58. Lebensjahres mindestens für die Dauer von zwölf Monaten Leistungen der Grundsicherung für Arbeitsuchende bezogen haben, ohne dass ihnen eine sozialversicherungspflichtige Beschäftigung angeboten worden ist, gelten nach Ablauf dieses Zeitraums für die Dauer des jeweiligen Leistungsbezugs nicht als arbeitslos.

-

§ 54 Eingliederungsbilanz und Eingliederungsbericht

Jede Agentur für Arbeit erstellt für die Leistungen zur Eingliederung in Arbeit eine Eingliederungsbilanz. § 11 des Dritten Buches gilt entsprechend. Soweit einzelne Maßnahmen nicht unmittelbar zur Eingliederung in Arbeit führen, sind von der

Bundesagentur andere Indikatoren zu entwickeln, die den Integrationsfortschritt der erwerbsfähigen Leistungsberechtigten in geeigneter Weise abbilden. Auf Bundesebene erstellt die Bundesagentur einen Eingliederungsbericht; § 11 Absatz 4 und 5 des Dritten Buches gilt entsprechend.

-

§ 55 Wirkungsforschung

(1) Die Wirkungen der Leistungen zur Eingliederung und der Leistungen zur Sicherung des Lebensunterhalts sind regelmäßig und zeitnah zu untersuchen und in die Arbeitsmarkt- und Berufsforschung nach § 282 des Dritten Buches einzubeziehen. Das Bundesministerium für Arbeit und Soziales und die Bundesagentur können in Vereinbarungen Einzelheiten der Wirkungsforschung festlegen. Soweit zweckmäßig, können Dritte mit der Wirkungsforschung beauftragt werden.
(2) Das Bundesministerium für Arbeit und Soziales untersucht vergleichend die Wirkung der örtlichen Aufgabenwahrnehmung durch die Träger der Leistungen nach diesem Buch.

Kapitel 8
Mitwirkungspflichten

-

§ 56 Anzeige- und Bescheinigungspflicht bei Arbeitsunfähigkeit

(1) Erwerbsfähige Leistungsberechtigte, die Leistungen zur Sicherung des Lebensunterhalts beantragt haben oder beziehen, sind verpflichtet, der Agentur für Arbeit
1.
    eine eingetretene Arbeitsunfähigkeit und deren voraussichtliche Dauer unverzüglich anzuzeigen und
2.
    spätestens vor Ablauf des dritten Kalendertages nach Eintritt der Arbeitsunfähigkeit eine ärztliche Bescheinigung über die Arbeitsunfähigkeit und deren voraussichtliche Dauer vorzulegen.
Die Agentur für Arbeit ist berechtigt, die Vorlage der ärztlichen Bescheinigung früher zu verlangen. Dauert die Arbeitsunfähigkeit länger als in der Bescheinigung angegeben, so ist der Agentur für Arbeit eine neue ärztliche Bescheinigung vorzulegen. Die Bescheinigungen müssen einen Vermerk des behandelnden Arztes darüber enthalten, dass dem Träger der Krankenversicherung unverzüglich eine Bescheinigung über die Arbeitsunfähigkeit mit Angaben über den Befund und die voraussichtliche Dauer der Arbeitsunfähigkeit übersandt wird. Zweifelt die Agentur für Arbeit an der Arbeitsunfähigkeit der oder des erwerbsfähigen Leistungsberechtigten, so gilt § 275 Absatz 1 Nummer 3b und Absatz 1a des Fünften Buches entsprechend.
(2) Die Bundesagentur erstattet den Krankenkassen die Kosten für die Begutachtung durch den Medizinischen Dienst der Krankenversicherung nach Absatz 1 Satz 5. Die Bundesagentur und der Spitzenverband Bund der Krankenkassen vereinbaren das Nähere über das Verfahren und die Höhe der Kostenerstattung; der Medizinische Dienst des Spitzenverbands Bund der Krankenkassen ist zu beteiligen. In der Vereinbarung kann auch eine pauschale Abgeltung der Kosten geregelt werden.

-

§ 57 Auskunftspflicht von Arbeitgebern

Arbeitgeber haben der Agentur für Arbeit auf deren Verlangen Auskunft über solche Tatsachen zu geben, die für die Entscheidung über einen Anspruch auf Leistungen nach diesem Buch erheblich sein können; die Agentur für Arbeit kann hierfür die Benutzung eines Vordrucks verlangen. Die Auskunftspflicht erstreckt sich auch auf Angaben über das Ende und den Grund für die Beendigung des Beschäftigungsverhältnisses.

§ 58 Einkommensbescheinigung

(1) Wer jemanden, der laufende Geldleistungen nach diesem Buch beantragt hat oder bezieht, gegen Arbeitsentgelt beschäftigt, ist verpflichtet, diesem unverzüglich Art und Dauer dieser Erwerbstätigkeit sowie die Höhe des Arbeitsentgelts oder der Vergütung für die Zeiten zu bescheinigen, für die diese Leistung beantragt worden ist oder bezogen wird. Dabei ist der von der Agentur für Arbeit vorgesehene Vordruck zu benutzen. Die Bescheinigung ist der- oder demjenigen, die oder der die Leistung beantragt hat oder bezieht, unverzüglich auszuhändigen.
(2) Wer eine laufende Geldleistung nach diesem Buch beantragt hat oder bezieht und gegen Arbeitsentgelt beschäftigt wird, ist verpflichtet, dem Arbeitgeber den für die Bescheinigung des Arbeitsentgelts vorgeschriebenen Vordruck unverzüglich vorzulegen.

§ 59 Meldepflicht

Die Vorschriften über die allgemeine Meldepflicht, § 309 des Dritten Buches, und über die Meldepflicht bei Wechsel der Zuständigkeit, § 310 des Dritten Buches, sind entsprechend anzuwenden.

§ 60 Auskunftspflicht und Mitwirkungspflicht Dritter

(1) Wer jemandem, der Leistungen nach diesem Buch beantragt hat oder bezieht, Leistungen erbringt, die geeignet sind, diese Leistungen nach diesem Buch auszuschließen oder zu mindern, hat der Agentur für Arbeit auf Verlangen hierüber Auskunft zu erteilen, soweit es zur Durchführung der Aufgaben nach diesem Buch erforderlich ist.
(2) Wer jemandem, der eine Leistung nach diesem Buch beantragt hat oder bezieht, zu Leistungen verpflichtet ist, die geeignet sind, Leistungen nach diesem Buch auszuschließen oder zu mindern, oder wer für ihn Guthaben führt oder Vermögensgegenstände verwahrt, hat der Agentur für Arbeit auf Verlangen hierüber sowie über damit im Zusammenhang stehendes Einkommen oder Vermögen Auskunft zu erteilen, soweit es zur Durchführung der Aufgaben nach diesem Buch erforderlich ist. § 21 Absatz 3 Satz 4 des Zehnten Buches gilt entsprechend. Für die Feststellung einer Unterhaltsverpflichtung ist § 1605 Absatz 1 des Bürgerlichen Gesetzbuchs anzuwenden.
(3) Wer jemanden, der
1. Leistungen nach diesem Buch beantragt hat oder bezieht oder dessen Partnerin oder Partner oder

2.
  nach Absatz 2 zur Auskunft verpflichtet ist,
beschäftigt, hat der Agentur für Arbeit auf Verlangen über die Beschäftigung, insbesondere über das Arbeitsentgelt, Auskunft zu erteilen, soweit es zur Durchführung der Aufgaben nach diesem Buch erforderlich ist.
(4) Sind Einkommen oder Vermögen der Partnerin oder des Partners zu berücksichtigen, haben
1.
  dieser Partner,
2.
  Dritte, die für diese Partnerin oder diesen Partner Guthaben führen oder Vermögensgegenstände verwahren,
der Agentur für Arbeit auf Verlangen hierüber Auskunft zu erteilen, soweit es zur Durchführung der Aufgaben nach diesem Buch erforderlich ist. § 21 Absatz 3 Satz 4 des Zehnten Buches gilt entsprechend.
(5) Wer jemanden, der Leistungen nach diesem Buch beantragt hat, bezieht oder bezogen hat, beschäftigt, hat der Agentur für Arbeit auf Verlangen Einsicht in Geschäftsbücher, Geschäftsunterlagen und Belege sowie in Listen, Entgeltverzeichnisse und Entgeltbelege für Heimarbeiterinnen oder Heimarbeiter zu gewähren, soweit es zur Durchführung der Aufgaben nach diesem Buch erforderlich ist.
-

§ 61 Auskunftspflichten bei Leistungen zur Eingliederung in Arbeit

(1) Träger, die eine Leistung zur Eingliederung in Arbeit erbracht haben oder erbringen, haben der Agentur für Arbeit unverzüglich Auskünfte über Tatsachen zu erteilen, die Aufschluss darüber geben, ob und inwieweit Leistungen zu Recht erbracht worden sind oder werden. Sie haben Änderungen, die für die Leistungen erheblich sind, unverzüglich der Agentur für Arbeit mitzuteilen.
(2) Die Teilnehmerinnen und Teilnehmer an Maßnahmen zur Eingliederung sind verpflichtet,
1.
  der Agentur für Arbeit auf Verlangen Auskunft über den Eingliederungserfolg der Maßnahme sowie alle weiteren Auskünfte zu erteilen, die zur Qualitätsprüfung benötigt werden, und
2.
  eine Beurteilung ihrer Leistung und ihres Verhaltens durch den Maßnahmeträger zuzulassen.
Die Maßnahmeträger sind verpflichtet, ihre Beurteilungen der Teilnehmerin oder des Teilnehmers unverzüglich der Agentur für Arbeit zu übermitteln.
-

§ 62 Schadenersatz

Wer vorsätzlich oder fahrlässig
1.
  eine Einkommensbescheinigung nicht, nicht richtig oder nicht vollständig ausfüllt,
2.

eine Auskunft nach § 57 oder § 60 nicht, nicht richtig oder nicht vollständig erteilt, ist zum Ersatz des daraus entstehenden Schadens verpflichtet.

Kapitel 9
Straf- und Bußgeldvorschriften

§ 63 Bußgeldvorschriften

(1) Ordnungswidrig handelt, wer vorsätzlich oder fahrlässig

1. entgegen § 57 Satz 1 eine Auskunft nicht, nicht richtig, nicht vollständig oder nicht rechtzeitig erteilt,
2. entgegen § 58 Absatz 1 Satz 1 oder 3 Art oder Dauer der Erwerbstätigkeit oder die Höhe des Arbeitsentgelts oder der Vergütung nicht, nicht richtig, nicht vollständig oder nicht rechtzeitig bescheinigt oder eine Bescheinigung nicht oder nicht rechtzeitig aushändigt,
3. entgegen § 58 Absatz 2 einen Vordruck nicht oder nicht rechtzeitig vorlegt,
4. entgegen § 60 Absatz 1, 2 Satz 1, Absatz 3 oder 4 Satz 1 oder als privater Träger entgegen § 61 Absatz 1 Satz 1 eine Auskunft nicht, nicht richtig, nicht vollständig oder nicht rechtzeitig erteilt,
5. entgegen § 60 Absatz 5 Einsicht nicht oder nicht rechtzeitig gewährt oder
6. entgegen § 60 Absatz 1 Satz 1 Nummer 2 des Ersten Buches eine Änderung in den Verhältnissen, die für einen Anspruch auf eine laufende Leistung erheblich ist, nicht, nicht richtig, nicht vollständig oder nicht rechtzeitig mitteilt.

(2) Die Ordnungswidrigkeit kann in den Fällen des Absatzes 1 Nummer 6 mit einer Geldbuße bis zu fünftausend Euro, in den übrigen Fällen mit einer Geldbuße bis zu zweitausend Euro geahndet werden.

§ 63a Datenschutzrechtliche Bußgeldvorschriften

(1) Ordnungswidrig handelt, wer als Beamtin, Beamter, Arbeitnehmerin oder Arbeitnehmer der Träger oder der nach § 6 Absatz 2 Satz 1 herangezogenen Gemeinden und Gemeindeverbände, denen nach § 44g Absatz 1 oder 2 eine Tätigkeit in einer gemeinsamen Einrichtung zugewiesen ist, vorsätzlich oder fahrlässig eine in

1. § 85 Absatz 1 Nummer 1a, 1b, 2 oder Nummer 3 des Zehnten Buches oder in § 43 Absatz 1 Nummer 2b des Bundesdatenschutzgesetzes oder
2. § 85 Absatz 2 des Zehnten Buches oder in § 43 Absatz 2 Nummer 1 bis 4 des Bundesdatenschutzgesetzes

bezeichnete Handlung begeht.

(2) Die Ordnungswidrigkeit kann in den Fällen des Absatzes 1 Nummer 1 mit einer Geldbuße bis zu fünfzigtausend Euro und in den Fällen des Absatzes 1 Nummer 2 mit einer Geldbuße bis zu dreihunderttausend Euro geahndet werden.
(3) Verwaltungsbehörden im Sinne des § 36 Absatz 1 Nummer 1 des Gesetzes über Ordnungswidrigkeiten sind
1. das Bundesministerium für Arbeit und Soziales, wenn die Ordnungswidrigkeit durch eine Beamtin, einen Beamten, eine Arbeitnehmerin oder einen Arbeitnehmer der Bundesagentur für Arbeit,
2. die fachlich zuständige oberste Landesbehörde, wenn die Ordnungswidrigkeit durch eine Beamtin, einen Beamten, eine Arbeitnehmerin oder einen Arbeitnehmer eines kommunalen Trägers oder der nach § 6 Absatz 2 Satz 1 herangezogenen Gemeinden oder Gemeindeverbände

in Ausübung einer Tätigkeit bei einer gemeinsamen Einrichtung begangen wird. § 36 Absatz 2 und 3 des Gesetzes über Ordnungswidrigkeiten gilt entsprechend.
-

§ 63b Datenschutzrechtliche Strafvorschriften

(1) Mit Freiheitsstrafe bis zu zwei Jahren oder mit Geldstrafe wird bestraft, wer eine in § 63a Absatz 1 Nummer 2 bezeichnete vorsätzliche Handlung gegen Entgelt oder in der Absicht begeht, sich oder einen anderen zu bereichern oder einen anderen zu schädigen.
(2) Die Tat wird nur auf Antrag verfolgt. Antragsberechtigt sind der Betroffene, die verantwortliche Stelle nach § 50 Absatz 2 oder Absatz 3 Satz 3 und der oder die Bundesbeauftragte für den Datenschutz und die Informationsfreiheit.

Kapitel 10
Bekämpfung von Leistungsmissbrauch
-

§ 64 Zuständigkeit

(1) Für die Bekämpfung von Leistungsmissbrauch gilt § 319 des Dritten Buches entsprechend.
(2) Verwaltungsbehörden im Sinne des § 36 Absatz 1 Nummer 1 des Gesetzes über Ordnungswidrigkeiten sind in den Fällen
1. des § 63 Absatz 1 Nummer 1 bis 5 die gemeinsame Einrichtung oder der nach § 6a zugelassene kommunale Träger,
2. des § 63 Absatz 1 Nummer 6
   a) die gemeinsame Einrichtung oder der nach § 6a zugelassene kommunale Träger sowie
   b) die Behörden der Zollverwaltung

jeweils für ihren Geschäftsbereich.

(3) Soweit die gemeinsame Einrichtung Verwaltungsbehörde nach Absatz 2 ist, fließen die Geldbußen in die Bundeskasse. § 66 des Zehnten Buches gilt entsprechend. Die Bundeskasse trägt abweichend von § 105 Absatz 2 des Gesetzes über Ordnungswidrigkeiten die notwendigen Auslagen. Sie ist auch ersatzpflichtig im Sinne des § 110 Absatz 4 des Gesetzes über Ordnungswidrigkeiten.

<u>Kapitel 11
Übergangs- und Schlussvorschriften</u>

-

§ 65 Allgemeine Übergangsvorschriften

(1) bis (3) (weggefallen)
(4) Abweichend von § 2 haben auch erwerbsfähige Leistungsberechtigte Anspruch auf Leistungen zur Sicherung des Lebensunterhalts, die das 58. Lebensjahr vollendet haben und die Regelvoraussetzungen des Anspruchs auf Leistungen zur Sicherung des Lebensunterhalts allein deshalb nicht erfüllen, weil sie nicht arbeitsbereit sind und nicht alle Möglichkeiten nutzen und nutzen wollen, ihre Hilfebedürftigkeit durch Aufnahme einer Arbeit zu beenden. Vom 1. Januar 2008 an gilt Satz 1 nur noch, wenn der Anspruch vor dem 1. Januar 2008 entstanden ist und der erwerbsfähige Leistungsberechtigte vor diesem Tag das 58. Lebensjahr vollendet hat. § 428 des Dritten Buches gilt entsprechend. Satz 1 gilt entsprechend für erwerbsfähige Personen, die bereits vor dem 1. Januar 2008 unter den Voraussetzungen des § 428 Absatz 1 des Dritten Buches Arbeitslosengeld bezogen haben und erstmals nach dem 31. Dezember 2007 hilfebedürftig werden.
(5) § 12 Absatz 2 Nummer 1 gilt mit der Maßgabe, dass für die in § 4 Absatz 2 Satz 2 der Arbeitslosenhilfe-Verordnung vom 13. Dezember 2001 (BGBl. I S. 3734) in der Fassung vom 31. Dezember 2004 genannten Personen an die Stelle des Grundfreibetrags in Höhe von 150 Euro je vollendetem Lebensjahr ein Freibetrag von 520 Euro, an die Stelle des Höchstfreibetrags in Höhe von jeweils 9 750 Euro ein Höchstfreibetrag in Höhe von 33 800 Euro tritt.

-

§ 65a (weggefallen)

-

§ 65b (weggefallen)

-

§ 65c (weggefallen)

§ 65d Übermittlung von Daten

(1) Der Träger der Sozialhilfe und die Agentur für Arbeit machen dem zuständigen Leistungsträger auf Verlangen die bei ihnen vorhandenen Unterlagen über die Gewährung

von Leistungen für Personen, die Leistungen der Grundsicherung für Arbeitsuchende beantragt haben oder beziehen, zugänglich, soweit deren Kenntnis im Einzelfall für die Erfüllung der Aufgaben nach diesem Buch erforderlich ist.
(2) Die Bundesagentur erstattet den Trägern der Sozialhilfe die Sachkosten, die ihnen durch das Zugänglichmachen von Unterlagen entstehen; eine Pauschalierung ist zulässig.
-

§ 65e Übergangsregelung zur Aufrechnung

Der zuständige Träger der Leistungen nach diesem Buch kann mit Zustimmung des Trägers der Sozialhilfe dessen Ansprüche gegen den Leistungsberechtigten mit Geldleistungen zur Sicherung des Lebensunterhalts nach den Voraussetzungen des § 43 Absatz 2, 3 und 4 Satz 1 aufrechnen. Die Aufrechnung wegen eines Anspruchs nach Satz 1 ist auf die ersten zwei Jahre der Leistungserbringung nach diesem Buch beschränkt.
-

§ 66 Rechtsänderungen bei Leistungen zur Eingliederung in Arbeit

(1) Wird dieses Gesetzbuch geändert, so sind, soweit nichts Abweichendes bestimmt ist, auf Leistungen zur Eingliederung in Arbeit bis zum Ende der Leistungen oder der Maßnahme die Vorschriften in der vor dem Tag des Inkrafttretens der Änderung geltenden Fassung weiter anzuwenden, wenn vor diesem Tag

1. der Anspruch entstanden ist,
2. die Leistung zuerkannt worden ist oder
3. die Maßnahme begonnen hat, wenn die Leistung bis zum Beginn der Maßnahme beantragt worden ist.

(2) Ist eine Leistung nur für einen begrenzten Zeitraum zuerkannt worden, richtet sich eine Verlängerung nach den zum Zeitpunkt der Entscheidung über die Verlängerung geltenden Vorschriften.
-

§ 67 Freibetragsneuregelungsgesetz

Die §§ 11 und 30 in der bis zum 30. September 2005 geltenden Fassung sind weiterhin anzuwenden für Bewilligungszeiträume (§ 41 Absatz 1 Satz 4), die vor dem 1. Oktober 2005 beginnen, längstens jedoch bis zur Aufnahme einer Erwerbstätigkeit.
-

§ 68 Gesetz zur Änderung des Zweiten Buches Sozialgesetzbuch und anderer Gesetze

(1) Die §§ 7, 9, 11 und 20 Absatz 1, 3 und 4 in der bis zum 30. Juni 2006 geltenden Fassung sind weiterhin anzuwenden für Bewilligungszeiträume (§ 41 Absatz 1 Satz 4), die vor dem 1. Juli 2006 beginnen.
(2) § 22 Absatz 2a Satz 1 gilt nicht für Personen, die am 17. Februar 2006 nicht mehr zum Haushalt der Eltern oder eines Elternteils gehören.
-

§ 69 Gesetz zur Fortentwicklung der Grundsicherung für Arbeitsuchende

(1) § 28 Absatz 1 Satz 3 Nummer 2 in der bis zum 31. Juli 2006 geltenden Fassung ist weiterhin anzuwenden für Bewilligungszeiträume, die vor dem 1. August 2006 beginnen.
(2) § 31 Absatz 3 Satz 1 und 2 gilt mit der Maßgabe, dass Pflichtverletzungen vor dem 1. Januar 2007 keine Berücksichtigung finden.

-

§ 70 Übergangsregelung zum Gesetz zur Umsetzung aufenthalts- und asylrechtlicher Richtlinien der Europäischen Union

Für Ausländerinnen und Ausländer, die einen Aufenthaltstitel nach § 104a Absatz 1 Satz 1 des Aufenthaltsgesetzes erhalten, am 1. März 2007 leistungsberechtigt nach § 1 Absatz 1 des Asylbewerberleistungsgesetzes waren und Sachleistungen erhalten haben, kann durch Landesgesetz bestimmt werden, dass sie weiterhin Sachleistungen entsprechend den Vorschriften des Asylbewerberleistungsgesetzes vom Land erhalten. Insoweit erhalten diese Personen keine Leistungen zur Sicherung des Lebensunterhalts nach diesem Buch.

-

§ 71 (weggefallen)

-
-

§ 72 Siebtes Gesetz zur Änderung des Dritten Buches Sozialgesetzbuch und anderer Gesetze

Abweichend von § 11 Absatz 1 Satz 1 ist an erwerbsfähige Leistungsberechtigte geleistetes Arbeitslosengeld nicht als Einkommen zu berücksichtigen, soweit es aufgrund des §§ 440 des Dritten Buches für einen Zeitraum geleistet wird, in dem sie und die mit ihnen in Bedarfsgemeinschaft lebenden Personen Leistungen nach diesem Buch ohne Berücksichtigung des Arbeitslosengeldes erhalten haben.

-

§ 73 Gesetz zur Neuausrichtung der arbeitsmarktpolitischen Instrumente

§ 28 Absatz 1 Satz 3 Nummer 4 in der bis zum 31. Dezember 2008 geltenden Fassung ist weiterhin anzuwenden für Bewilligungszeiträume, die vor dem 1. Januar 2009 beginnen.

-

§ 74 (weggefallen)

-

§ 75 Gesetz zur Weiterentwicklung der Organisation der Grundsicherung für Arbeitsuchende – Anwendbarkeit des § 6a Absatz 7, des § 44d und des § 51b

(1) § 51b Absatz 1 bis 3a in der bis zum 10. August 2010 geltenden Fassung ist anstelle des § 51b Absatz 1 Satz 1 und Absatz 2 weiterhin anzuwenden, solange das

Bundesministerium für Arbeit und Soziales keine Rechtsverordnung nach § 51b Absatz 1 Satz 2 erlassen hat.
(2) Abweichend von § 6a Absatz 7 Satz 3 kann der Antrag nach § 6a Absatz 7 Satz 1 im Jahr 2010 bis zum 1. September mit Wirkung zum 1. Januar 2011 gestellt werden.
(3) Die Geschäftsführerin oder der Geschäftsführer einer Arbeitsgemeinschaft nach § 44b in der bis zum 31. Dezember 2010 geltenden Fassung nimmt die Aufgaben der Geschäftsführung in der gemeinsamen Einrichtung bis zum Ablauf der laufenden Amtsperiode wahr. § 44d Absatz 2 Satz 7 bleibt unberührt. Endet die Amtsperiode der Geschäftsführerin oder des Geschäftsführers einer Arbeitsgemeinschaft nach § 44b in der bis zum 31. Dezember 2010 geltenden Fassung vor Bildung der gemeinsamen Einrichtung oder läuft ihre oder seine Amtsperiode nach Satz 1 ab, bevor die Trägerversammlung nach § 44c Absatz 2 Satz 2 Nummer 1 eine neue Geschäftsführerin oder einen neuen Geschäftsführer bestellt hat, bestimmt die Anstellungskörperschaft der bisherigen Geschäftsführerin oder des bisherigen Geschäftsführers eine kommissarische Geschäftsführerin oder einen kommissarischen Geschäftsführer, die oder der die Geschäfte führt, bis die Trägerversammlung eine Geschäftsführerin oder einen Geschäftsführer bestellt hat.

§ 76 Gesetz zur Weiterentwicklung der Organisation der Grundsicherung für Arbeitsuchende

(1) Abweichend von § 44b Absatz 1 können die Aufgaben nach diesem Buch bis zum 31. Dezember 2011 getrennt wahrgenommen werden, wenn am 31. März 2010 in dem Bereich eines kommunalen Trägers keine Arbeitsgemeinschaft nach § 44b bestanden hat. Mit der Bildung einer gemeinsamen Einrichtung erfolgt eine § 44g Absatz 1 Satz 2 entsprechende Zuweisung.
(2) Nimmt im Gebiet eines kommunalen Trägers nach § 6 Absatz 1 Satz 1 Nummer 2 mehr als eine Arbeitsgemeinschaft nach § 44b in der bis zum 31. Dezember 2010 geltenden Fassung die Aufgaben nach diesem Buch wahr, kann insoweit abweichend von § 44b Absatz 1 Satz 1 mehr als eine gemeinsame Einrichtung gebildet werden.
(3) Bei Wechsel der Trägerschaft oder der Organisationsform tritt der zuständige Träger oder die zuständige Organisationsform an die Stelle des bisherigen Trägers oder der bisherigen Organisationsform; dies gilt auch für laufende Verwaltungs- und Gerichtsverfahren. Die Träger teilen sich alle Tatsachen mit, die zur Vorbereitung eines Wechsels der Organisationsform erforderlich sind. Sie sollen sich auch die zu diesem Zweck erforderlichen Sozialdaten in automatisierter und standardisierter Form übermitteln.
(4) Besteht in einer Arbeitsgemeinschaft nach § 44b in der bis zum 31. Dezember 2010 geltenden Fassung ein Personal- oder Betriebsrat, nimmt dieser ab dem Zeitpunkt, zu dem Beamten und Arbeitnehmern in einer gemeinsamen Einrichtung Tätigkeiten zugewiesen werden, die Aufgaben der Personalvertretung als Übergangspersonalrat bis zur Konstituierung einer neuen Personalvertretung nach den Regelungen des Bundespersonalvertretungsgesetzes wahr, längstens jedoch bis zum 30. Juni 2012. Satz 1 gilt entsprechend für die Jugend- und Auszubildendenvertretung sowie die Schwerbehindertenvertretung.
(5) Bestehen in einer Arbeitsgemeinschaft nach § 44b in der bis zum 31. Dezember 2010 geltenden Fassung Dienst- oder Betriebsvereinbarungen, gelten diese bis zu einer Neuregelung für die jeweilige gemeinsame Einrichtung als Dienstvereinbarungen fort, längstens jedoch bis zum 30. Juni 2012.
(6) Abweichend von § 44g Absatz 2 bedarf es keiner Zustimmung der Geschäftsführerin

oder des Geschäftsführers, soweit einer gemeinsamen Einrichtung auf Veranlassung eines Trägers Beschäftigte Dritter zugewiesen werden, die bis zum Tag vor der Bildung einer gemeinsamen Einrichtung in einer Arbeitsgemeinschaft nach § 44b in der bis zum 31. Dezember 2010 geltenden Fassung oder in Agenturen für Arbeit und Kommunen Aufgaben nach diesem Buch durchgeführt haben.

§ 77 Gesetz zur Ermittlung von Regelbedarfen und zur Änderung des Zweiten und Zwölften Buches Sozialgesetzbuch

(1) § 7 Absatz 4a in der bis zum 31. Dezember 2010 geltenden Fassung gilt weiter bis zum Inkrafttreten einer nach § 13 Absatz 3 erlassenen Rechtsverordnung.
(2) Abweichend von § 11a Absatz 3 Satz 2 Nummer 2 sind bis zum 31. Dezember 2011 die Leistungen nach § 23 des Achten Buches als Einkommen zu berücksichtigen

1. für das erste und zweite Pflegekind nicht,
2. für das dritte Pflegekind zu 75 Prozent und
3. für das vierte und jedes weitere Pflegekind vollständig.

(3) § 30 in der bis zum 31. Dezember 2010 geltenden Fassung ist für Einkommen aus Erwerbstätigkeit, das im Zeitraum vom 1. Januar 2011 bis zum 31. März 2011 zufließt, weiter anzuwenden und gilt anstelle des § 11b Absatz 3 weiter für Bewilligungszeiträume (§ 41 Satz 4), die vor dem 1. Juli 2011 beginnen, längstens jedoch bis zur Aufnahme einer Erwerbstätigkeit ab dem 1. Juli 2011.
(4) Für die Regelbedarfe nach § 20 Absatz 2 Satz 2 Nummer 1 und § 23 Nummer 1 tritt an die Stelle der Beträge nach

1. § 20 Absatz 2 Satz 2 Nummer 1 der Betrag von 287 Euro,
2. § 23 Nummer 1 für Leistungsberechtigte bis zur Vollendung des sechsten Lebensjahres der Betrag von 215 Euro,
3. § 23 Nummer 1 für Leistungsberechtigte vom Beginn des siebten bis zur Vollendung des 14. Lebensjahres der Betrag von 251 Euro,
4. § 23 Nummer 1 für Leistungsberechtigte im 15. Lebensjahr der Betrag von 287 Euro,

solange sich durch die Fortschreibung der Beträge nach § 20 Absatz 2 Satz 2 Nummer 1 und § 23 Nummer 1 nach § 20 Absatz 5 jeweils kein höherer Betrag ergibt.
(5) § 21 ist bis zum 31. Dezember 2011 mit der Maßgabe anzuwenden, dass Beträge, die nicht volle Euro-Beträge ergeben, bei einem Betrag von unter 0,50 Euro abzurunden und von 0,50 Euro an aufzurunden sind.
(6) Sofern Leistungen ohne Berücksichtigung der tatsächlichen Aufwendungen für die Erzeugung von Warmwasser festgesetzt wurden, weil sie nach den §§ 20 und 28 in der bis zum 31. Dezember 2010 geltenden Fassung mit der Regelleistung zur Sicherung des Lebensunterhalts abgegolten waren, ist der Verwaltungsakt, auch nachdem er unanfechtbar geworden ist, bis zum Ablauf eines Monats nach dem Ende des Bewilligungszeitraums zurückzunehmen und die Nachzahlung zu erbringen.
(7) Der Bedarf nach § 28 Absatz 3 wird erstmals zum 1. August 2011 anerkannt.

(8) Werden Leistungen für Bedarfe nach § 28 Absatz 2 und 4 bis 7 für den Zeitraum vom 1. Januar bis zum 31. Mai 2011 bis zum 30. Juni 2011 rückwirkend beantragt, gilt dieser Antrag abweichend von § 37 Absatz 2 Satz 2 als zum 1. Januar 2011 gestellt.
(9) In den Fällen des Absatzes 8 sind Leistungen für die Bedarfe nach § 28 Absatz 2 Satz 1 Nummer 1, Satz 2 und Absatz 5 für den Zeitraum vom 1. Januar bis zum 31. Mai 2011 abweichend von § 29 Absatz 1 Satz 1 durch Direktzahlung an den Anbieter zu erbringen, wenn bei der leistungsberechtigten Person noch keine Aufwendungen zur Deckung dieser Bedarfe entstanden sind. Soweit die leistungsberechtigte Person in den Fällen des Absatzes 8 nachweist, dass ihr bereits Aufwendungen zur Deckung der in Satz 1 genannten Bedarfe entstanden sind, werden diese Aufwendungen abweichend von § 29 Absatz 1 Satz 1 durch Geldleistung an die leistungsberechtigte Person erstattet.
(10) Auf Klassenfahrten im Rahmen der schulrechtlichen Bestimmungen, an denen Schülerinnen und Schüler in der Zeit vom 1. Januar bis zum 29. März 2011 teilgenommen haben, ist § 23 Absatz 3 Satz 1 Nummer 3 und Satz 2 bis 4 in der bis zum 31. Dezember 2010 geltenden Fassung anstelle des § 19 Absatz 3 Satz 3 und des § 28 Absatz 2 Satz 1 Nummer 2 anzuwenden.
(11) Für Schülerinnen und Schüler, die eine Schule besuchen, an der eine gemeinschaftliche Mittagsverpflegung in schulischer Verantwortung angeboten wird, sowie für Kinder, für die Kindertagespflege geleistet wird oder die eine Tageseinrichtung besuchen, an der eine gemeinschaftliche Mittagsverpflegung angeboten wird, werden die entstehenden Mehraufwendungen abweichend von § 28 Absatz 6 für die Zeit vom 1. Januar bis zum 31. März 2011 in Höhe von monatlich 26 Euro berücksichtigt. Bei Leistungsberechtigten bis zur Vollendung des 18. Lebensjahres, denen für die Zeit vom 1. Januar bis zum 31. März 2011 Aufwendungen für Teilhabe am sozialen und kulturellen Leben entstanden sind, werden abweichend von § 28 Absatz 7 als Bedarf monatlich 10 Euro berücksichtigt. Die im Zeitraum vom 1. Januar bis zum 31. März 2011 nach den Sätzen 1 und 2 zu berücksichtigenden Bedarfe werden abweichend von § 29 Absatz 1 Satz 1 durch Geldleistung gedeckt; die im Zeitraum vom 1. April bis zum 31. Mai 2011 nach den Sätzen 1 und 2 zu berücksichtigenden Bedarfe können in den Fällen des Absatzes 8 abweichend von § 29 Absatz 1 Satz 1 auch durch Geldleistung gedeckt werden. Bis zum 31. Dezember 2013 gilt § 28 Absatz 6 Satz 2 mit der Maßgabe, dass die Mehraufwendungen auch berücksichtigt werden, wenn Schülerinnen und Schüler das Mittagessen in einer Einrichtung nach § 22 des Achten Buches einnehmen.
(12) § 31 in der bis zum 31. März 2011 geltenden Fassung ist weiterhin anzuwenden für Pflichtverletzungen, die vor dem 1. April 2011 begangen worden sind.
(13) § 40 Absatz 1 Satz 2 ist nicht anwendbar auf Anträge nach § 44 des Zehnten Buches, die vor dem 1. April 2011 gestellt worden sind.
(14) § 41 Absatz 2 Satz 2 ist bis zum 31. Dezember 2011 mit der Maßgabe anzuwenden, dass bei einer auf zwei Dezimalstellen durchzuführenden Berechnung weitere sich ergebende Dezimalstellen wegfallen.

Fußnote

§ 77 Abs. 4 Nr. 1 u. 2 iVm § 20 Abs. 1 Satz 1 u. 2 SGB 2 u. § 28a SGB 12 jeweils idF d. G v. 24.3.2011 I 453: Nach Maßgabe der Gründe mit Art. 1 Abs. 1 iVm Art. 20 Abs. 1 GG vereinbar gem. BVerfGE v. 23.7.2014 I 1581 - 1 BvL 10/2012 u.a.
-

§ 78 Gesetz zur Verbesserung der Eingliederungschancen am Arbeitsmarkt

Bei der Ermittlung der Zuweisungshöchstdauer nach § 16d Absatz 6 werden

Zuweisungsdauern, die vor dem 1. April 2012 liegen, nicht berücksichtigt.
-

§ 79 Achtes Gesetz zur Änderung des Zweiten Buches Sozialgesetzbuch – Ergänzung personalrechtlicher Bestimmungen

(1) Hat ein nach § 40a zur Erstattung verpflichteter Sozialleistungsträger in der Zeit vom 31. Oktober 2012 bis zum 5. Juni 2014 in Unkenntnis des Bestehens der Erstattungspflicht bereits an die leistungsberechtigte Person geleistet, entfällt der Erstattungsanspruch.

(2) Eine spätere Zuweisung von Tätigkeiten in den gemeinsamen Einrichtungen, die nach § 44g Absatz 2 in der bis zum 31. Dezember 2014 geltenden Fassung erfolgt ist, gilt fort.

Sozialgesetzbuch (SGB) Zwölftes Buch (XII) - Sozialhilfe - (Artikel 1 des Gesetzes vom 27. Dezember 2003, BGBl. I S. 3022)

SGB 12

Ausfertigungsdatum: 27.12.2003

"Das Zwölfte Buch Sozialgesetzbuch – Sozialhilfe – (Artikel 1 des Gesetzes vom 27. Dezember 2003, BGBl. I S. 3022, 3023), das durch Artikel 3 des Gesetzes vom 31. Juli 2016 (BGBl. I S. 1937) geändert worden ist". Zuletzt geändert durch Art. 1 G v. 21.12.2015 I 2557. Änderung durch Art. 3 Abs. 8 G v. 26.7.2016 I 1824 (Nr. 37) noch nicht berücksichtigt. Änderung durch Art. 3 G v. 31.7.2016 I 1939 (Nr. 39) noch nicht berücksichtigt.

Fußnote

(+++ Textnachweis ab: 1.1.2005 +++)

Das G wurde als Artikel 1 d. G v. 27.12.2003 I 3022 vom Bundestag mit Zustimmung des Bundesrates beschlossen. Es tritt gem. Art. 70 Abs. 1 dieses G mWv 1.1.2005 in Kraft. Abweichend hiervon treten gem. § 70 Abs. 2 die §§ 40, 133 Abs. 2 am 31.12.2003, die §§ 24, 132, 133 Abs. 1 am 1.1.2004, die §§ 57, 61 Abs. 2 Satz 3 und 4 am 1.7.2004 und § 97 Abs. 3 am 1.1.2007 in Kraft.

Erstes Kapitel
Allgemeine Vorschriften

§ 1 Aufgabe der Sozialhilfe

Aufgabe der Sozialhilfe ist es, den Leistungsberechtigten die Führung eines Lebens zu ermöglichen, das der Würde des Menschen entspricht. Die Leistung soll sie so weit wie möglich befähigen, unabhängig von ihr zu leben; darauf haben auch die Leistungsberechtigten nach ihren Kräften hinzuarbeiten. Zur Erreichung dieser Ziele haben die Leistungsberechtigten und die Träger der Sozialhilfe im Rahmen ihrer Rechte und Pflichten zusammenzuwirken.

§ 2 Nachrang der Sozialhilfe

(1) Sozialhilfe erhält nicht, wer sich vor allem durch Einsatz seiner Arbeitskraft, seines Einkommens und seines Vermögens selbst helfen kann oder wer die erforderliche Leistung von anderen, insbesondere von Angehörigen oder von Trägern anderer

Sozialleistungen, erhält.
(2) Verpflichtungen anderer, insbesondere Unterhaltspflichtiger oder der Träger anderer Sozialleistungen, bleiben unberührt. Auf Rechtsvorschriften beruhende Leistungen anderer dürfen nicht deshalb versagt werden, weil nach dem Recht der Sozialhilfe entsprechende Leistungen vorgesehen sind.

-

§ 3 Träger der Sozialhilfe

(1) Die Sozialhilfe wird von örtlichen und überörtlichen Trägern geleistet.
(2) Örtliche Träger der Sozialhilfe sind die kreisfreien Städte und die Kreise, soweit nicht nach Landesrecht etwas anderes bestimmt wird. Bei der Bestimmung durch Landesrecht ist zu gewährleisten, dass die zukünftigen örtlichen Träger mit der Übertragung dieser Aufgaben einverstanden sind, nach ihrer Leistungsfähigkeit zur Erfüllung der Aufgaben nach diesem Buch geeignet sind und dass die Erfüllung dieser Aufgaben in dem gesamten Kreisgebiet sichergestellt ist.
(3) Die Länder bestimmen die überörtlichen Träger der Sozialhilfe.

-

§ 4 Zusammenarbeit

(1) Die Träger der Sozialhilfe arbeiten mit anderen Stellen, deren gesetzliche Aufgaben dem gleichen Ziel dienen oder die an Leistungen beteiligt sind oder beteiligt werden sollen, zusammen, insbesondere mit den Trägern von Leistungen nach dem Zweiten, dem Achten, dem Neunten und dem Elften Buch, sowie mit anderen Trägern von Sozialleistungen, mit den gemeinsamen Servicestellen der Rehabilitationsträger und mit Verbänden. Darüber hinaus sollen die Träger der Sozialhilfe gemeinsam mit den Beteiligten der Pflegestützpunkte nach § 92c des Elften Buches alle für die wohnortnahe Versorgung und Betreuung in Betracht kommenden Hilfe- und Unterstützungsangebote koordinieren.
(2) Ist die Beratung und Sicherung der gleichmäßigen, gemeinsamen oder ergänzenden Erbringung von Leistungen geboten, sollen zu diesem Zweck Arbeitsgemeinschaften gebildet werden.
(3) Soweit eine Erhebung, Verarbeitung und Nutzung personenbezogener Daten erfolgt, ist das Nähere in einer Vereinbarung zu regeln.

-

§ 5 Verhältnis zur freien Wohlfahrtspflege

(1) Die Stellung der Kirchen und Religionsgesellschaften des öffentlichen Rechts sowie der Verbände der freien Wohlfahrtspflege als Träger eigener sozialer Aufgaben und ihre Tätigkeit zur Erfüllung dieser Aufgaben werden durch dieses Buch nicht berührt.
(2) Die Träger der Sozialhilfe sollen bei der Durchführung dieses Buches mit den Kirchen und Religionsgesellschaften des öffentlichen Rechts sowie den Verbänden der freien Wohlfahrtspflege zusammenarbeiten. Sie achten dabei deren Selbständigkeit in Zielsetzung und Durchführung ihrer Aufgaben.
(3) Die Zusammenarbeit soll darauf gerichtet sein, dass sich die Sozialhilfe und die Tätigkeit der freien Wohlfahrtspflege zum Wohle der Leistungsberechtigten wirksam ergänzen. Die Träger der Sozialhilfe sollen die Verbände der freien Wohlfahrtspflege in

ihrer Tätigkeit auf dem Gebiet der Sozialhilfe angemessen unterstützen.
(4) Wird die Leistung im Einzelfall durch die freie Wohlfahrtspflege erbracht, sollen die Träger der Sozialhilfe von der Durchführung eigener Maßnahmen absehen. Dies gilt nicht für die Erbringung von Geldleistungen.
(5) Die Träger der Sozialhilfe können allgemein an der Durchführung ihrer Aufgaben nach diesem Buch die Verbände der freien Wohlfahrtspflege beteiligen oder ihnen die Durchführung solcher Aufgaben übertragen, wenn die Verbände mit der Beteiligung oder Übertragung einverstanden sind. Die Träger der Sozialhilfe bleiben den Leistungsberechtigten gegenüber verantwortlich.
(6) § 4 Abs. 3 findet entsprechende Anwendung.

§ 6 Fachkräfte

(1) Bei der Durchführung der Aufgaben dieses Buches werden Personen beschäftigt, die sich hierfür nach ihrer Persönlichkeit eignen und in der Regel entweder eine ihren Aufgaben entsprechende Ausbildung erhalten haben oder über vergleichbare Erfahrungen verfügen.
(2) Die Träger der Sozialhilfe gewährleisten für die Erfüllung ihrer Aufgaben eine angemessene fachliche Fortbildung ihrer Fachkräfte. Diese umfasst auch die Durchführung von Dienstleistungen, insbesondere von Beratung und Unterstützung.

§ 7 Aufgabe der Länder

Die obersten Landessozialbehörden unterstützen die Träger der Sozialhilfe bei der Durchführung ihrer Aufgaben nach diesem Buch. Dabei sollen sie insbesondere den Erfahrungsaustausch zwischen den Trägern der Sozialhilfe sowie die Entwicklung und Durchführung von Instrumenten der Dienstleistungen, der zielgerichteten Erbringung und Überprüfung von Leistungen und der Qualitätssicherung fördern.

Zweites Kapitel
Leistungen der Sozialhilfe

Erster Abschnitt
Grundsätze der Leistungen

§ 8 Leistungen

Die Sozialhilfe umfasst:
1. Hilfe zum Lebensunterhalt (§§ 27 bis 40),
2. Grundsicherung im Alter und bei Erwerbsminderung (§§ 41 bis 46b),
3. Hilfen zur Gesundheit (§§ 47 bis 52),
4.

5. Eingliederungshilfe für behinderte Menschen (§§ 53 bis 60),
6. Hilfe zur Pflege (§§ 61 bis 66),
7. Hilfe zur Überwindung besonderer sozialer Schwierigkeiten (§§ 67 bis 69),
8. Hilfe in anderen Lebenslagen (§§ 70 bis 74)

sowie die jeweils gebotene Beratung und Unterstützung.

-

§ 9 Sozialhilfe nach der Besonderheit des Einzelfalles

(1) Die Leistungen richten sich nach der Besonderheit des Einzelfalles, insbesondere nach der Art des Bedarfs, den örtlichen Verhältnissen, den eigenen Kräften und Mitteln der Person oder des Haushalts bei der Hilfe zum Lebensunterhalt.
(2) Wünschen der Leistungsberechtigten, die sich auf die Gestaltung der Leistung richten, soll entsprochen werden, soweit sie angemessen sind. Wünschen der Leistungsberechtigten, den Bedarf stationär oder teilstationär zu decken, soll nur entsprochen werden, wenn dies nach der Besonderheit des Einzelfalles erforderlich ist, weil anders der Bedarf nicht oder nicht ausreichend gedeckt werden kann und wenn mit der Einrichtung Vereinbarungen nach den Vorschriften des Zehnten Kapitels dieses Buches bestehen. Der Träger der Sozialhilfe soll in der Regel Wünschen nicht entsprechen, deren Erfüllung mit unverhältnismäßigen Mehrkosten verbunden wäre.
(3) Auf Wunsch der Leistungsberechtigten sollen sie in einer Einrichtung untergebracht werden, in der sie durch Geistliche ihres Bekenntnisses betreut werden können.

-

§ 10 Leistungsformen

(1) Die Leistungen werden erbracht in Form von
1. Dienstleistungen,
2. Geldleistungen und
3. Sachleistungen.

(2) Zur Dienstleistung gehören insbesondere die Beratung in Fragen der Sozialhilfe und die Beratung und Unterstützung in sonstigen sozialen Angelegenheiten.
(3) Geldleistungen haben Vorrang vor Gutscheinen oder Sachleistungen, soweit dieses Buch nicht etwas anderes bestimmt oder mit Gutscheinen oder Sachleistungen das Ziel der Sozialhilfe erheblich besser oder wirtschaftlicher erreicht werden kann oder die Leistungsberechtigten es wünschen.

-

§ 11 Beratung und Unterstützung, Aktivierung

(1) Zur Erfüllung der Aufgaben dieses Buches werden die Leistungsberechtigten beraten und, soweit erforderlich, unterstützt.
(2) Die Beratung betrifft die persönliche Situation, den Bedarf sowie die eigenen Kräfte

und Mittel sowie die mögliche Stärkung der Selbsthilfe zur aktiven Teilnahme am Leben in der Gemeinschaft und zur Überwindung der Notlage. Die aktive Teilnahme am Leben in der Gemeinschaft umfasst auch ein gesellschaftliches Engagement. Zur Überwindung der Notlage gehört auch, die Leistungsberechtigten für den Erhalt von Sozialleistungen zu befähigen. Die Beratung umfasst auch eine gebotene Budgetberatung.
(3) Die Unterstützung umfasst Hinweise und, soweit erforderlich, die Vorbereitung von Kontakten und die Begleitung zu sozialen Diensten sowie zu Möglichkeiten der aktiven Teilnahme am Leben in der Gemeinschaft unter Einschluss des gesellschaftlichen Engagements. Soweit Leistungsberechtigte zumutbar einer Tätigkeit nachgehen können, umfasst die Unterstützung auch das Angebot einer Tätigkeit sowie die Vorbereitung und Begleitung der Leistungsberechtigten. Auf die Wahrnehmung von Unterstützungsangeboten ist hinzuwirken. Können Leistungsberechtigte durch Aufnahme einer zumutbaren Tätigkeit Einkommen erzielen, sind sie hierzu sowie zur Teilnahme an einer erforderlichen Vorbereitung verpflichtet. Leistungsberechtigte nach dem Dritten und Vierten Kapitel erhalten die gebotene Beratung für den Umgang mit dem durch den Regelsatz zur Verfügung gestellten monatlichen Pauschalbetrag (§ 27a Absatz 3 Satz 2).
(4) Den Leistungsberechtigten darf eine Tätigkeit nicht zugemutet werden, wenn

1. sie wegen Erwerbsminderung, Krankheit, Behinderung oder Pflegebedürftigkeit hierzu nicht in der Lage sind oder
2. sie ein der Regelaltersgrenze der gesetzlichen Rentenversicherung (§ 35 des Sechsten Buches) entsprechendes Lebensalter erreicht oder überschritten haben oder
3. der Tätigkeit ein sonstiger wichtiger Grund entgegensteht.

Ihnen darf eine Tätigkeit insbesondere nicht zugemutet werden, soweit dadurch die geordnete Erziehung eines Kindes gefährdet würde. Die geordnete Erziehung eines Kindes, das das dritte Lebensjahr vollendet hat, ist in der Regel nicht gefährdet, soweit unter Berücksichtigung der besonderen Verhältnisse in der Familie der Leistungsberechtigten die Betreuung des Kindes in einer Tageseinrichtung oder in Tagespflege im Sinne der Vorschriften des Achten Buches sichergestellt ist; die Träger der Sozialhilfe sollen darauf hinwirken, dass Alleinerziehenden vorrangig ein Platz zur Tagesbetreuung des Kindes angeboten wird. Auch sonst sind die Pflichten zu berücksichtigen, die den Leistungsberechtigten durch die Führung eines Haushalts oder die Pflege eines Angehörigen entstehen.
(5) Auf die Beratung und Unterstützung von Verbänden der freien Wohlfahrtspflege, von Angehörigen der rechtsberatenden Berufe und von sonstigen Stellen ist zunächst hinzuweisen. Ist die weitere Beratung durch eine Schuldnerberatungsstelle oder andere Fachberatungsstellen geboten, ist auf ihre Inanspruchnahme hinzuwirken. Angemessene Kosten einer Beratung nach Satz 2 sollen übernommen werden, wenn eine Lebenslage, die Leistungen der Hilfe zum Lebensunterhalt erforderlich macht oder erwarten lässt, sonst nicht überwunden werden kann; in anderen Fällen können Kosten übernommen werden. Die Kostenübernahme kann auch in Form einer pauschalierten Abgeltung der Leistung der Schuldnerberatungsstelle oder anderer Fachberatungsstellen erfolgen.
-

§ 12 Leistungsabsprache

Vor oder spätestens bis zu vier Wochen nach Beginn fortlaufender Leistungen sollen in einer schriftlichen Leistungsabsprache die Situation der leistungsberechtigten Personen sowie gegebenenfalls Wege zur Überwindung der Notlage und zu gebotenen Möglichkeiten der aktiven Teilnahme in der Gemeinschaft gemeinsam festgelegt und die Leistungsabsprache unterzeichnet werden. Soweit es auf Grund bestimmbarer Bedarfe erforderlich ist, ist ein Förderplan zu erstellen und in die Leistungsabsprache einzubeziehen. Sind Leistungen im Hinblick auf die sie tragenden Ziele zu überprüfen, kann dies in der Leistungsabsprache näher festgelegt werden. Die Leistungsabsprache soll regelmäßig gemeinsam überprüft und fortgeschrieben werden. Abweichende Regelungen in diesem Buch gehen vor.

-

§ 13 Leistungen für Einrichtungen, Vorrang anderer Leistungen

(1) Die Leistungen können entsprechend den Erfordernissen des Einzelfalles für die Deckung des Bedarfs außerhalb von Einrichtungen (ambulante Leistungen), für teilstationäre oder stationäre Einrichtungen (teilstationäre oder stationäre Leistungen) erbracht werden. Vorrang haben ambulante Leistungen vor teilstationären und stationären Leistungen sowie teilstationäre vor stationären Leistungen. Der Vorrang der ambulanten Leistung gilt nicht, wenn eine Leistung für eine geeignete stationäre Einrichtung zumutbar und eine ambulante Leistung mit unverhältnismäßigen Mehrkosten verbunden ist. Bei der Entscheidung ist zunächst die Zumutbarkeit zu prüfen. Dabei sind die persönlichen, familiären und örtlichen Umstände angemessen zu berücksichtigen. Bei Unzumutbarkeit ist ein Kostenvergleich nicht vorzunehmen.
(2) Einrichtungen im Sinne des Absatzes 1 sind alle Einrichtungen, die der Pflege, der Behandlung oder sonstigen nach diesem Buch zu deckenden Bedarfe oder der Erziehung dienen.

-

§ 14 Vorrang von Prävention und Rehabilitation

(1) Leistungen zur Prävention oder Rehabilitation sind zum Erreichen der nach dem Neunten Buch mit diesen Leistungen verbundenen Ziele vorrangig zu erbringen.
(2) Die Träger der Sozialhilfe unterrichten die zuständigen Rehabilitationsträger und die Integrationsämter, wenn Leistungen zur Prävention oder Rehabilitation geboten erscheinen.

-

§ 15 Vorbeugende und nachgehende Leistungen

(1) Die Sozialhilfe soll vorbeugend geleistet werden, wenn dadurch eine drohende Notlage ganz oder teilweise abgewendet werden kann. § 47 ist vorrangig anzuwenden.
(2) Die Sozialhilfe soll auch nach Beseitigung einer Notlage geleistet werden, wenn dies geboten ist, um die Wirksamkeit der zuvor erbrachten Leistung zu sichern. § 54 ist vorrangig anzuwenden.

-

§ 16 Familiengerechte Leistungen

Bei Leistungen der Sozialhilfe sollen die besonderen Verhältnisse in der Familie der

Leistungsberechtigten berücksichtigt werden. Die Sozialhilfe soll die Kräfte der Familie zur Selbsthilfe anregen und den Zusammenhalt der Familie festigen.

Zweiter Abschnitt
Anspruch auf Leistungen

§ 17 Anspruch

(1) Auf Sozialhilfe besteht ein Anspruch, soweit bestimmt wird, dass die Leistung zu erbringen ist. Der Anspruch kann nicht übertragen, verpfändet oder gepfändet werden.
(2) Über Art und Maß der Leistungserbringung ist nach pflichtmäßigem Ermessen zu entscheiden, soweit das Ermessen nicht ausgeschlossen wird. Werden Leistungen auf Grund von Ermessensentscheidungen erbracht, sind die Entscheidungen im Hinblick auf die sie tragenden Gründe und Ziele zu überprüfen und im Einzelfall gegebenenfalls abzuändern.

§ 18 Einsetzen der Sozialhilfe

(1) Die Sozialhilfe, mit Ausnahme der Leistungen der Grundsicherung im Alter und bei Erwerbsminderung, setzt ein, sobald dem Träger der Sozialhilfe oder den von ihm beauftragten Stellen bekannt wird, dass die Voraussetzungen für die Leistung vorliegen.
(2) Wird einem nicht zuständigen Träger der Sozialhilfe oder einer nicht zuständigen Gemeinde im Einzelfall bekannt, dass Sozialhilfe beansprucht wird, so sind die darüber bekannten Umstände dem zuständigen Träger der Sozialhilfe oder der von ihm beauftragten Stelle unverzüglich mitzuteilen und vorhandene Unterlagen zu übersenden. Ergeben sich daraus die Voraussetzungen für die Leistung, setzt die Sozialhilfe zu dem nach Satz 1 maßgebenden Zeitpunkt ein.

§ 19 Leistungsberechtigte

(1) Hilfe zum Lebensunterhalt nach dem Dritten Kapitel ist Personen zu leisten, die ihren notwendigen Lebensunterhalt nicht oder nicht ausreichend aus eigenen Kräften und Mitteln, insbesondere aus ihrem Einkommen und Vermögen, bestreiten können.
(2) Grundsicherung im Alter und bei Erwerbsminderung nach dem Vierten Kapitel dieses Buches ist Personen zu leisten, die die Altersgrenze nach § 41 Absatz 2 erreicht haben oder das 18. Lebensjahr vollendet haben und dauerhaft voll erwerbsgemindert sind, sofern sie ihren notwendigen Lebensunterhalt nicht oder nicht ausreichend aus eigenen Kräften und Mitteln, insbesondere aus ihrem Einkommen und Vermögen, bestreiten können. Die Leistungen der Grundsicherung im Alter und bei Erwerbsminderung gehen der Hilfe zum Lebensunterhalt nach dem Dritten Kapitel vor.
(3) Hilfen zur Gesundheit, Eingliederungshilfe für behinderte Menschen, Hilfe zur Pflege, Hilfe zur Überwindung besonderer sozialer Schwierigkeiten und Hilfen in anderen Lebenslagen werden nach dem Fünften bis Neunten Kapitel dieses Buches geleistet, soweit den Leistungsberechtigten, ihren nicht getrennt lebenden Ehegatten oder Lebenspartnern und, wenn sie minderjährig und unverheiratet sind, auch ihren Eltern oder einem Elternteil die Aufbringung der Mittel aus dem Einkommen und Vermögen nach den

Vorschriften des Elften Kapitels dieses Buches nicht zuzumuten ist.
(4) Lebt eine Person bei ihren Eltern oder einem Elternteil und ist sie schwanger oder betreut ihr leibliches Kind bis zur Vollendung des sechsten Lebensjahres, werden Einkommen und Vermögen der Eltern oder des Elternteils nicht berücksichtigt.
(5) Ist den in den Absätzen 1 bis 3 genannten Personen die Aufbringung der Mittel aus dem Einkommen und Vermögen im Sinne der Absätze 1 und 2 möglich oder im Sinne des Absatzes 3 zuzumuten und sind Leistungen erbracht worden, haben sie dem Träger der Sozialhilfe die Aufwendungen in diesem Umfang zu ersetzen. Mehrere Verpflichtete haften als Gesamtschuldner.
(6) Der Anspruch der Berechtigten auf Leistungen für Einrichtungen oder auf Pflegegeld steht, soweit die Leistung den Berechtigten erbracht worden wäre, nach ihrem Tode demjenigen zu, der die Leistung erbracht oder die Pflege geleistet hat.

-

§ 20 Eheähnliche Gemeinschaft

Personen, die in eheähnlicher oder lebenspartnerschaftsähnlicher Gemeinschaft leben, dürfen hinsichtlich der Voraussetzungen sowie des Umfangs der Sozialhilfe nicht besser gestellt werden als Ehegatten. § 39 gilt entsprechend.

-

§ 21 Sonderregelung für Leistungsberechtigte nach dem Zweiten Buch

Personen, die nach dem Zweiten Buch als Erwerbsfähige oder als Angehörige dem Grunde nach leistungsberechtigt sind, erhalten keine Leistungen für den Lebensunterhalt. Abweichend von Satz 1 können Personen, die nicht hilfebedürftig nach § 9 des Zweiten Buches sind, Leistungen nach § 36 erhalten. Bestehen über die Zuständigkeit zwischen den beteiligten Leistungsträgern unterschiedliche Auffassungen, so ist der zuständige Träger der Sozialhilfe für die Leistungsberechtigung nach dem Dritten oder Vierten Kapitel an die Feststellung einer vollen Erwerbsminderung im Sinne des § 43 Absatz 2 Satz 2 des Sechsten Buches und nach Abschluss des Widerspruchsverfahrens an die Entscheidung der Agentur für Arbeit zur Erwerbsfähigkeit nach § 44a Absatz 1 des Zweiten Buches gebunden.

-

§ 22 Sonderregelungen für Auszubildende

(1) Auszubildende, deren Ausbildung im Rahmen des Bundesausbildungsförderungsgesetzes oder der §§ 51, 57 und 58 des Dritten Buches dem Grunde nach förderungsfähig ist, haben keinen Anspruch auf Leistungen nach dem Dritten und Vierten Kapitel. In besonderen Härtefällen können Leistungen nach dem Dritten oder Vierten Kapitel als Beihilfe oder Darlehen gewährt werden.
(2) Absatz 1 findet keine Anwendung auf Auszubildende,
1.
   die auf Grund von § 2 Abs. 1a des Bundesausbildungsförderungsgesetzes keinen Anspruch auf Ausbildungsförderung oder auf Grund von § 60 des Dritten Buches keinen Anspruch auf Berufsausbildungsbeihilfe haben,
2.
   deren Bedarf sich nach § 12 Abs. 1 Nr. 1 des Bundesausbildungsförderungsgesetzes

3. oder nach § 62 Absatz 1 des Dritten Buches bemisst oder

die eine Abendhauptschule, eine Abendrealschule oder ein Abendgymnasium besuchen, sofern sie aufgrund von § 10 Abs. 3 des Bundesausbildungsförderungsgesetzes keinen Anspruch auf Ausbildungsförderung haben.
-

§ 23 Sozialhilfe für Ausländerinnen und Ausländer

(1) Ausländern, die sich im Inland tatsächlich aufhalten, ist Hilfe zum Lebensunterhalt, Hilfe bei Krankheit, Hilfe bei Schwangerschaft und Mutterschaft sowie Hilfe zur Pflege nach diesem Buch zu leisten. Die Vorschriften des Vierten Kapitels bleiben unberührt. Im Übrigen kann Sozialhilfe geleistet werden, soweit dies im Einzelfall gerechtfertigt ist. Die Einschränkungen nach Satz 1 gelten nicht für Ausländer, die im Besitz einer Niederlassungserlaubnis oder eines befristeten Aufenthaltstitels sind und sich voraussichtlich dauerhaft im Bundesgebiet aufhalten. Rechtsvorschriften, nach denen außer den in Satz 1 genannten Leistungen auch sonstige Sozialhilfe zu leisten ist oder geleistet werden soll, bleiben unberührt.
(2) Leistungsberechtigte nach § 1 des Asylbewerberleistungsgesetzes erhalten keine Leistungen der Sozialhilfe.
(3) Ausländer, die eingereist sind, um Sozialhilfe zu erlangen, oder deren Aufenthaltsrecht sich allein aus dem Zweck der Arbeitssuche ergibt, sowie ihre Familienangehörigen haben keinen Anspruch auf Sozialhilfe. Sind sie zum Zweck einer Behandlung oder Linderung einer Krankheit eingereist, soll Hilfe bei Krankheit insoweit nur zur Behebung eines akut lebensbedrohlichen Zustandes oder für eine unaufschiebbare und unabweisbar gebotene Behandlung einer schweren oder ansteckenden Erkrankung geleistet werden.
(4) Ausländer, denen Sozialhilfe geleistet wird, sind auf für sie zutreffende Rückführungs- und Weiterwanderungsprogramme hinzuweisen; in geeigneten Fällen ist auf eine Inanspruchnahme solcher Programme hinzuwirken.
(5) In den Teilen des Bundesgebiets, in denen sich Ausländer einer ausländerrechtlichen räumlichen Beschränkung zuwider aufhalten, darf der für den tatsächlichen Aufenthaltsort zuständige Träger der Sozialhilfe nur die nach den Umständen unabweisbar gebotene Leistung erbringen. Das Gleiche gilt für Ausländer, die einen räumlich nicht beschränkten Aufenthaltstitel nach den §§ 23, 23a, 24 Abs. 1 oder § 25 Abs. 3 bis 5 des Aufenthaltsgesetzes besitzen, wenn sie sich außerhalb des Landes aufhalten, in dem der Aufenthaltstitel erstmals erteilt worden ist. Satz 2 findet keine Anwendung, wenn der Ausländer im Bundesgebiet die Rechtsstellung eines ausländischen Flüchtlings genießt oder der Wechsel in ein anderes Land zur Wahrnehmung der Rechte zum Schutz der Ehe und Familie nach Artikel 6 des Grundgesetzes oder aus vergleichbar wichtigen Gründen gerechtfertigt ist.
-

§ 24 Sozialhilfe für Deutsche im Ausland

(1) Deutsche, die ihren gewöhnlichen Aufenthalt im Ausland haben, erhalten keine Leistungen. Hiervon kann im Einzelfall nur abgewichen werden, soweit dies wegen einer außergewöhnlichen Notlage unabweisbar ist und zugleich nachgewiesen wird, dass eine Rückkehr in das Inland aus folgenden Gründen nicht möglich ist:

1. Pflege und Erziehung eines Kindes, das aus rechtlichen Gründen im Ausland bleiben muss,
2. längerfristige stationäre Betreuung in einer Einrichtung oder Schwere der Pflegebedürftigkeit oder
3. hoheitliche Gewalt.

(2) Leistungen werden nicht erbracht, soweit sie von dem hierzu verpflichteten Aufenthaltsland oder von anderen erbracht werden oder zu erwarten sind.
(3) Art und Maß der Leistungserbringung sowie der Einsatz des Einkommens und des Vermögens richten sich nach den besonderen Verhältnissen im Aufenthaltsland.
(4) Die Leistungen sind abweichend von § 18 zu beantragen. Für die Leistungen zuständig ist der überörtliche Träger der Sozialhilfe, in dessen Bereich die antragstellende Person geboren ist. Liegt der Geburtsort im Ausland oder ist er nicht zu ermitteln, wird der örtlich zuständige Träger von einer Schiedsstelle bestimmt. § 108 Abs. 1 Satz 2 gilt entsprechend.
(5) Leben Ehegatten oder Lebenspartner, Verwandte und Verschwägerte bei Einsetzen der Sozialhilfe zusammen, richtet sich die örtliche Zuständigkeit nach der ältesten Person von ihnen, die im Inland geboren ist. Ist keine dieser Personen im Inland geboren, ist ein gemeinsamer örtlich zuständiger Träger nach Absatz 4 zu bestimmen. Die Zuständigkeit bleibt bestehen, solange eine der Personen nach Satz 1 der Sozialhilfe bedarf.
(6) Die Träger der Sozialhilfe arbeiten mit den deutschen Dienststellen im Ausland zusammen.

-

§ 25 Erstattung von Aufwendungen Anderer

Hat jemand in einem Eilfall einem Anderen Leistungen erbracht, die bei rechtzeitigem Einsetzen von Sozialhilfe nicht zu erbringen gewesen wären, sind ihm die Aufwendungen in gebotenem Umfang zu erstatten, wenn er sie nicht auf Grund rechtlicher oder sittlicher Pflicht selbst zu tragen hat. Dies gilt nur, wenn die Erstattung innerhalb angemessener Frist beim zuständigen Träger der Sozialhilfe beantragt wird.

-

§ 26 Einschränkung, Aufrechnung

(1) Die Leistung soll bis auf das zum Lebensunterhalt Unerlässliche eingeschränkt werden
1. bei Leistungsberechtigten, die nach Vollendung des 18. Lebensjahres ihr Einkommen oder Vermögen vermindert haben in der Absicht, die Voraussetzungen für die Gewährung oder Erhöhung der Leistung herbeizuführen,
2. bei Leistungsberechtigten, die trotz Belehrung ihr unwirtschaftliches Verhalten fortsetzen.

So weit wie möglich ist zu verhüten, dass die unterhaltsberechtigten Angehörigen oder andere mit ihnen in Haushaltsgemeinschaft lebende Leistungsberechtigte durch die Einschränkung der Leistung mitbetroffen werden.
(2) Die Leistung kann bis auf das jeweils Unerlässliche mit Ansprüchen des Trägers der

Sozialhilfe gegen eine leistungsberechtigte Person aufgerechnet werden, wenn es sich um Ansprüche auf Erstattung zu Unrecht erbrachter Leistungen der Sozialhilfe handelt, die die leistungsberechtigte Person oder ihr Vertreter durch vorsätzlich oder grob fahrlässig unrichtige oder unvollständige Angaben oder durch pflichtwidriges Unterlassen veranlasst hat, oder wenn es sich um Ansprüche auf Kostenersatz nach den §§ 103 und 104 handelt. Die Aufrechnungsmöglichkeit wegen eines Anspruchs ist auf drei Jahre beschränkt; ein neuer Anspruch des Trägers der Sozialhilfe auf Erstattung oder auf Kostenersatz kann erneut aufgerechnet werden.
(3) Eine Aufrechnung nach Absatz 2 kann auch erfolgen, wenn Leistungen für einen Bedarf übernommen werden, der durch vorangegangene Leistungen der Sozialhilfe an die leistungsberechtigte Person bereits gedeckt worden war.
(4) Eine Aufrechnung erfolgt nicht, soweit dadurch der Gesundheit dienende Leistungen gefährdet werden.

Drittes Kapitel
Hilfe zum Lebensunterhalt

Erster Abschnitt
Leistungsberechtigte, notwendiger Lebensunterhalt, Regelbedarfe und Regelsätze

-

§ 27 Leistungsberechtigte

(1) Hilfe zum Lebensunterhalt ist Personen zu leisten, die ihren notwendigen Lebensunterhalt nicht oder nicht ausreichend aus eigenen Kräften und Mitteln bestreiten können.
(2) Eigene Mittel sind insbesondere das eigene Einkommen und Vermögen. Bei nicht getrennt lebenden Ehegatten oder Lebenspartnern sind das Einkommen und Vermögen beider Ehegatten oder Lebenspartner gemeinsam zu berücksichtigen. Gehören minderjährige unverheiratete Kinder dem Haushalt ihrer Eltern oder eines Elternteils an und können sie den notwendigen Lebensunterhalt aus ihrem Einkommen und Vermögen nicht bestreiten, sind vorbehaltlich des § 39 Satz 3 Nummer 1 auch das Einkommen und das Vermögen der Eltern oder des Elternteils gemeinsam zu berücksichtigen.
(3) Hilfe zum Lebensunterhalt kann auch Personen geleistet werden, die ihren notwendigen Lebensunterhalt aus eigenen Mitteln und Kräften bestreiten können, jedoch einzelne erforderliche Tätigkeiten nicht verrichten können. Von den Leistungsberechtigten kann ein angemessener Kostenbeitrag verlangt werden.

-

§ 27a Notwendiger Lebensunterhalt, Regelbedarfe und Regelsätze

(1) Der für die Gewährleistung des Existenzminimums notwendige Lebensunterhalt umfasst insbesondere Ernährung, Kleidung, Körperpflege, Hausrat, Haushaltsenergie ohne die auf Heizung und Erzeugung von Warmwasser entfallenden Anteile, persönliche Bedürfnisse des täglichen Lebens sowie Unterkunft und Heizung. Zu den persönlichen Bedürfnissen des täglichen Lebens gehört in vertretbarem Umfang eine Teilhabe am sozialen und kulturellen Leben in der Gemeinschaft; dies gilt in besonderem Maß für Kinder und Jugendliche. Für Schülerinnen und Schüler umfasst der notwendige Lebensunterhalt auch die erforderlichen Hilfen für den Schulbesuch.

(2) Der gesamte notwendige Lebensunterhalt nach Absatz 1 mit Ausnahme der Bedarfe nach dem Zweiten bis Vierten Abschnitt ergibt den monatlichen Regelbedarf. Dieser ist in Regelbedarfsstufen unterteilt, die bei Kindern und Jugendlichen altersbedingte Unterschiede und bei erwachsenen Personen deren Anzahl im Haushalt sowie die Führung eines Haushalts berücksichtigen.

(3) Zur Deckung der Regelbedarfe, die sich nach den Regelbedarfsstufen der Anlage zu § 28 ergeben, sind monatliche Regelsätze als Bedarf anzuerkennen. Der Regelsatz stellt einen monatlichen Pauschalbetrag zur Bestreitung des Regelbedarfs dar, über dessen Verwendung die Leistungsberechtigten eigenverantwortlich entscheiden; dabei haben sie das Eintreten unregelmäßig anfallender Bedarfe zu berücksichtigen.

(4) Im Einzelfall wird der individuelle Bedarf abweichend vom Regelsatz festgelegt, wenn ein Bedarf ganz oder teilweise anderweitig gedeckt ist oder unabweisbar seiner Höhe nach erheblich von einem durchschnittlichen Bedarf abweicht. Besteht die Leistungsberechtigung für weniger als einen Monat, ist der Regelsatz anteilig als Bedarf anzuerkennen. Sind Leistungsberechtigte in einer anderen Familie, insbesondere in einer Pflegefamilie, oder bei anderen Personen als bei ihren Eltern oder einem Elternteil untergebracht, so wird in der Regel der individuelle Bedarf abweichend von den Regelsätzen in Höhe der tatsächlichen Kosten der Unterbringung bemessen, sofern die Kosten einen angemessenen Umfang nicht übersteigen.

-

§ 27b Notwendiger Lebensunterhalt in Einrichtungen

(1) Der notwendige Lebensunterhalt in Einrichtungen umfasst den darin erbrachten sowie in stationären Einrichtungen zusätzlich den weiteren notwendigen Lebensunterhalt. Der notwendige Lebensunterhalt in stationären Einrichtungen entspricht dem Umfang der Leistungen der Grundsicherung nach § 42 Nummer 1, 2 und 4.

(2) Der weitere notwendige Lebensunterhalt umfasst insbesondere Kleidung und einen angemessenen Barbetrag zur persönlichen Verfügung; § 31 Absatz 2 Satz 2 ist nicht anzuwenden. Leistungsberechtigte, die das 18. Lebensjahr vollendet haben, erhalten einen Barbetrag in Höhe von mindestens 27 vom Hundert der Regelbedarfsstufe 1 nach der Anlage zu § 28. Für Leistungsberechtigte, die das 18. Lebensjahr noch nicht vollendet haben, setzen die zuständigen Landesbehörden oder die von ihnen bestimmten Stellen für die in ihrem Bereich bestehenden Einrichtungen die Höhe des Barbetrages fest. Der Barbetrag wird gemindert, soweit dessen bestimmungsgemäße Verwendung durch oder für die Leistungsberechtigten nicht möglich ist.

-

§ 28 Ermittlung der Regelbedarfe

(1) Liegen die Ergebnisse einer bundesweiten neuen Einkommens- und Verbrauchsstichprobe vor, wird die Höhe der Regelbedarfe in einem Bundesgesetz neu ermittelt.

(2) Bei der Ermittlung der bundesdurchschnittlichen Regelbedarfsstufen nach § 27a Absatz 2 sind Stand und Entwicklung von Nettoeinkommen, Verbraucherverhalten und Lebenshaltungskosten zu berücksichtigen. Grundlage hierfür sind die durch die Einkommens- und Verbrauchsstichprobe nachgewiesenen tatsächlichen Verbrauchsausgaben unterer Einkommensgruppen.

(3) Für die Ermittlung der Regelbedarfsstufen beauftragt das Bundesministerium für Arbeit und Soziales das Statistische Bundesamt mit Sonderauswertungen, die auf der Grundlage

einer neuen Einkommens- und Verbrauchsstichprobe vorzunehmen sind. Sonderauswertungen zu den Verbrauchsausgaben von Haushalten unterer Einkommensgruppen sind zumindest für Haushalte (Referenzhaushalte) vorzunehmen, in denen nur eine erwachsene Person lebt (Einpersonenhaushalte), sowie für Haushalte, in denen Paare mit einem Kind leben (Familienhaushalte). Dabei ist festzulegen, welche Haushalte, die Leistungen nach diesem Buch und dem Zweiten Buch beziehen, nicht als Referenzhaushalte zu berücksichtigen sind. Für die Bestimmung des Anteils der Referenzhaushalte an den jeweiligen Haushalten der Sonderauswertungen ist ein für statistische Zwecke hinreichend großer Stichprobenumfang zu gewährleisten.

(4) Die in Sonderauswertungen nach Absatz 3 ausgewiesenen Verbrauchsausgaben der Referenzhaushalte sind für die Ermittlung der Regelbedarfsstufen als regelbedarfsrelevant zu berücksichtigen, soweit sie zur Sicherung des Existenzminimums notwendig sind und eine einfache Lebensweise ermöglichen, wie sie einkommensschwache Haushalte aufweisen, die ihren Lebensunterhalt nicht ausschließlich aus Leistungen nach diesem oder dem Zweiten Buch bestreiten. Nicht als regelbedarfsrelevant zu berücksichtigen sind Verbrauchsausgaben der Referenzhaushalte, wenn sie bei Leistungsberechtigten nach diesem Buch oder dem Zweiten Buch

1. durch bundes- oder landesgesetzliche Leistungsansprüche, die der Finanzierung einzelner Verbrauchspositionen der Sonderauswertungen dienen, abgedeckt sind und diese Leistungsansprüche kein anrechenbares Einkommen nach § 82 oder § 11 des Zweiten Buches darstellen oder
2. nicht anfallen, weil bundesweit in einheitlicher Höhe Vergünstigungen gelten.

Die Summen der sich nach den Sätzen 1 und 2 ergebenden regelbedarfsrelevanten Verbrauchsausgaben der Referenzhaushalte sind Grundlage für die Prüfung der Regelbedarfsstufen, insbesondere für die Altersabgrenzungen bei Kindern und Jugendlichen. Die für die Ermittlung der Regelbedarfsstufen zugrunde zu legenden Summen regelbedarfsrelevanter Verbrauchsausgaben sind mit der sich nach § 28a Absatz 2 ergebenden Veränderungsrate entsprechend fortzuschreiben. Die Höhe der nach Satz 3 fortgeschriebenen Summen der regelbedarfsrelevanten Verbrauchsausgaben sind jeweils bis unter 0,50 Euro abzurunden sowie von 0,50 Euro an aufzurunden und ergeben die Regelbedarfsstufen (Anlage).
-

§ 28a Fortschreibung der Regelbedarfsstufen

(1) In Jahren, in denen keine Neuermittlung nach § 28 erfolgt, werden die Regelbedarfsstufen jeweils zum 1. Januar mit der sich nach Absatz 2 ergebenden Veränderungsrate fortgeschrieben. § 28 Absatz 4 Satz 5 gilt entsprechend.

(2) Die Fortschreibung der Regelbedarfsstufen erfolgt aufgrund der bundesdurchschnittlichen Entwicklung der Preise für regelbedarfsrelevante Güter und Dienstleistungen sowie der bundesdurchschnittlichen Entwicklung der Nettolöhne und -gehälter je beschäftigten Arbeitnehmer nach der Volkswirtschaftlichen Gesamtrechnung (Mischindex). Maßgeblich ist jeweils die Veränderungsrate, die sich aus der Veränderung in dem Zwölfmonatszeitraum, der mit dem 1. Juli des Vorvorjahres beginnt und mit dem 30. Juni des Vorjahres endet, gegenüber dem davorliegenden Zwölfmonatszeitraum ergibt. Für die Ermittlung der jährlichen Veränderungsrate des Mischindexes wird die sich aus der Entwicklung der Preise aller regelbedarfsrelevanten Güter und Dienstleistungen ergebende Veränderungsrate mit einem Anteil von 70 vom Hundert und die sich aus der

Entwicklung der Nettolöhne und -gehälter je beschäftigten Arbeitnehmer ergebende Veränderungsrate mit einem Anteil von 30 vom Hundert berücksichtigt.
(3) Das Bundesministerium für Arbeit und Soziales beauftragt das Statistische Bundesamt mit der Ermittlung der jährlichen Veränderungsrate für den Zeitraum nach Absatz 2 Satz 2 für

1. die Preise aller regelbedarfsrelevanten Güter und Dienstleistungen und
2. die durchschnittliche Nettolohn- und -gehaltssumme je durchschnittlich beschäftigten Arbeitnehmer.

—

§ 29 Festsetzung und Fortschreibung der Regelsätze

(1) Werden die Regelbedarfsstufen nach § 28 neu ermittelt, gelten diese als neu festgesetzte Regelsätze (Neufestsetzung), solange die Länder keine abweichende Neufestsetzung vornehmen. Satz 1 gilt entsprechend, wenn die Regelbedarfe nach § 28a fortgeschrieben werden.
(2) Nehmen die Länder eine abweichende Neufestsetzung vor, haben sie die Höhe der monatlichen Regelsätze entsprechend der Abstufung der Regelbedarfe nach der Anlage zu § 28 durch Rechtsverordnung neu festzusetzen. Sie können die Ermächtigung für die Neufestsetzung nach Satz 1 auf die zuständigen Landesministerien übertragen. Für die abweichende Neufestsetzung sind anstelle der bundesdurchschnittlichen Regelbedarfsstufen, die sich nach § 28 aus der bundesweiten Auswertung der Einkommens- und Verbrauchsstichprobe ergeben, entsprechend aus regionalen Auswertungen der Einkommens- und Verbrauchsstichprobe ermittelte Regelbedarfsstufen zugrunde zu legen. Die Länder können bei der Neufestsetzung der Regelsätze auch auf ihr Land bezogene besondere Umstände, die die Deckung des Regelbedarfs betreffen, berücksichtigen. Regelsätze, die nach Absatz 1 oder nach den Sätzen 1 bis 4 festgesetzt worden sind, können von den Ländern als Mindestregelsätze festgesetzt werden. § 28 Absatz 4 Satz 4 und 5 gilt für die Festsetzung der Regelsätze nach den Sätzen 1 bis 4 entsprechend.
(3) Die Länder können die Träger der Sozialhilfe ermächtigen, auf der Grundlage von nach Absatz 2 Satz 5 bestimmten Mindestregelsätzen regionale Regelsätze festzusetzen; bei der Festsetzung können die Träger der Sozialhilfe regionale Besonderheiten sowie statistisch nachweisbare Abweichungen in den Verbrauchsausgaben berücksichtigen. § 28 Absatz 4 Satz 4 und 5 gilt für die Festsetzung der Regelsätze nach Satz 1 entsprechend.
(4) Werden die Regelsätze nach den Absätzen 2 und 3 abweichend von den Regelbedarfsstufen nach § 28 festgesetzt, sind diese in den Jahren, in denen keine Neuermittlung der Regelbedarfe nach § 28 erfolgt, jeweils zum 1. Januar durch Rechtsverordnung der Länder mit der Veränderungsrate der Regelbedarfe fortzuschreiben, die sich nach der Rechtsverordnung nach § 40 ergibt.
(5) Die nach den Absätzen 2 und 3 festgesetzten und nach Absatz 4 fortgeschriebenen Regelsätze gelten als Regelbedarfsstufen nach der Anlage zu § 28.

<u>Zweiter Abschnitt</u>
<u>Zusätzliche Bedarfe</u>

—

§ 30 Mehrbedarf

(1) Für Personen, die

1. die Altersgrenze nach § 41 Abs. 2 erreicht haben oder
2. die Altersgrenze nach § 41 Abs. 2 noch nicht erreicht haben und voll erwerbsgemindert nach dem Sechsten Buch sind,

und durch einen Bescheid der nach § 69 Abs. 4 des Neunten Buches zuständigen Behörde oder einen Ausweis nach § 69 Abs. 5 des Neunten Buches die Feststellung des Merkzeichens G nachweisen, wird ein Mehrbedarf von 17 vom Hundert der maßgebenden Regelbedarfsstufe anerkannt, soweit nicht im Einzelfall ein abweichender Bedarf besteht.

(2) Für werdende Mütter nach der 12. Schwangerschaftswoche wird ein Mehrbedarf von 17 vom Hundert der maßgebenden Regelbedarfsstufe anerkannt, soweit nicht im Einzelfall ein abweichender Bedarf besteht.

(3) Für Personen, die mit einem oder mehreren minderjährigen Kindern zusammenleben und allein für deren Pflege und Erziehung sorgen, ist, soweit kein abweichender Bedarf besteht, ein Mehrbedarf anzuerkennen

1. in Höhe von 36 vom Hundert der Regelbedarfsstufe 1 nach der Anlage zu § 28 für ein Kind unter sieben Jahren oder für zwei oder drei Kinder unter sechzehn Jahren, oder
2. in Höhe von 12 vom Hundert der Regelbedarfsstufe 1 nach der Anlage zu § 28 für jedes Kind, wenn die Voraussetzungen nach Nummer 1 nicht vorliegen, höchstens jedoch in Höhe von 60 vom Hundert der Regelbedarfsstufe 1 nach der Anlage zu § 28.

(4) Für behinderte Menschen, die das 15. Lebensjahr vollendet haben und denen Eingliederungshilfe nach § 54 Abs. 1 Satz 1 Nr. 1 bis 3 geleistet wird, wird ein Mehrbedarf von 35 vom Hundert der maßgebenden Regelbedarfsstufe anerkannt, soweit nicht im Einzelfall ein abweichender Bedarf besteht. Satz 1 kann auch nach Beendigung der in § 54 Abs. 1 Satz 1 Nr. 1 bis 3 genannten Leistungen während einer angemessenen Übergangszeit, insbesondere einer Einarbeitungszeit, angewendet werden. Absatz 1 Nr. 2 ist daneben nicht anzuwenden.

(5) Für Kranke, Genesende, behinderte Menschen oder von einer Krankheit oder von einer Behinderung bedrohte Menschen, die einer kostenaufwändigen Ernährung bedürfen, wird ein Mehrbedarf in angemessener Höhe anerkannt.

(6) Die Summe des nach den Absätzen 1 bis 5 insgesamt anzuerkennenden Mehrbedarfs darf die Höhe der maßgebenden Regelbedarfsstufe nicht übersteigen.

(7) Für Leistungsberechtigte wird ein Mehrbedarf anerkannt, soweit Warmwasser durch in der Unterkunft installierte Vorrichtungen erzeugt wird (dezentrale Warmwassererzeugung) und denen deshalb keine Leistungen für Warmwasser nach § 35 Absatz 4 erbracht werden. Der Mehrbedarf beträgt für jede im Haushalt lebende leistungsberechtigte Person entsprechend ihrer Regelbedarfsstufe nach der Anlage zu § 28 jeweils

1. 2,3 vom Hundert der Regelbedarfsstufen 1 bis 3,
2. 1,4 vom Hundert der Regelbedarfsstufe 4,
3. 1,2 vom Hundert der Regelbedarfsstufe 5 oder

4. 0,8 vom Hundert der Regelbedarfsstufe 6,

soweit nicht im Einzelfall ein abweichender Bedarf besteht oder ein Teil des angemessenen Warmwasserbedarfs durch Leistungen nach § 35 Absatz 4 gedeckt wird.

-

§ 31 Einmalige Bedarfe

(1) Leistungen zur Deckung von Bedarfen für
1. Erstausstattungen für die Wohnung einschließlich Haushaltsgeräten,
2. Erstausstattungen für Bekleidung und Erstausstattungen bei Schwangerschaft und Geburt sowie
3. Anschaffung und Reparaturen von orthopädischen Schuhen, Reparaturen von therapeutischen Geräten und Ausrüstungen sowie die Miete von therapeutischen Geräten

werden gesondert erbracht.

(2) Einer Person, die Sozialhilfe beansprucht (nachfragende Person), werden, auch wenn keine Regelsätze zu gewähren sind, für einmalige Bedarfe nach Absatz 1 Leistungen erbracht, wenn sie diese nicht aus eigenen Kräften und Mitteln vollständig decken kann. In diesem Falle kann das Einkommen berücksichtigt werden, das sie innerhalb eines Zeitraums von bis zu sechs Monaten nach Ablauf des Monats erwerben, in dem über die Leistung entschieden worden ist.

(3) Die Leistungen nach Absatz 1 Nr. 1 und 2 können als Pauschalbeträge erbracht werden. Bei der Bemessung der Pauschalbeträge sind geeignete Angaben über die erforderlichen Aufwendungen und nachvollziehbare Erfahrungswerte zu berücksichtigen.

-

§ 32 Beiträge für die Kranken- und Pflegeversicherung

(1) Für Pflichtversicherte im Sinne des § 5 Abs. 1 Nr. 13 des Fünften Buches, des § 2 Abs. 1 Nr. 7 des Zweiten Gesetzes über die Krankenversicherung der Landwirte, für Weiterversicherte im Sinne des § 9 Abs. 1 Nr. 1 des Fünften Buches und des § 6 Abs. 1 Nr. 1 des Zweiten Gesetzes über die Krankenversicherung der Landwirte sowie für Rentenantragsteller, die nach § 189 des Fünften Buches als Mitglied einer Krankenkasse gelten, werden die Krankenversicherungsbeiträge übernommen, soweit die genannten Personen die Voraussetzungen des § 27 Absatz 1 und 2 erfüllen. § 82 Abs. 2 Nr. 2 und 3 ist insoweit nicht anzuwenden. Bei Pflichtversicherten im Sinne des § 5 Abs. 1 Nr. 13 des Fünften Buches und des § 2 Abs. 1 Nr. 7 des Zweiten Gesetzes über die Krankenversicherung der Landwirte, die die Voraussetzungen des § 27 Absatz 1 und 2 nur wegen der Zahlung der Beiträge erfüllen, sind die Beiträge auf Anforderung der zuständigen Krankenkasse unmittelbar und in voller Höhe an diese zu zahlen; die Leistungsberechtigten sind hiervon sowie von einer Verpflichtung nach § 19 Abs. 5 schriftlich zu unterrichten. Die Anforderung der Krankenkasse nach Satz 4 hat einen Nachweis darüber zu enthalten, dass eine zweckentsprechende Verwendung der Leistungen für Beiträge durch den Leistungsberechtigten nicht gesichert ist.

(2) Für freiwillig Versicherte im Sinne des § 9 Abs. 1 Nr. 2 bis 8 des Fünften Buches oder

des § 6 Abs. 1 Nr. 2 des Zweiten Gesetzes über die Krankenversicherung der Landwirte können Krankenversicherungsbeiträge übernommen werden, soweit die Voraussetzungen des § 27 Absatz 1 und 2 erfüllt sind. Zur Aufrechterhaltung einer freiwilligen Krankenversicherung werden solche Beiträge übernommen, wenn Hilfe zum Lebensunterhalt voraussichtlich nur für kurze Dauer zu leisten ist. § 82 Abs. 2 Nr. 2 und 3 ist insoweit nicht anzuwenden.
(3) Soweit nach den Absätzen 1 und 2 Beiträge für die Krankenversicherung übernommen werden, werden auch die damit zusammenhängenden Beiträge zur Pflegeversicherung übernommen.
(4) Die Übernahme der Beiträge nach den Absätzen 1 und 2 umfasst bei Versicherten nach dem Fünften Buch auch den Zusatzbeitragssatz nach § 242 Absatz 1 des Fünften Buches.
(5) Besteht eine Krankenversicherung bei einem Versicherungsunternehmen, werden die Aufwendungen übernommen, soweit sie angemessen und die Voraussetzungen des § 19 Abs. 1 erfüllt sind. Besteht die Leistungsberechtigung voraussichtlich nur für kurze Dauer, können zur Aufrechterhaltung einer Krankenversicherung bei einem Versicherungsunternehmen auch höhere Aufwendungen übernommen werden. § 82 Abs. 2 Nr. 2 und 3 ist insoweit nicht anzuwenden. Soweit nach den Sätzen 1 und 2 Aufwendungen für die Krankenversicherung übernommen werden, werden auch die Aufwendungen für eine Pflegeversicherung übernommen. Die zu übernehmenden Aufwendungen für eine Krankenversicherung nach Satz 1 und die entsprechenden Aufwendungen für eine Pflegeversicherung nach Satz 4 sind an das Versicherungsunternehmen zu zahlen, bei dem die leistungsberechtigte Person versichert ist.
-

§ 32a Zeitliche Zuordnung von Beiträgen

Bedarfe nach § 32 sind unabhängig von der Fälligkeit des Beitrages jeweils in dem Monat zu berücksichtigen, für den die Versicherung besteht. In Fällen des § 32 Absatz 1 bis 4 sind Beiträge, sofern sie von dem zuständigen Träger an eine gesetzliche Krankenkasse gezahlt werden, bis zum Ende des sich nach Satz 1 ergebenden Monats zu zahlen.
-

§ 33 Beiträge für die Vorsorge

(1) Um die Voraussetzungen eines Anspruchs auf eine angemessene Alterssicherung zu erfüllen, können die erforderlichen Aufwendungen übernommen werden, insbesondere
1. Beiträge zur gesetzlichen Rentenversicherung,
2. Beiträge zur landwirtschaftlichen Alterskasse,
3. Beiträge zu berufsständischen Versorgungseinrichtungen, die den gesetzlichen Rentenversicherungen vergleichbare Leistungen erbringen,
4. Beiträge für eine eigene kapitalgedeckte Altersvorsorge in Form einer lebenslangen Leibrente, wenn der Vertrag nur die Zahlung einer monatlichen auf das Leben des Steuerpflichtigen bezogenen lebenslangen Leibrente nicht vor Vollendung des 60.

5. Lebensjahres vorsieht, sowie

geförderte Altersvorsorgebeiträge nach § 82 des Einkommensteuergesetzes, soweit sie den Mindesteigenbeitrag nach § 86 des Einkommensteuergesetzes nicht überschreiten.
(2) Um die Voraussetzungen eines Anspruchs auf ein angemessenes Sterbegeld zu erfüllen, können die erforderlichen Aufwendungen übernommen werden.

<u>Dritter Abschnitt</u>
<u>Bildung und Teilhabe</u>

§ 34 Bedarfe für Bildung und Teilhabe

(1) Bedarfe für Bildung nach den Absätzen 2 bis 6 von Schülerinnen und Schülern, die eine allgemein- oder berufsbildende Schule besuchen, sowie Bedarfe von Kindern und Jugendlichen für Teilhabe am sozialen und kulturellen Leben in der Gemeinschaft nach Absatz 7 werden neben den maßgebenden Regelbedarfsstufen gesondert berücksichtigt. Leistungen hierfür werden nach den Maßgaben des § 34a gesondert erbracht.
(2) Bedarfe werden bei Schülerinnen und Schülern in Höhe der tatsächlichen Aufwendungen anerkannt für

1. Schulausflüge und
2. mehrtägige Klassenfahrten im Rahmen der schulrechtlichen Bestimmungen.

Für Kinder, die eine Kindertageseinrichtung besuchen, gilt Satz 1 entsprechend.
(3) Bedarfe für die Ausstattung mit persönlichem Schulbedarf werden bei Schülerinnen und Schülern für den Monat, in dem der erste Schultag liegt, in Höhe von 70 Euro und für den Monat, in dem das zweite Schulhalbjahr beginnt, in Höhe von 30 Euro anerkannt.
(4) Für Schülerinnen und Schüler, die für den Besuch der nächstgelegenen Schule des gewählten Bildungsgangs auf Schülerbeförderung angewiesen sind, werden die dafür erforderlichen tatsächlichen Aufwendungen berücksichtigt, soweit sie nicht von Dritten übernommen werden und es der leistungsberechtigten Person nicht zugemutet werden kann, sie aus dem Regelbedarf zu bestreiten. Als zumutbare Eigenleistung gilt in der Regel ein Betrag in Höhe von 5 Euro monatlich.
(5) Für Schülerinnen und Schüler wird eine schulische Angebote ergänzende angemessene Lernförderung berücksichtigt, soweit diese geeignet und zusätzlich erforderlich ist, um die nach den schulrechtlichen Bestimmungen festgelegten wesentlichen Lernziele zu erreichen.
(6) Bei Teilnahme an einer gemeinschaftlichen Mittagsverpflegung werden die entstehenden Mehraufwendungen berücksichtigt für

1. Schülerinnen und Schüler und
2. Kinder, die eine Tageseinrichtung besuchen oder für die Kindertagespflege geleistet wird.

Für Schülerinnen und Schüler gilt dies unter der Voraussetzung, dass die Mittagsverpflegung in schulischer Verantwortung angeboten wird. In den Fällen des Satzes 2 ist für die Ermittlung des monatlichen Bedarfs die Anzahl der Schultage in dem

Land zugrunde zu legen, in dem der Schulbesuch stattfindet.
(7) Für Leistungsberechtigte bis zur Vollendung des 18. Lebensjahres wird ein Bedarf zur Teilhabe am sozialen und kulturellen Leben in der Gemeinschaft in Höhe von insgesamt 10 Euro monatlich berücksichtigt für

1. Mitgliedsbeiträge in den Bereichen Sport, Spiel, Kultur und Geselligkeit,
2. Unterricht in künstlerischen Fächern (zum Beispiel Musikunterricht) und vergleichbare angeleitete Aktivitäten der kulturellen Bildung und
3. die Teilnahme an Freizeiten.

Neben der Berücksichtigung von Bedarfen nach Satz 1 können auch weitere tatsächliche Aufwendungen berücksichtigt werden, wenn sie im Zusammenhang mit der Teilnahme an Aktivitäten nach Satz 1 Nummer 1 bis 3 entstehen und es den Leistungsberechtigten im begründeten Ausnahmefall nicht zugemutet werden kann, diese aus dem Regelbedarf zu bestreiten.
-

§ 34a Erbringung der Leistungen für Bildung und Teilhabe

(1) Leistungen zur Deckung der Bedarfe nach § 34 Absatz 2 und 4 bis 7 werden auf Antrag erbracht. Einer nachfragenden Person werden, auch wenn keine Regelsätze zu gewähren sind, für Bedarfe nach § 34 Leistungen erbracht, wenn sie diese nicht aus eigenen Kräften und Mitteln vollständig decken kann. Die Leistungen zur Deckung der Bedarfe nach § 34 Absatz 7 bleiben bei der Erbringung von Leistungen nach dem Sechsten Kapitel unberücksichtigt.
(2) Leistungen zur Deckung der Bedarfe nach § 34 Absatz 2 und 5 bis 7 werden erbracht durch Sach- und Dienstleistungen, insbesondere in Form von personalisierten Gutscheinen oder Direktzahlungen an Anbieter von Leistungen zur Deckung dieser Bedarfe (Anbieter); die zuständigen Träger der Sozialhilfe bestimmen, in welcher Form sie die Leistungen erbringen. Sie können auch bestimmen, dass die Leistungen nach § 34 Absatz 2 durch Geldleistungen gedeckt werden. Die Bedarfe nach § 34 Absatz 3 und 4 werden jeweils durch Geldleistungen gedeckt. Die zuständigen Träger der Sozialhilfe können mit Anbietern pauschal abrechnen.
(3) Werden die Bedarfe durch Gutscheine gedeckt, gelten die Leistungen mit Ausgabe des jeweiligen Gutscheins als erbracht. Die zuständigen Träger der Sozialhilfe gewährleisten, dass Gutscheine bei geeigneten vorhandenen Anbietern oder zur Wahrnehmung ihrer eigenen Angebote eingelöst werden können. Gutscheine können für den gesamten Bewilligungszeitraum im Voraus ausgegeben werden. Die Gültigkeit von Gutscheinen ist angemessen zu befristen. Im Fall des Verlustes soll ein Gutschein erneut in dem Umfang ausgestellt werden, in dem er noch nicht in Anspruch genommen wurde.
(4) Werden die Bedarfe durch Direktzahlungen an Anbieter gedeckt, gelten die Leistungen mit der Zahlung als erbracht. Eine Direktzahlung ist für den gesamten Bewilligungszeitraum im Voraus möglich.
(5) Im begründeten Einzelfall kann der zuständige Träger der Sozialhilfe einen Nachweis über eine zweckentsprechende Verwendung der Leistung verlangen. Soweit der Nachweis nicht geführt wird, soll die Bewilligungsentscheidung widerrufen werden.
-

§ 34b Berechtigte Selbsthilfe

Geht die leistungsberechtigte Person durch Zahlung an Anbieter in Vorleistung, ist der Träger der Sozialhilfe zur Übernahme der berücksichtigungsfähigen Aufwendungen verpflichtet, soweit

1. unbeschadet des Satzes 2 die Voraussetzungen einer Leistungsgewährung zur Deckung der Bedarfe im Zeitpunkt der Selbsthilfe nach § 34 Absatz 2 und 5 bis 7 vorlagen und
2. zum Zeitpunkt der Selbsthilfe der Zweck der Leistung durch Erbringung als Sach- oder Dienstleistung ohne eigenes Verschulden nicht oder nicht rechtzeitig zu erreichen war.

War es dem Leistungsberechtigten nicht möglich, rechtzeitig einen Antrag zu stellen, gilt dieser als zum Zeitpunkt der Selbstvornahme gestellt.

Vierter Abschnitt
Bedarfe für Unterkunft und Heizung

§ 35 Bedarfe für Unterkunft und Heizung

(1) Bedarfe für die Unterkunft werden in Höhe der tatsächlichen Aufwendungen anerkannt. Bedarfe für die Unterkunft sind auf Antrag der leistungsberechtigten Person durch Direktzahlung an den Vermieter oder andere Empfangsberechtigte zu decken. Direktzahlungen an den Vermieter oder andere Empfangsberechtigte sollen erfolgen, wenn die zweckentsprechende Verwendung durch die leistungsberechtigte Person nicht sichergestellt ist. Das ist insbesondere der Fall, wenn

1. Mietrückstände bestehen, die zu einer außerordentlichen Kündigung des Mietverhältnisses berechtigen,
2. Energiekostenrückstände bestehen, die zu einer Unterbrechung der Energieversorgung berechtigen,
3. konkrete Anhaltspunkte für ein krankheits- oder suchtbedingtes Unvermögen der leistungsberechtigten Person bestehen, die Mittel zweckentsprechend zu verwenden, oder
4. konkrete Anhaltspunkte dafür bestehen, dass die im Schuldnerverzeichnis eingetragene leistungsberechtigte Person die Mittel nicht zweckentsprechend verwendet.

Werden die Bedarfe für die Unterkunft und Heizung durch Direktzahlung an den Vermieter oder andere Empfangsberechtigte gedeckt, hat der Träger der Sozialhilfe die leistungsberechtigte Person darüber schriftlich zu unterrichten.

(2) Übersteigen die Aufwendungen für die Unterkunft den der Besonderheit des Einzelfalles angemessenen Umfang, sind sie insoweit als Bedarf der Personen, deren Einkommen und Vermögen nach § 27 Absatz 2 zu berücksichtigen sind, anzuerkennen. Satz 1 gilt so lange, als es diesen Personen nicht möglich oder nicht zuzumuten ist, durch

einen Wohnungswechsel, durch Vermieten oder auf andere Weise die Aufwendungen zu senken, in der Regel jedoch längstens für sechs Monate. Vor Abschluss eines Vertrages über eine neue Unterkunft haben Leistungsberechtigte den dort zuständigen Träger der Sozialhilfe über die nach den Sätzen 1 und 2 maßgeblichen Umstände in Kenntnis zu setzen. Sind die Aufwendungen für die neue Unterkunft unangemessen hoch, ist der Träger der Sozialhilfe nur zur Übernahme angemessener Aufwendungen verpflichtet, es sei denn, er hat den darüber hinausgehenden Aufwendungen vorher zugestimmt. Wohnungsbeschaffungskosten, Mietkautionen und Umzugskosten können bei vorheriger Zustimmung übernommen werden; Mietkautionen sollen als Darlehen erbracht werden. Eine Zustimmung soll erteilt werden, wenn der Umzug durch den Träger der Sozialhilfe veranlasst wird oder aus anderen Gründen notwendig ist und wenn ohne die Zustimmung eine Unterkunft in einem angemessenen Zeitraum nicht gefunden werden kann.
(3) Der Träger der Sozialhilfe kann für seinen Bereich die Bedarfe für die Unterkunft durch eine monatliche Pauschale festsetzen, wenn auf dem örtlichen Wohnungsmarkt hinreichend angemessener freier Wohnraum verfügbar und in Einzelfällen die Pauschalierung nicht unzumutbar ist. Bei der Bemessung der Pauschale sind die tatsächlichen Gegebenheiten des örtlichen Wohnungsmarkts, der örtliche Mietspiegel sowie die familiären Verhältnisse der Leistungsberechtigten zu berücksichtigen. Absatz 2 Satz 1 gilt entsprechend.
(4) Bedarfe für Heizung und zentrale Warmwasserversorgung werden in tatsächlicher Höhe anerkannt, soweit sie angemessen sind. Die Bedarfe können durch eine monatliche Pauschale festgesetzt werden. Bei der Bemessung der Pauschale sind die persönlichen und familiären Verhältnisse, die Größe und Beschaffenheit der Wohnung, die vorhandenen Heizmöglichkeiten und die örtlichen Gegebenheiten zu berücksichtigen.

-

§ 35a Satzung

Hat ein Kreis oder eine kreisfreie Stadt eine Satzung nach den §§ 22a bis 22c des Zweiten Buches erlassen, so gilt sie für die Höhe der anzuerkennenden Bedarfe für die Unterkunft nach § 35 Absatz 1 und 2 des zuständigen Trägers der Sozialhilfe entsprechend, sofern darin nach § 22b Absatz 3 des Zweiten Buches Sonderregelungen für Personen mit einem besonderen Bedarf für Unterkunft und Heizung getroffen werden und dabei zusätzlich auch die Bedarfe älterer Menschen berücksichtigt werden. Dies gilt auch für die Höhe der anzuerkennenden Bedarfe für Heizung nach § 35 Absatz 4, soweit die Satzung Bestimmungen nach § 22b Absatz 1 Satz 2 und 3 des Zweiten Buches enthält. In Fällen der Sätze 1 und 2 ist § 35 Absatz 3 und 4 Satz 2 und 3 nicht anzuwenden.

-

§ 36 Sonstige Hilfen zur Sicherung der Unterkunft

(1) Schulden können nur übernommen werden, wenn dies zur Sicherung der Unterkunft oder zur Behebung einer vergleichbaren Notlage gerechtfertigt ist. Sie sollen übernommen werden, wenn dies gerechtfertigt und notwendig ist und sonst Wohnungslosigkeit einzutreten droht. Geldleistungen können als Beihilfe oder als Darlehen erbracht werden.
(2) Geht bei einem Gericht eine Klage auf Räumung von Wohnraum im Falle der Kündigung des Mietverhältnisses nach § 543 Absatz 1, 2 Satz 1 Nummer 3 in Verbindung mit § 569 Absatz 3 des Bürgerlichen Gesetzbuchs ein, teilt das Gericht dem zuständigen örtlichen Träger der Sozialhilfe oder der Stelle, die von ihm zur Wahrnehmung der in Absatz 1 bestimmten Aufgaben beauftragt wurde, unverzüglich Folgendes mit:

1. den Tag des Eingangs der Klage,
2. die Namen und die Anschriften der Parteien,
3. die Höhe der monatlich zu entrichtenden Miete,
4. die Höhe des geltend gemachten Mietrückstandes und der geltend gemachten Entschädigung sowie
5. den Termin zur mündlichen Verhandlung, sofern dieser bereits bestimmt ist.

Außerdem kann der Tag der Rechtshängigkeit mitgeteilt werden. Die Übermittlung unterbleibt, wenn die Nichtzahlung der Miete nach dem Inhalt der Klageschrift offensichtlich nicht auf Zahlungsunfähigkeit des Mieters beruht. Die übermittelten Daten dürfen auch für entsprechende Zwecke der Kriegsopferfürsorge nach dem Bundesversorgungsgesetz verwendet werden.

<u>Fünfter Abschnitt</u>
<u>Gewährung von Darlehen</u>

-

§ 37 Ergänzende Darlehen

(1) Kann im Einzelfall ein von den Regelbedarfen umfasster und nach den Umständen unabweisbar gebotener Bedarf auf keine andere Weise gedeckt werden, sollen auf Antrag hierfür notwendige Leistungen als Darlehen erbracht werden.

(2) Der Träger der Sozialhilfe übernimmt für Leistungsberechtigte nach § 27b Absatz 2 Satz 2 die jeweils von ihnen bis zur Belastungsgrenze (§ 62 des Fünften Buches) zu leistenden Zuzahlungen in Form eines ergänzenden Darlehens, sofern der Leistungsberechtigte nicht widerspricht. Die Auszahlung der für das gesamte Kalenderjahr zu leistenden Zuzahlungen erfolgt unmittelbar an die zuständige Krankenkasse zum 1. Januar oder bei Aufnahme in eine stationäre Einrichtung. Der Träger der Sozialhilfe teilt der zuständigen Krankenkasse spätestens bis zum 1. November des Vorjahres die Leistungsberechtigten nach § 27b Absatz 2 Satz 2 mit, soweit diese der Darlehensgewährung nach Satz 1 für das laufende oder ein vorangegangenes Kalenderjahr nicht widersprochen haben.

(3) In den Fällen des Absatzes 2 Satz 3 erteilt die Krankenkasse über den Träger der Sozialhilfe die in § 62 Absatz 1 Satz 1 des Fünften Buches genannte Bescheinigung jeweils bis zum 1. Januar oder bei Aufnahme in eine stationäre Einrichtung und teilt dem Träger der Sozialhilfe die Höhe der der leistungsberechtigten Person zu leistenden Zuzahlungen mit; Veränderungen im Laufe eines Kalenderjahres sind unverzüglich mitzuteilen.

(4) Für die Rückzahlung von Darlehen nach Absatz 1 können von den monatlichen Regelsätzen Teilbeträge bis zur Höhe von jeweils 5 vom Hundert der Regelbedarfsstufe 1 nach der Anlage zu § 28 einbehalten werden. Die Rückzahlung von Darlehen nach nach Absatz 2 erfolgt in gleichen Teilbeträgen über das ganze Kalenderjahr.

-

§ 38 Darlehen bei vorübergehender Notlage

Sind Leistungen nach § 27a Absatz 3 und 4, der Barbetrag nach § 27b Absatz 2 sowie nach den §§ 30, 32, 33 und 35 voraussichtlich nur für kurze Dauer zu erbringen, können Geldleistungen als Darlehen gewährt werden. Darlehen an Mitglieder von Haushaltsgemeinschaften im Sinne des § 27 Absatz 2 Satz 2 und 3 können an einzelne Mitglieder oder an mehrere gemeinsam vergeben werden.

Sechster Abschnitt
Einschränkung von Leistungsberechtigung und -umfang

-

§ 39 Vermutung der Bedarfsdeckung

Lebt eine nachfragende Person gemeinsam mit anderen Personen in einer Wohnung oder in einer entsprechenden anderen Unterkunft, so wird vermutet, dass sie gemeinsam wirtschaften (Haushaltsgemeinschaft) und dass die nachfragende Person von den anderen Personen Leistungen zum Lebensunterhalt erhält, soweit dies nach deren Einkommen und Vermögen erwartet werden kann. Soweit nicht gemeinsam gewirtschaftet wird oder die nachfragende Person von den Mitgliedern der Haushaltsgemeinschaft keine ausreichenden Leistungen zum Lebensunterhalt erhält, ist ihr Hilfe zum Lebensunterhalt zu gewähren. Satz 1 gilt nicht

1.
für Schwangere oder Personen, die ihr leibliches Kind bis zur Vollendung seines sechsten Lebensjahres betreuen und mit ihren Eltern oder einem Elternteil zusammenleben, oder

2.
für Personen, die im Sinne des § 53 behindert oder im Sinne des § 61 pflegebedürftig sind und von in Satz 1 genannten Personen betreut werden; dies gilt auch, wenn die genannten Voraussetzungen einzutreten drohen und das gemeinsame Wohnen im Wesentlichen zum Zweck der Sicherstellung der Hilfe und Versorgung erfolgt.

-

§ 39a Einschränkung der Leistung

(1) Lehnen Leistungsberechtigte entgegen ihrer Verpflichtung die Aufnahme einer Tätigkeit oder die Teilnahme an einer erforderlichen Vorbereitung ab, vermindert sich die maßgebende Regelbedarfsstufe in einer ersten Stufe um bis zu 25 vom Hundert, bei wiederholter Ablehnung in weiteren Stufen um jeweils bis zu 25 vom Hundert. Die Leistungsberechtigten sind vorher entsprechend zu belehren.
(2) § 26 Abs. 1 Satz 2 findet Anwendung.

Siebter Abschnitt
Verordnungsermächtigung

-

§ 40 Verordnungsermächtigung

Das Bundesministerium für Arbeit und Soziales hat im Einvernehmen mit dem Bundesministerium der Finanzen durch Rechtsverordnung mit Zustimmung des Bundesrates

1. den für die Fortschreibung der Regelbedarfsstufen nach § 28a maßgeblichen Vomhundertsatz zu bestimmen und
2. die Anlage zu § 28 um die sich durch die Fortschreibung nach Nummer 1 zum 1. Januar eines Jahres ergebenden Regelbedarfsstufen zu ergänzen.

Der Vomhundertsatz nach Satz 1 Nummer 1 ist auf zwei Dezimalstellen zu berechnen; die zweite Dezimalstelle ist um eins zu erhöhen, wenn sich in der dritten Dezimalstelle eine der Ziffern von 5 bis 9 ergibt. Die Bestimmungen nach Satz 1 sollen bis zum 31. Oktober des jeweiligen Jahres erfolgen.

Viertes Kapitel
Grundsicherung im Alter und bei Erwerbsminderung

Erster Abschnitt
Grundsätze

-

§ 41 Leistungsberechtigte

(1) Leistungsberechtigt nach diesem Kapitel sind ältere und dauerhaft voll erwerbsgeminderte Personen mit gewöhnlichem Aufenthalt im Inland, die ihren notwendigen Lebensunterhalt nicht oder nicht ausreichend aus Einkommen und Vermögen nach § 43 bestreiten können.

(2) Leistungsberechtigt wegen Alters nach Absatz 1 ist, wer die Altersgrenze erreicht hat. Personen, die vor dem 1. Januar 1947 geboren sind, erreichen die Altersgrenze mit Vollendung des 65. Lebensjahres. Für Personen, die nach dem 31. Dezember 1946 geboren sind, wird die Altersgrenze wie folgt angehoben:

für den Geburtsjahrgang	erfolgt eine Anhebung um Monate	auf Vollendung eines Lebensalters von
1947	1	65 Jahren und 1 Monat
1948	2	65 Jahren und 2 Monaten
1949	3	65 Jahren und 3 Monaten
1950	4	65 Jahren und 4 Monaten
1951	5	65 Jahren und 5 Monaten
1952	6	65 Jahren und 6 Monaten
1953	7	65 Jahren und 7 Monaten
1954	8	65 Jahren und 8 Monaten
1955	9	65 Jahren und 9 Monaten
1956	10	65 Jahren und 10 Monaten
1957	11	65 Jahren und 11 Monaten

1958	12	66 Jahren
1959	14	66 Jahren und 2 Monaten
1960	16	66 Jahren und 4 Monaten
1961	18	66 Jahren und 6 Monaten
1962	20	66 Jahren und 8 Monaten
1963	22	66 Jahren und 10 Monaten
ab 1964	24	67 Jahren.

(3) Leistungsberechtigt wegen einer dauerhaften vollen Erwerbsminderung nach Absatz 1 ist, wer das 18. Lebensjahr vollendet hat, unabhängig von der jeweiligen Arbeitsmarktlage voll erwerbsgemindert im Sinne des § 43 Abs. 2 des Sechsten Buches ist und bei dem unwahrscheinlich ist, dass die volle Erwerbsminderung behoben werden kann.
(4) Keinen Anspruch auf Leistungen nach diesem Kapitel hat, wer in den letzten zehn Jahren die Bedürftigkeit vorsätzlich oder grob fahrlässig herbeigeführt hat.
-

§ 42 Bedarfe

Die Bedarfe nach diesem Kapitel umfassen:

1.
die Regelsätze nach den Regelbedarfsstufen der Anlage zu § 28; § 27a Absatz 3 und Absatz 4 Satz 1 und 2 ist anzuwenden; § 29 Absatz 1 Satz 1 letzter Halbsatz und Absatz 2 bis 5 ist nicht anzuwenden,

2.
die zusätzlichen Bedarfe nach dem Zweiten Abschnitt des Dritten Kapitels,

3.
die Bedarfe für Bildung und Teilhabe nach dem Dritten Abschnitt des Dritten Kapitels, ausgenommen die Bedarfe nach § 34 Absatz 7,

4.
die Bedarfe für Unterkunft und Heizung nach dem Vierten Abschnitt des Dritten Kapitels; bei Leistungen in einer stationären Einrichtung sind als Bedarfe für Unterkunft und Heizung Beträge in Höhe der durchschnittlichen angemessenen tatsächlichen Aufwendungen für die Warmmiete eines Einpersonenhaushaltes im Bereich des nach § 98 zuständigen Trägers der Sozialhilfe zugrunde zu legen,

5.
ergänzende Darlehen nach § 37 Absatz 1.
-

§ 43 Einsatz von Einkommen und Vermögen, Berücksichtigung von Unterhaltsansprüchen

(1) Für den Einsatz des Einkommens sind die §§ 82 bis 84 und für den Einsatz des Vermögens die §§ 90 und 91 anzuwenden, soweit in den folgenden Absätzen nichts Abweichendes geregelt ist. Einkommen und Vermögen des nicht getrennt lebenden Ehegatten oder Lebenspartners sowie des Partners einer eheähnlichen oder lebenspartnerschaftsähnlichen Gemeinschaft, die dessen notwendigen Lebensunterhalt nach § 27a übersteigen, sind zu berücksichtigen.
(2) Zusätzlich zu den nach § 82 Absatz 2 vom Einkommen abzusetzenden Beträgen sind Einnahmen aus Kapitalvermögen abzusetzen, soweit sie einen Betrag von 26 Euro im

Kalenderjahr nicht übersteigen.
(3) Die Verletztenrente nach dem Siebten Buch ist teilweise nicht als Einkommen zu berücksichtigen, wenn sie auf Grund eines in Ausübung der Wehrpflicht bei der Nationalen Volksarmee der ehemaligen Deutschen Demokratischen Republik erlittenen Gesundheitsschadens erbracht wird. Dabei bestimmt sich die Höhe des nicht zu berücksichtigenden Betrages nach der Höhe der Grundrente nach § 31 des Bundesversorgungsgesetzes, die für den Grad der Schädigungsfolgen zu zahlen ist, der der jeweiligen Minderung der Erwerbsfähigkeit entspricht. Bei einer Minderung der Erwerbsfähigkeit um 20 Prozent beträgt der nicht zu berücksichtigende Betrag zwei Drittel, bei einer Minderung der Erwerbsfähigkeit um 10 Prozent ein Drittel der Mindestgrundrente nach dem Bundesversorgungsgesetz.
(4) Erhalten Leistungsberechtigte nach dem Dritten Kapitel in einem Land nach § 29 Absatz 1 letzter Halbsatz und Absatz 2 bis 5 festgesetzte und fortgeschriebene Regelsätze und sieht das Landesrecht in diesem Land für Leistungsberechtigte nach diesem Kapitel eine aufstockende Leistung vor, dann ist diese Leistung nicht als Einkommen nach § 82 Absatz 1 zu berücksichtigen.
(5) Unterhaltsansprüche der Leistungsberechtigten gegenüber ihren Kindern und Eltern bleiben unberücksichtigt, sofern deren jährliches Gesamteinkommen im Sinne des § 16 des Vierten Buches unter einem Betrag von 100 000 Euro liegt. Es wird vermutet, dass das Einkommen der Unterhaltspflichtigen nach Satz 1 die dort genannte Grenze nicht überschreitet. Zur Widerlegung der Vermutung nach Satz 2 kann der jeweils für die Ausführung des Gesetzes nach diesem Kapitel zuständige Träger von den Leistungsberechtigten Angaben verlangen, die Rückschlüsse auf die Einkommensverhältnisse der Unterhaltspflichtigen nach Satz 1 zulassen. Liegen im Einzelfall hinreichende Anhaltspunkte für ein Überschreiten der in Satz 1 genannten Einkommensgrenze vor, sind die Kinder oder Eltern der Leistungsberechtigten gegenüber dem jeweils für die Ausführung des Gesetzes nach diesem Kapitel zuständigen Träger verpflichtet, über ihre Einkommensverhältnisse Auskunft zu geben, soweit die Durchführung dieses Buches es erfordert. Die Pflicht zur Auskunft umfasst die Verpflichtung, auf Verlangen des für die Ausführung des Gesetzes nach diesem Kapitel zuständigen Trägers Beweisurkunden vorzulegen oder ihrer Vorlage zuzustimmen. Leistungsberechtigte haben keinen Anspruch auf Leistungen nach diesem Kapitel, wenn die nach Satz 2 geltende Vermutung nach Satz 4 und 5 widerlegt ist.
(6) § 39 Satz 1 ist nicht anzuwenden.

Zweiter Abschnitt
Verfahrensbestimmungen

-

§ 44 Antragserfordernis, Erbringung von Geldleistungen, Bewilligungszeitraum

(1) Leistungen nach diesem Kapitel werden auf Antrag erbracht. Gesondert zu beantragen sind Leistungen zur Deckung von Bedarfen nach § 42 Nummer 2 in Verbindung mit den §§ 31 und 33 sowie zur Deckung der Bedarfe nach § 42 Nummer 3 und 5.
(2) Ein Antrag nach Absatz 1 wirkt auf den Ersten des Kalendermonats zurück, in dem er gestellt wird, wenn die Voraussetzungen des § 41 innerhalb dieses Kalendermonats erfüllt werden. Leistungen zur Deckung von Bedarfen nach § 42 werden vorbehaltlich Absatz 4 Satz 2 nicht für Zeiten vor dem sich nach Satz 1 ergebenden Kalendermonat erbracht.
(3) Leistungen zur Deckung von Bedarfen nach § 42 werden in der Regel für einen Bewilligungszeitraum von zwölf Kalendermonaten bewilligt. Bei einer Bewilligung nach

dem Bezug von Arbeitslosengeld II oder Sozialgeld nach dem Zweiten Buch, der mit Erreichen der Altersgrenze nach § 7a des Zweiten Buches endet, beginnt der Bewilligungszeitraum erst mit dem Ersten des Monats, der auf den sich nach § 7a des Zweiten Buches ergebenden Monat folgt.
(4) Leistungen zur Deckung von wiederkehrenden Bedarfen nach § 42 Nummer 1, 2 und 4 werden monatlich im Voraus erbracht. Für Leistungen zur Deckung der Bedarfe nach § 42 Nummer 3 sind die §§ 34a und 34b anzuwenden.

-

§ 44a Erstattungsansprüche zwischen Trägern

Im Verhältnis der für die Ausführung des Gesetzes nach diesem Kapitel zuständigen Träger untereinander sind die Vorschriften über die Erstattung nach

1. dem Zweiten Abschnitt des Dreizehnten Kapitels sowie
2. dem Zweiten Abschnitt des Dritten Kapitels des Zehnten Buches

für Geldleistungen nach diesem Kapitel nicht anzuwenden.

-

§ 45 Feststellung der dauerhaften vollen Erwerbsminderung

Der jeweils für die Ausführung des Gesetzes nach diesem Kapitel zuständige Träger ersucht den nach § 109a Absatz 2 des Sechsten Buches zuständigen Träger der Rentenversicherung, die medizinischen Voraussetzungen des § 41 Absatz 3 zu prüfen, wenn es auf Grund der Angaben und Nachweise des Leistungsberechtigten als wahrscheinlich erscheint, dass diese erfüllt sind und das zu berücksichtigende Einkommen und Vermögen nicht ausreicht, um den Lebensunterhalt vollständig zu decken. Die Entscheidung des Trägers der Rentenversicherung ist bindend für den ersuchenden Träger, der für die Ausführung des Gesetzes nach diesem Kapitel zuständig ist; dies gilt auch für eine Entscheidung des Trägers der Rentenversicherung nach § 109a Absatz 3 des Sechsten Buches. Eines Ersuchens nach Satz 1 bedarf es nicht, wenn

1. ein Träger der Rentenversicherung bereits die Voraussetzungen des § 41 Absatz 3 im Rahmen eines Antrags auf eine Rente wegen Erwerbsminderung festgestellt hat oder
2. ein Träger der Rentenversicherung bereits nach § 109a Absatz 2 und 3 des Sechsten Buches eine gutachterliche Stellungnahme abgegeben hat oder
3. der Fachausschuss einer Werkstatt für behinderte Menschen über die Aufnahme in eine Werkstatt oder Einrichtung eine Stellungnahme nach Maßgabe der §§ 2 und 3 der Werkstättenverordnung abgegeben hat und der Leistungsberechtigte kraft Gesetzes nach § 43 Absatz 2 Satz 3 Nummer 1 des Sechsten Buches als voll erwerbsgemindert gilt.

Die kommunalen Spitzenverbände und die Deutsche Rentenversicherung Bund können Vereinbarungen über das Verfahren schließen.

-

§ 46 Zusammenarbeit mit den Trägern der Rentenversicherung

Der zuständige Träger der Rentenversicherung informiert und berät leistungsberechtigte Personen nach § 41, die rentenberechtigt sind, über die Leistungsvoraussetzungen und über das Verfahren nach diesem Kapitel. Personen, die nicht rentenberechtigt sind, werden auf Anfrage beraten und informiert. Liegt die Rente unter dem 27-fachen Betrag des geltenden aktuellen Rentenwertes in der gesetzlichen Rentenversicherung (§§ 68, 68a, 255e des Sechsten Buches), ist der Information zusätzlich ein Antragsformular beizufügen. Der Träger der Rentenversicherung übersendet einen eingegangenen Antrag mit einer Mitteilung über die Höhe der monatlichen Rente und über das Vorliegen der Voraussetzungen der Leistungsberechtigung an den jeweils für die Ausführung des Gesetzes nach diesem Kapitel zuständigen Träger. Eine Verpflichtung des Trägers der Rentenversicherung nach Satz 1 besteht nicht, wenn eine Inanspruchnahme von Leistungen nach diesem Kapitel wegen der Höhe der gezahlten Rente sowie der im Rentenverfahren zu ermittelnden weiteren Einkommen nicht in Betracht kommt.

Dritter Abschnitt
Erstattung und Zuständigkeit

-

§ 46a Erstattung durch den Bund

(1) Der Bund erstattet den Ländern
1.
    im Jahr 2013 einen Anteil von 75 Prozent und
2.
    ab dem Jahr 2014 jeweils einen Anteil von 100 Prozent
der im jeweiligen Kalenderjahr den für die Ausführung des Gesetzes nach diesem Kapitel zuständigen Trägern entstandenen Nettoausgaben für Geldleistungen nach diesem Kapitel.
(2) Die Höhe der Nettoausgaben für Geldleistungen nach Absatz 1 ergibt sich aus den Bruttoausgaben der für die Ausführung des Gesetzes nach diesem Kapitel zuständigen Träger, abzüglich der auf diese Geldleistungen entfallenden Einnahmen. Einnahmen nach Satz 1 sind insbesondere Einnahmen aus Aufwendungen, Kostenersatz und Ersatzansprüchen nach dem Dreizehnten Kapitel, soweit diese auf Geldleistungen nach diesem Kapitel entfallen, aus dem Übergang von Ansprüchen nach § 93 sowie aus Erstattungen anderer Sozialleistungsträger nach dem Zehnten Buch.
(3) Der Abruf der Erstattungen durch die Länder erfolgt quartalsweise. Die Abrufe sind
1.
    vom 15. März bis 14. Mai,
2.
    vom 15. Juni bis 14. August,
3.
    vom 15. September bis 14. November und
4.
    vom 15. Dezember des jeweiligen Jahres bis 14. Februar des Folgejahres
zulässig (Abrufzeiträume). Werden Leistungen für Leistungszeiträume im folgenden Haushaltsjahr zur fristgerechten Auszahlung an den Leistungsberechtigten bereits im laufenden Haushaltsjahr erbracht, sind die entsprechenden Nettoausgaben im

Abrufzeitraum 15. März bis 14. Mai des Folgejahres abzurufen. Der Abruf für Nettoausgaben aus Vorjahren, für die bereits ein Jahresnachweis vorliegt, ist in den darauf folgenden Jahren nach Maßgabe des Absatzes 1 jeweils nur vom 15. Juni bis 14. August zulässig.
(4) Die Länder gewährleisten die Prüfung, dass die Ausgaben für Geldleistungen der für die Ausführung des Gesetzes nach diesem Kapitel zuständigen Träger begründet und belegt sind und den Grundsätzen für Wirtschaftlichkeit und Sparsamkeit entsprechen. Sie haben dies dem Bundesministerium für Arbeit und Soziales für das jeweils abgeschlossene Quartal in tabellarischer Form zu belegen (Quartalsnachweis). In den Quartalsnachweisen sind

1.
   die Bruttoausgaben für Geldleistungen nach § 46a Absatz 2 sowie die darauf entfallenden Einnahmen,
2.
   die Bruttoausgaben und Einnahmen nach Nummer 1, differenziert nach Leistungen für Leistungsberechtigte außerhalb und in Einrichtungen,
3.
   erstmals ab dem Jahr 2016 die Bruttoausgaben und Einnahmen nach Nummer 1, differenziert nach Leistungen für Leistungsberechtigte nach § 41 Absatz 2 und 3

zu belegen. Die Quartalsnachweise sind dem Bundesministerium für Arbeit und Soziales durch die Länder jeweils zwischen dem 15. und dem 20. der Monate Mai, August, November und Februar für das jeweils abgeschlossene Quartal vorzulegen. Die Länder können die Quartalsnachweise auch vor den sich nach Satz 4 ergebenden Terminen vorlegen; ein weiterer Abruf in dem für das jeweilige Quartal nach Absatz 3 Satz 1 geltenden Abrufzeitraum ist nach Vorlage des Quartalsnachweises nicht zulässig.
(5) Die Länder haben dem Bundesministerium für Arbeit und Soziales die Angaben nach

1.
   Absatz 4 Satz 3 Nummer 1 und 2 entsprechend ab dem Kalenderjahr 2015 und
2.
   Absatz 4 Satz 3 Nummer 3 entsprechend ab dem Kalenderjahr 2016

bis 31. März des jeweils folgenden Jahres in tabellarischer Form zu belegen (Jahresnachweis). Die Angaben nach Satz 1 sind zusätzlich für die für die Ausführung nach diesem Kapitel zuständigen Träger zu differenzieren.
-

§ 46b Zuständigkeit

(1) Die für die Ausführung des Gesetzes nach diesem Kapitel zuständigen Träger werden nach Landesrecht bestimmt, sofern sich nach Absatz 3 nichts Abweichendes ergibt.
(2) Die §§ 3, 6 und 7 sind nicht anzuwenden.
(3) Das Zwölfte Kapitel ist nicht anzuwenden, sofern sich aus den Sätzen 2 und 3 nichts Abweichendes ergibt. Bei Leistungsberechtigten nach diesem Kapitel gilt der Aufenthalt in einer stationären Einrichtung und in Einrichtungen zum Vollzug richterlich angeordneter Freiheitsentziehung nicht als gewöhnlicher Aufenthalt; § 98 Absatz 2 Satz 1 bis 3 ist entsprechend anzuwenden. Für die Leistungen nach diesem Kapitel an Personen, die Leistungen nach dem Sechsten bis Achten Kapitel in Formen ambulanter betreuter Wohnmöglichkeiten erhalten, ist § 98 Absatz 5 entsprechend anzuwenden.

Fünftes Kapitel
Hilfen zur Gesundheit

§ 47 Vorbeugende Gesundheitshilfe

Zur Verhütung und Früherkennung von Krankheiten werden die medizinischen Vorsorgeleistungen und Untersuchungen erbracht. Andere Leistungen werden nur erbracht, wenn ohne diese nach ärztlichem Urteil eine Erkrankung oder ein sonstiger Gesundheitsschaden einzutreten droht.

§ 48 Hilfe bei Krankheit

Um eine Krankheit zu erkennen, zu heilen, ihre Verschlimmerung zu verhüten oder Krankheitsbeschwerden zu lindern, werden Leistungen zur Krankenbehandlung entsprechend dem Dritten Kapitel Fünften Abschnitt Ersten Titel des Fünften Buches erbracht. Die Regelungen zur Krankenbehandlung nach § 264 des Fünften Buches gehen den Leistungen der Hilfe bei Krankheit nach Satz 1 vor.

§ 49 Hilfe zur Familienplanung

Zur Familienplanung werden die ärztliche Beratung, die erforderliche Untersuchung und die Verordnung der empfängnisregelnden Mittel geleistet. Die Kosten für empfängnisverhütende Mittel werden übernommen, wenn diese ärztlich verordnet worden sind.

§ 50 Hilfe bei Schwangerschaft und Mutterschaft

Bei Schwangerschaft und Mutterschaft werden
1. ärztliche Behandlung und Betreuung sowie Hebammenhilfe,
2. Versorgung mit Arznei-, Verband- und Heilmitteln,
3. Pflege in einer stationären Einrichtung und
4. häusliche Pflegeleistungen nach § 65 Abs. 1

geleistet.

§ 51 Hilfe bei Sterilisation

Bei einer durch Krankheit erforderlichen Sterilisation werden die ärztliche Untersuchung, Beratung und Begutachtung, die ärztliche Behandlung, die Versorgung mit Arznei-, Verband- und Heilmitteln sowie die Krankenhauspflege geleistet.

§ 52 Leistungserbringung, Vergütung

(1) Die Hilfen nach den §§ 47 bis 51 entsprechen den Leistungen der gesetzlichen Krankenversicherung. Soweit Krankenkassen in ihrer Satzung Umfang und Inhalt der Leistungen bestimmen können, entscheidet der Träger der Sozialhilfe über Umfang und Inhalt der Hilfen nach pflichtgemäßem Ermessen.
(2) Leistungsberechtigte haben die freie Wahl unter den Ärzten und Zahnärzten sowie den Krankenhäusern entsprechend den Bestimmungen der gesetzlichen Krankenversicherung. Hilfen werden nur in dem durch Anwendung des § 65a des Fünften Buches erzielbaren geringsten Umfang geleistet.
(3) Bei Erbringung von Leistungen nach den §§ 47 bis 51 sind die für die gesetzlichen Krankenkassen nach dem Vierten Kapitel des Fünften Buches geltenden Regelungen mit Ausnahme des Dritten Titels des Zweiten Abschnitts anzuwenden. Ärzte, Psychotherapeuten im Sinne des § 28 Abs. 3 Satz 1 des Fünften Buches und Zahnärzte haben für ihre Leistungen Anspruch auf die Vergütung, welche die Ortskrankenkasse, in deren Bereich der Arzt, Psychotherapeut oder der Zahnarzt niedergelassen ist, für ihre Mitglieder zahlt. Die sich aus den §§ 294, 295, 300 bis 302 des Fünften Buches für die Leistungserbringer ergebenden Verpflichtungen gelten auch für die Abrechnung von Leistungen nach diesem Kapitel mit dem Träger der Sozialhilfe. Die Vereinbarungen nach § 303 Abs. 1 sowie § 304 des Fünften Buches gelten für den Träger der Sozialhilfe entsprechend.
(4) Leistungsberechtigten, die nicht in der gesetzlichen Krankenversicherung versichert sind, wird unter den Voraussetzungen von § 39a Satz 1 des Fünften Buches zu stationärer und teilstationärer Versorgung in Hospizen der von den gesetzlichen Krankenkassen entsprechend § 39a Satz 3 des Fünften Buches zu zahlende Zuschuss geleistet.
(5) Für Leistungen zur medizinischen Rehabilitation nach § 54 Abs. 1 Satz 1 gelten die Absätze 2 und 3 entsprechend.

Sechstes Kapitel
Eingliederungshilfe für behinderte Menschen

§ 53 Leistungsberechtigte und Aufgabe

(1) Personen, die durch eine Behinderung im Sinne von § 2 Abs. 1 Satz 1 des Neunten Buches wesentlich in ihrer Fähigkeit, an der Gesellschaft teilzuhaben, eingeschränkt oder von einer solchen wesentlichen Behinderung bedroht sind, erhalten Leistungen der Eingliederungshilfe, wenn und solange nach der Besonderheit des Einzelfalles, insbesondere nach Art oder Schwere der Behinderung, Aussicht besteht, dass die Aufgabe der Eingliederungshilfe erfüllt werden kann. Personen mit einer anderen körperlichen, geistigen oder seelischen Behinderung können Leistungen der Eingliederungshilfe erhalten.
(2) Von einer Behinderung bedroht sind Personen, bei denen der Eintritt der Behinderung nach fachlicher Erkenntnis mit hoher Wahrscheinlichkeit zu erwarten ist. Dies gilt für Personen, für die vorbeugende Gesundheitshilfe und Hilfe bei Krankheit nach den §§ 47 und 48 erforderlich ist, nur, wenn auch bei Durchführung dieser Leistungen eine Behinderung einzutreten droht.

(3) Besondere Aufgabe der Eingliederungshilfe ist es, eine drohende Behinderung zu verhüten oder eine Behinderung oder deren Folgen zu beseitigen oder zu mildern und die behinderten Menschen in die Gesellschaft einzugliedern. Hierzu gehört insbesondere, den behinderten Menschen die Teilnahme am Leben in der Gemeinschaft zu ermöglichen oder zu erleichtern, ihnen die Ausübung eines angemessenen Berufs oder einer sonstigen angemessenen Tätigkeit zu ermöglichen oder sie so weit wie möglich unabhängig von Pflege zu machen.
(4) Für die Leistungen zur Teilhabe gelten die Vorschriften des Neunten Buches, soweit sich aus diesem Buch und den auf Grund dieses Buches erlassenen Rechtsverordnungen nichts Abweichendes ergibt. Die Zuständigkeit und die Voraussetzungen für die Leistungen zur Teilhabe richten sich nach diesem Buch.
-

§ 54 Leistungen der Eingliederungshilfe

(1) Leistungen der Eingliederungshilfe sind neben den Leistungen nach den §§ 26, 33, 41 und 55 des Neunten Buches insbesondere

1.
   Hilfen zu einer angemessenen Schulbildung, insbesondere im Rahmen der allgemeinen Schulpflicht und zum Besuch weiterführender Schulen einschließlich der Vorbereitung hierzu; die Bestimmungen über die Ermöglichung der Schulbildung im Rahmen der allgemeinen Schulpflicht bleiben unberührt,
2.
   Hilfe zur schulischen Ausbildung für einen angemessenen Beruf einschließlich des Besuchs einer Hochschule,
3.
   Hilfe zur Ausbildung für eine sonstige angemessene Tätigkeit,
4.
   Hilfe in vergleichbaren sonstigen Beschäftigungsstätten nach § 56,
5.
   nachgehende Hilfe zur Sicherung der Wirksamkeit der ärztlichen und ärztlich verordneten Leistungen und zur Sicherung der Teilhabe der behinderten Menschen am Arbeitsleben.

Die Leistungen zur medizinischen Rehabilitation und zur Teilhabe am Arbeitsleben entsprechen jeweils den Rehabilitationsleistungen der gesetzlichen Krankenversicherung oder der Bundesagentur für Arbeit.
(2) Erhalten behinderte oder von einer Behinderung bedrohte Menschen in einer stationären Einrichtung Leistungen der Eingliederungshilfe, können ihnen oder ihren Angehörigen zum gegenseitigen Besuch Beihilfen geleistet werden, soweit es im Einzelfall erforderlich ist.
(3) Eine Leistung der Eingliederungshilfe ist auch die Hilfe für die Betreuung in einer Pflegefamilie, soweit eine geeignete Pflegeperson Kinder und Jugendliche über Tag und Nacht in ihrem Haushalt versorgt und dadurch der Aufenthalt in einer vollstationären Einrichtung der Behindertenhilfe vermieden oder beendet werden kann. Die Pflegeperson bedarf einer Erlaubnis nach § 44 des Achten Buches. Diese Regelung tritt am 31. Dezember 2018 außer Kraft.
-

§ 55 Sonderregelung für behinderte Menschen in Einrichtungen

Werden Leistungen der Eingliederungshilfe für behinderte Menschen in einer vollstationären Einrichtung der Hilfe für behinderte Menschen im Sinne des § 43a des Elften Buches erbracht, umfasst die Leistung auch die Pflegeleistungen in der Einrichtung. Stellt der Träger der Einrichtung fest, dass der behinderte Mensch so pflegebedürftig ist, dass die Pflege in der Einrichtung nicht sichergestellt werden kann, vereinbaren der Träger der Sozialhilfe und die zuständige Pflegekasse mit dem Einrichtungsträger, dass die Leistung in einer anderen Einrichtung erbracht wird; dabei ist angemessenen Wünschen des behinderten Menschen Rechnung zu tragen.

-

§ 56 Hilfe in einer sonstigen Beschäftigungsstätte

Hilfe in einer den anerkannten Werkstätten für behinderte Menschen nach § 41 des Neunten Buches vergleichbaren sonstigen Beschäftigungsstätte kann geleistet werden.

-

§ 57 Trägerübergreifendes Persönliches Budget

Leistungsberechtigte nach § 53 können auf Antrag Leistungen der Eingliederungshilfe auch als Teil eines trägerübergreifenden Persönlichen Budgets erhalten. § 17 Abs. 2 bis 4 des Neunten Buches in Verbindung mit der Budgetverordnung und § 159 des Neunten Buches sind insoweit anzuwenden.

-

§ 58 Gesamtplan

(1) Der Träger der Sozialhilfe stellt so frühzeitig wie möglich einen Gesamtplan zur Durchführung der einzelnen Leistungen auf.
(2) Bei der Aufstellung des Gesamtplans und der Durchführung der Leistungen wirkt der Träger der Sozialhilfe mit dem behinderten Menschen und den sonst im Einzelfall Beteiligten, insbesondere mit dem behandelnden Arzt, dem Gesundheitsamt, dem Landesarzt, dem Jugendamt und den Dienststellen der Bundesagentur für Arbeit, zusammen.

-

§ 59 Aufgaben des Gesundheitsamtes

Das Gesundheitsamt oder die durch Landesrecht bestimmte Stelle hat die Aufgabe,

1.
behinderte Menschen oder Personensorgeberechtigte über die nach Art und Schwere der Behinderung geeigneten ärztlichen und sonstigen Leistungen der Eingliederungshilfe im Benehmen mit dem behandelnden Arzt auch während und nach der Durchführung von Heilmaßnahmen und Leistungen der Eingliederungshilfe zu beraten; die Beratung ist mit Zustimmung des behinderten Menschen oder des Personensorgeberechtigten im Benehmen mit den an der Durchführung der Leistungen der Eingliederungshilfe beteiligten Stellen oder Personen vorzunehmen. Steht der behinderte Mensch schon in ärztlicher Behandlung, setzt sich das

Gesundheitsamt mit dem behandelnden Arzt in Verbindung. Bei der Beratung ist ein amtliches Merkblatt auszuhändigen. Für die Beratung sind im Benehmen mit den Landesärzten die erforderlichen Sprechtage durchzuführen,

2. mit Zustimmung des behinderten Menschen oder des Personensorgeberechtigten mit der gemeinsamen Servicestelle nach den §§ 22 und 23 des Neunten Buches den Rehabilitationsbedarf abzuklären und die für die Leistungen der Eingliederungshilfe notwendige Vorbereitung abzustimmen und

3. die Unterlagen auszuwerten und sie zur Planung der erforderlichen Einrichtungen und zur weiteren wissenschaftlichen Auswertung nach näherer Bestimmung der zuständigen obersten Landesbehörde weiterzuleiten. Bei der Weiterleitung der Unterlagen sind die Namen der behinderten Menschen und der Personensorgeberechtigten nicht anzugeben.

-

§ 60 Verordnungsermächtigung

Die Bundesregierung kann durch Rechtsverordnung mit Zustimmung des Bundesrates Bestimmungen über die Abgrenzung des leistungsberechtigten Personenkreises der behinderten Menschen, über Art und Umfang der Leistungen der Eingliederungshilfe sowie über das Zusammenwirken mit anderen Stellen, die den Leistungen der Eingliederungshilfe entsprechende Leistungen durchführen, erlassen.

<u>Siebtes Kapitel
Hilfe zur Pflege</u>

-

§ 61 Leistungsberechtigte und Leistungen

(1) Personen, die wegen einer körperlichen, geistigen oder seelischen Krankheit oder Behinderung für die gewöhnlichen und regelmäßig wiederkehrenden Verrichtungen im Ablauf des täglichen Lebens auf Dauer, voraussichtlich für mindestens sechs Monate, in erheblichem oder höherem Maße der Hilfe bedürfen, ist Hilfe zur Pflege zu leisten. Hilfe zur Pflege ist auch Kranken und behinderten Menschen zu leisten, die voraussichtlich für weniger als sechs Monate der Pflege bedürfen oder einen geringeren Bedarf als nach Satz 1 haben oder die der Hilfe für andere Verrichtungen als nach Absatz 5 bedürfen; für Leistungen für eine stationäre oder teilstationäre Einrichtung gilt dies nur, wenn es nach der Besonderheit des Einzelfalles erforderlich ist, insbesondere ambulante oder teilstationäre Leistungen nicht zumutbar sind oder nicht ausreichen.
(2) Die Hilfe zur Pflege umfasst häusliche Pflege, Hilfsmittel, teilstationäre Pflege, Kurzzeitpflege und stationäre Pflege. Der Inhalt der Leistungen nach Satz 1 bestimmt sich nach den Regelungen der Pflegeversicherung für die in § 28 Abs. 1 Nr. 1, 5 bis 8 des Elften Buches aufgeführten Leistungen; § 28 Abs. 4 des Elften Buches gilt entsprechend. Die Hilfe zur Pflege kann auf Antrag auch als Teil eines trägerübergreifenden Persönlichen Budgets erbracht werden. § 17 Abs. 2 bis 4 des Neunten Buches in Verbindung mit der Budgetverordnung und § 159 des Neunten Buches sind insoweit anzuwenden.
(3) Krankheiten oder Behinderungen im Sinne des Absatzes 1 sind:
1.

2. Verluste, Lähmungen oder andere Funktionsstörungen am Stütz- und Bewegungsapparat,
3. Funktionsstörungen der inneren Organe oder der Sinnesorgane,
4. Störungen des Zentralnervensystems wie Antriebs-, Gedächtnis- oder Orientierungsstörungen sowie endogene Psychosen, Neurosen oder geistige Behinderungen,
4. andere Krankheiten oder Behinderungen, infolge derer Personen pflegebedürftig im Sinne des Absatzes 1 sind.

(4) Der Bedarf des Absatzes 1 besteht in der Unterstützung, in der teilweisen oder vollständigen Übernahme der Verrichtungen im Ablauf des täglichen Lebens oder in Beaufsichtigung oder Anleitung mit dem Ziel der eigenständigen Übernahme dieser Verrichtungen.

(5) Gewöhnliche und regelmäßig wiederkehrende Verrichtungen im Sinne des Absatzes 1 sind:

1. im Bereich der Körperpflege das Waschen, Duschen, Baden, die Zahnpflege, das Kämmen, Rasieren, die Darm- und Blasenentleerung,
2. im Bereich der Ernährung das mundgerechte Zubereiten oder die Aufnahme der Nahrung,
3. im Bereich der Mobilität das selbstständige Aufstehen und Zu-Bett-Gehen, An- und Auskleiden, Gehen, Stehen, Treppensteigen oder das Verlassen und Wiederaufsuchen der Wohnung,
4. im Bereich der hauswirtschaftlichen Versorgung das Einkaufen, Kochen, Reinigen der Wohnung, Spülen, Wechseln und Waschen der Wäsche und Kleidung und das Beheizen.

(6) Die Verordnung nach § 16 des Elften Buches, die Richtlinien der Pflegekassen nach § 17 des Elften Buches, die Verordnung nach § 30 des Elften Buches, die Rahmenverträge und Bundesempfehlungen über die pflegerische Versorgung nach § 75 des Elften Buches und die Vereinbarungen über die Qualitätssicherung nach § 113 des Elften Buches finden zur näheren Bestimmung des Begriffs der Pflegebedürftigkeit, des Inhalts der Pflegeleistung, der Unterkunft und Verpflegung und zur Abgrenzung, Höhe und Anpassung der Pflegegelder nach § 64 entsprechende Anwendung.

-

§ 62 Bindung an die Entscheidung der Pflegekasse

Die Entscheidung der Pflegekasse über das Ausmaß der Pflegebedürftigkeit nach dem Elften Buch ist auch der Entscheidung im Rahmen der Hilfe zur Pflege zu Grunde zu legen, soweit sie auf Tatsachen beruht, die bei beiden Entscheidungen zu berücksichtigen sind.

-

§ 63 Häusliche Pflege

Reicht im Fall des § 61 Abs. 1 häusliche Pflege aus, soll der Träger der Sozialhilfe darauf hinwirken, dass die Pflege einschließlich der hauswirtschaftlichen Versorgung durch Personen, die dem Pflegebedürftigen nahe stehen, oder als Nachbarschaftshilfe übernommen wird. Das Nähere regeln die §§ 64 bis 66. In einer stationären oder teilstationären Einrichtung erhalten Pflegebedürftige keine Leistungen zur häuslichen Pflege. Satz 3 gilt nicht für vorübergehende Aufenthalte in einem Krankenhaus nach § 108 des Fünften Buches oder einer Vorsorge- oder Rehabilitationseinrichtung nach § 107 Absatz 2 des Fünften Buches, soweit Pflegebedürftige nach § 66 Absatz 4 Satz 2 ihre Pflege durch von ihnen beschäftigte besondere Pflegekräfte sicherstellen. Die vorrangigen Leistungen des Pflegegeldes für selbst beschaffte Pflegehilfen nach den §§ 37 und 38 des Elften Buches sind anzurechnen. § 39 des Fünften Buches bleibt unberührt.

§ 64 Pflegegeld

(1) Pflegebedürftige, die bei der Körperpflege, der Ernährung oder der Mobilität für wenigstens zwei Verrichtungen aus einem oder mehreren Bereichen mindestens einmal täglich der Hilfe bedürfen und zusätzlich mehrfach in der Woche Hilfe bei der hauswirtschaftlichen Versorgung benötigen (erheblich Pflegebedürftige), erhalten ein Pflegegeld in Höhe des Betrages nach § 37 Abs. 1 Satz 3 Nr. 1 des Elften Buches.
(2) Pflegebedürftige, die bei der Körperpflege, der Ernährung oder der Mobilität für mehrere Verrichtungen mindestens dreimal täglich zu verschiedenen Tageszeiten der Hilfe bedürfen und zusätzlich mehrfach in der Woche Hilfe bei der hauswirtschaftlichen Versorgung benötigen (Schwerpflegebedürftige), erhalten ein Pflegegeld in Höhe des Betrages nach § 37 Abs. 1 Satz 3 Nr. 2 des Elften Buches.
(3) Pflegebedürftige, die bei der Körperpflege, der Ernährung oder der Mobilität für mehrere Verrichtungen täglich rund um die Uhr, auch nachts, der Hilfe bedürfen und zusätzlich mehrfach in der Woche Hilfe bei der hauswirtschaftlichen Versorgung benötigen (Schwerstpflegebedürftige), erhalten ein Pflegegeld in Höhe des Betrages nach § 37 Abs. 1 Satz 3 Nr. 3 des Elften Buches.
(4) Bei pflegebedürftigen Kindern ist der infolge Krankheit oder Behinderung gegenüber einem gesunden gleichaltrigen Kind zusätzliche Pflegebedarf maßgebend.
(5) Der Anspruch auf das Pflegegeld setzt voraus, dass der Pflegebedürftige und die Sorgeberechtigten bei pflegebedürftigen Kindern mit dem Pflegegeld dessen Umfang entsprechend die erforderliche Pflege in geeigneter Weise selbst sicherstellen. Besteht der Anspruch nicht für den vollen Kalendermonat, ist der Geldbetrag entsprechend zu kürzen. Bei der Kürzung ist der Kalendermonat mit 30 Tagen anzusetzen. Das Pflegegeld wird bis zum Ende des Kalendermonats geleistet, in dem der Pflegebedürftige gestorben ist. Stellt die Pflegekasse ihre Leistungen nach § 37 Abs. 6 des Elften Buches ganz oder teilweise ein, entfällt die Leistungspflicht nach den Absätzen 1 bis 4.

§ 65 Andere Leistungen

(1) Pflegebedürftigen im Sinne des § 61 Abs. 1 sind die angemessenen Aufwendungen der Pflegeperson zu erstatten; auch können angemessene Beihilfen geleistet sowie Beiträge der Pflegeperson für eine angemessene Alterssicherung übernommen werden, wenn diese nicht anderweitig sichergestellt ist. Ist neben oder anstelle der Pflege nach § 63 Satz

1 die Heranziehung einer besonderen Pflegekraft erforderlich oder eine Beratung oder zeitweilige Entlastung der Pflegeperson geboten, sind die angemessenen Kosten zu übernehmen.
(2) Pflegebedürftigen, die Pflegegeld nach § 64 erhalten, sind zusätzlich die Aufwendungen für die Beiträge einer Pflegeperson oder einer besonderen Pflegekraft für eine angemessene Alterssicherung zu erstatten, wenn diese nicht anderweitig sichergestellt ist.
-

§ 66 Leistungskonkurrenz

(1) Leistungen nach § 64 und § 65 Abs. 2 werden nicht erbracht, soweit Pflegebedürftige gleichartige Leistungen nach anderen Rechtsvorschriften erhalten. Auf das Pflegegeld sind Leistungen nach § 72 oder gleichartige Leistungen nach anderen Rechtsvorschriften mit 70 vom Hundert, Pflegegelder nach dem Elften Buch jedoch in dem Umfang, in dem sie geleistet werden, anzurechnen.
(2) Die Leistungen nach § 65 werden neben den Leistungen nach § 64 erbracht. Werden Leistungen nach § 65 Abs. 1 oder gleichartige Leistungen nach anderen Rechtsvorschriften erbracht, kann das Pflegegeld um bis zu zwei Drittel gekürzt werden.
(3) Bei teilstationärer Betreuung von Pflegebedürftigen oder einer vergleichbaren nicht nach diesem Buch durchgeführten Maßnahme kann das Pflegegeld nach § 64 angemessen gekürzt werden.
(4) Leistungen nach § 65 Abs. 1 werden insoweit nicht erbracht, als Pflegebedürftige in der Lage sind, zweckentsprechende Leistungen nach anderen Rechtsvorschriften in Anspruch zu nehmen. Stellen die Pflegebedürftigen ihre Pflege durch von ihnen beschäftigte besondere Pflegekräfte sicher, können sie nicht auf die Inanspruchnahme von Sachleistungen nach dem Elften Buch verwiesen werden. In diesen Fällen ist ein nach dem Elften Buch geleistetes Pflegegeld vorrangig auf die Leistung nach § 65 Abs. 1 anzurechnen.

Achtes Kapitel
Hilfe zur Überwindung besonderer sozialer Schwierigkeiten

-

§ 67 Leistungsberechtigte

Personen, bei denen besondere Lebensverhältnisse mit sozialen Schwierigkeiten verbunden sind, sind Leistungen zur Überwindung dieser Schwierigkeiten zu erbringen, wenn sie aus eigener Kraft hierzu nicht fähig sind. Soweit der Bedarf durch Leistungen nach anderen Vorschriften dieses Buches oder des Achten Buches gedeckt wird, gehen diese der Leistung nach Satz 1 vor.
-

§ 68 Umfang der Leistungen

(1) Die Leistungen umfassen alle Maßnahmen, die notwendig sind, um die Schwierigkeiten abzuwenden, zu beseitigen, zu mildern oder ihre Verschlimmerung zu verhüten, insbesondere Beratung und persönliche Betreuung für die Leistungsberechtigten und ihre Angehörigen, Hilfen zur Ausbildung, Erlangung und Sicherung eines

Arbeitsplatzes sowie Maßnahmen bei der Erhaltung und Beschaffung einer Wohnung. Zur Durchführung der erforderlichen Maßnahmen ist in geeigneten Fällen ein Gesamtplan zu erstellen.
(2) Die Leistung wird ohne Rücksicht auf Einkommen und Vermögen erbracht, soweit im Einzelfall Dienstleistungen erforderlich sind. Einkommen und Vermögen der in § 19 Abs. 3 genannten Personen ist nicht zu berücksichtigen und von der Inanspruchnahme nach bürgerlichem Recht Unterhaltspflichtiger abzusehen, soweit dies den Erfolg der Hilfe gefährden würde.
(3) Die Träger der Sozialhilfe sollen mit den Vereinigungen, die sich die gleichen Aufgaben zum Ziel gesetzt haben, und mit den sonst beteiligten Stellen zusammenarbeiten und darauf hinwirken, dass sich die Sozialhilfe und die Tätigkeit dieser Vereinigungen und Stellen wirksam ergänzen.

-

§ 69 Verordnungsermächtigung

Das Bundesministerium für Arbeit und Soziales kann durch Rechtsverordnung mit Zustimmung des Bundesrates Bestimmungen über die Abgrenzung des Personenkreises nach § 67 sowie über Art und Umfang der Maßnahmen nach § 68 Abs. 1 erlassen.

Neuntes Kapitel
Hilfe in anderen Lebenslagen

§ 70 Hilfe zur Weiterführung des Haushalts

(1) Personen mit eigenem Haushalt sollen Leistungen zur Weiterführung des Haushalts erhalten, wenn keiner der Haushaltsangehörigen den Haushalt führen kann und die Weiterführung des Haushalts geboten ist. Die Leistungen sollen in der Regel nur vorübergehend erbracht werden. Satz 2 gilt nicht, wenn durch die Leistungen die Unterbringung in einer stationären Einrichtung vermieden oder aufgeschoben werden kann.
(2) Die Leistungen umfassen die persönliche Betreuung von Haushaltsangehörigen sowie die sonstige zur Weiterführung des Haushalts erforderliche Tätigkeit.
(3) § 65 Abs. 1 findet entsprechende Anwendung.
(4) Die Leistungen können auch durch Übernahme der angemessenen Kosten für eine vorübergehende anderweitige Unterbringung von Haushaltsangehörigen erbracht werden, wenn diese Unterbringung in besonderen Fällen neben oder statt der Weiterführung des Haushalts geboten ist.

-

§ 71 Altenhilfe

(1) Alten Menschen soll außer den Leistungen nach den übrigen Bestimmungen dieses Buches Altenhilfe gewährt werden. Die Altenhilfe soll dazu beitragen, Schwierigkeiten, die durch das Alter entstehen, zu verhüten, zu überwinden oder zu mildern und alten Menschen die Möglichkeit zu erhalten, am Leben in der Gemeinschaft teilzunehmen.
(2) Als Leistungen der Altenhilfe kommen insbesondere in Betracht:
1.

2. Leistungen zu einer Betätigung und zum gesellschaftlichen Engagement, wenn sie vom alten Menschen gewünscht wird,
3. Leistungen bei der Beschaffung und zur Erhaltung einer Wohnung, die den Bedürfnissen des alten Menschen entspricht,
4. Beratung und Unterstützung in allen Fragen der Aufnahme in eine Einrichtung, die der Betreuung alter Menschen dient, insbesondere bei der Beschaffung eines geeigneten Heimplatzes,
5. Beratung und Unterstützung in allen Fragen der Inanspruchnahme altersgerechter Dienste,
6. Leistungen zum Besuch von Veranstaltungen oder Einrichtungen, die der Geselligkeit, der Unterhaltung, der Bildung oder den kulturellen Bedürfnissen alter Menschen dienen,
7. Leistungen, die alten Menschen die Verbindung mit nahe stehenden Personen ermöglichen.

(3) Leistungen nach Absatz 1 sollen auch erbracht werden, wenn sie der Vorbereitung auf das Alter dienen.
(4) Altenhilfe soll ohne Rücksicht auf vorhandenes Einkommen oder Vermögen geleistet werden, soweit im Einzelfall Beratung und Unterstützung erforderlich sind.
-

§ 72 Blindenhilfe

(1) Blinden Menschen wird zum Ausgleich der durch die Blindheit bedingten Mehraufwendungen Blindenhilfe gewährt, soweit sie keine gleichartigen Leistungen nach anderen Rechtsvorschriften erhalten. Auf die Blindenhilfe sind Leistungen bei häuslicher Pflege nach dem Elften Buch, auch soweit es sich um Sachleistungen handelt, mit 70 vom Hundert des Pflegegeldes der Pflegestufe I und bei Pflegebedürftigen der Pflegestufen II und III mit 50 vom Hundert des Pflegegeldes der Pflegestufe II, höchstens jedoch mit 50 vom Hundert des Betrages nach Absatz 2, anzurechnen. Satz 2 gilt sinngemäß für Leistungen nach dem Elften Buch aus einer privaten Pflegeversicherung und nach beamtenrechtlichen Vorschriften. § 39a ist entsprechend anzuwenden.
(2) Die Blindenhilfe beträgt bis 30. Juni 2004 für blinde Menschen nach Vollendung des 18. Lebensjahres 585 Euro monatlich, für blinde Menschen, die das 18. Lebensjahr noch nicht vollendet haben, beträgt sie 293 Euro monatlich. Sie verändert sich jeweils zu dem Zeitpunkt und in dem Umfang, wie sich der aktuelle Rentenwert in der gesetzlichen Rentenversicherung verändert.
(3) Lebt der blinde Mensch in einer stationären Einrichtung und werden die Kosten des Aufenthalts ganz oder teilweise aus Mitteln öffentlich-rechtlicher Leistungsträger getragen, so verringert sich die Blindenhilfe nach Absatz 2 um die aus diesen Mitteln getragenen Kosten, höchstens jedoch um 50 vom Hundert der Beträge nach Absatz 2. Satz 1 gilt vom ersten Tage des zweiten Monats an, der auf den Eintritt in die Einrichtung folgt, für jeden vollen Kalendermonat des Aufenthalts in der Einrichtung. Für jeden vollen Tag vorübergehender Abwesenheit von der Einrichtung wird die Blindenhilfe in Höhe von je einem Dreißigstel des Betrages nach Absatz 2 gewährt, wenn die vorübergehende Abwesenheit länger als sechs volle zusammenhängende Tage dauert; der Betrag nach

Satz 1 wird im gleichen Verhältnis gekürzt.
(4) Neben der Blindenhilfe wird Hilfe zur Pflege wegen Blindheit (§§ 61 und 63) außerhalb von stationären Einrichtungen sowie ein Barbetrag (§ 27b Absatz 2) nicht gewährt. Neben Absatz 1 ist § 30 Abs. 1 Nr. 2 nur anzuwenden, wenn der blinde Mensch nicht allein wegen Blindheit voll erwerbsgemindert ist. Die Sätze 1 und 2 gelten entsprechend für blinde Menschen, die nicht Blindenhilfe, sondern gleichartige Leistungen nach anderen Rechtsvorschriften erhalten.
(5) Blinden Menschen stehen Personen gleich, deren beidäugige Gesamtsehschärfe nicht mehr als ein Fünfzigstel beträgt oder bei denen dem Schweregrad dieser Sehschärfe gleichzuachtende, nicht nur vorübergehende Störungen des Sehvermögens vorliegen.

-

§ 73 Hilfe in sonstigen Lebenslagen

Leistungen können auch in sonstigen Lebenslagen erbracht werden, wenn sie den Einsatz öffentlicher Mittel rechtfertigen. Geldleistungen können als Beihilfe oder als Darlehen erbracht werden.

-

§ 74 Bestattungskosten

Die erforderlichen Kosten einer Bestattung werden übernommen, soweit den hierzu Verpflichteten nicht zugemutet werden kann, die Kosten zu tragen.

<u>Zehntes Kapitel</u>
<u>Einrichtungen</u>

-

§ 75 Einrichtungen und Dienste

(1) Einrichtungen sind stationäre und teilstationäre Einrichtungen im Sinne von § 13. Die §§ 75 bis 80 finden auch für Dienste Anwendung, soweit nichts Abweichendes bestimmt ist.
(2) Zur Erfüllung der Aufgaben der Sozialhilfe sollen die Träger der Sozialhilfe eigene Einrichtungen nicht neu schaffen, soweit geeignete Einrichtungen anderer Träger vorhanden sind, ausgebaut oder geschaffen werden können. Vereinbarungen nach Absatz 3 sind nur mit Trägern von Einrichtungen abzuschließen, die insbesondere unter Berücksichtigung ihrer Leistungsfähigkeit und der Sicherstellung der Grundsätze des § 9 Abs. 1 zur Erbringung der Leistungen geeignet sind. Sind Einrichtungen vorhanden, die in gleichem Maße geeignet sind, hat der Träger der Sozialhilfe Vereinbarungen vorrangig mit Trägern abzuschließen, deren Vergütung bei vergleichbarem Inhalt, Umfang und Qualität der Leistung nicht höher ist als die anderer Träger.
(3) Wird die Leistung von einer Einrichtung erbracht, ist der Träger der Sozialhilfe zur Übernahme der Vergütung für die Leistung nur verpflichtet, wenn mit dem Träger der Einrichtung oder seinem Verband eine Vereinbarung über
1. Inhalt, Umfang und Qualität der Leistungen (Leistungsvereinbarung),
2. die Vergütung, die sich aus Pauschalen und Beträgen für einzelne Leistungsbereiche

3. zusammensetzt (Vergütungsvereinbarung) und

die Prüfung der Wirtschaftlichkeit und Qualität der Leistungen (Prüfungsvereinbarung)

besteht. Die Vereinbarungen müssen den Grundsätzen der Wirtschaftlichkeit, Sparsamkeit und Leistungsfähigkeit entsprechen. Der Träger der Sozialhilfe kann die Wirtschaftlichkeit und Qualität der Leistung prüfen.
(4) Ist eine der in Absatz 3 genannten Vereinbarungen nicht abgeschlossen, darf der Träger der Sozialhilfe Leistungen durch diese Einrichtung nur erbringen, wenn dies nach der Besonderheit des Einzelfalls geboten ist. Hierzu hat der Träger der Einrichtung ein Leistungsangebot vorzulegen, das die Voraussetzung des § 76 erfüllt, und sich schriftlich zu verpflichten, Leistungen entsprechend diesem Angebot zu erbringen. Vergütungen dürfen nur bis zu der Höhe übernommen werden, wie sie der Träger der Sozialhilfe am Ort der Unterbringung oder in seiner nächsten Umgebung für vergleichbare Leistungen nach den nach Absatz 3 abgeschlossenen Vereinbarungen mit anderen Einrichtungen trägt. Für die Prüfung der Wirtschaftlichkeit und Qualität der Leistungen gelten die Vereinbarungsinhalte des Trägers der Sozialhilfe mit vergleichbaren Einrichtungen entsprechend. Der Träger der Sozialhilfe hat die Einrichtung über Inhalt und Umfang dieser Prüfung zu unterrichten. Absatz 5 gilt entsprechend.
(5) Bei zugelassenen Pflegeeinrichtungen im Sinne des § 72 des Elften Buches richten sich Art, Inhalt, Umfang und Vergütung der ambulanten und teilstationären Pflegeleistungen sowie der Leistungen der Kurzzeitpflege und der vollstationären Pflegeleistungen sowie der Leistungen bei Unterkunft und Verpflegung und der Zusatzleistungen in Pflegeheimen nach den Vorschriften des Achten Kapitels des Elften Buches, soweit nicht nach § 61 weitergehende Leistungen zu erbringen sind. Satz 1 gilt nicht, soweit Vereinbarungen nach dem Achten Kapitel des Elften Buches nicht im Einvernehmen mit dem Träger der Sozialhilfe getroffen worden sind. Der Träger der Sozialhilfe ist zur Übernahme gesondert berechneter Investitionskosten nach § 82 Abs. 4 des Elften Buches nur verpflichtet, wenn hierüber entsprechende Vereinbarungen nach dem Zehnten Kapitel getroffen worden sind.

§ 76 Inhalt der Vereinbarungen

(1) Die Vereinbarung über die Leistung muss die wesentlichen Leistungsmerkmale festlegen, mindestens jedoch die betriebsnotwendigen Anlagen der Einrichtung, den von ihr zu betreuenden Personenkreis, Art, Ziel und Qualität der Leistung, Qualifikation des Personals sowie die erforderliche sächliche und personelle Ausstattung. In die Vereinbarung ist die Verpflichtung der Einrichtung aufzunehmen, im Rahmen des vereinbarten Leistungsangebotes Leistungsberechtigte aufzunehmen und zu betreuen. Die Leistungen müssen ausreichend, zweckmäßig und wirtschaftlich sein und dürfen das Maß des Notwendigen nicht überschreiten.
(2) Vergütungen für die Leistungen nach Absatz 1 bestehen mindestens aus den Pauschalen für Unterkunft und Verpflegung (Grundpauschale) und für die Maßnahmen (Maßnahmepauschale) sowie aus einem Betrag für betriebsnotwendige Anlagen einschließlich ihrer Ausstattung (Investitionsbetrag). Förderungen aus öffentlichen Mitteln sind anzurechnen. Die Maßnahmepauschale kann nach Gruppen für Leistungsberechtigte mit vergleichbarem Bedarf kalkuliert werden. Einer verlangten Erhöhung der Vergütung auf Grund von Investitionsmaßnahmen braucht der Träger der Sozialhilfe nur zuzustimmen, wenn er der Maßnahme zuvor zugestimmt hat.

(3) Die Träger der Sozialhilfe vereinbaren mit dem Träger der Einrichtung Grundsätze und Maßstäbe für die Wirtschaftlichkeit und die Qualitätssicherung der Leistungen sowie für den Inhalt und das Verfahren zur Durchführung von Wirtschaftlichkeits- und Qualitätsprüfungen. Das Ergebnis der Prüfung ist festzuhalten und in geeigneter Form auch den Leistungsberechtigten der Einrichtung zugänglich zu machen. Die Träger der Sozialhilfe haben mit den nach heimrechtlichen Vorschriften zuständigen Aufsichtsbehörden und dem Medizinischen Dienst der Krankenversicherung zusammenzuarbeiten, um Doppelprüfungen möglichst zu vermeiden.

-

§ 77 Abschluss von Vereinbarungen

(1) Die Vereinbarungen nach § 75 Abs. 3 sind vor Beginn der jeweiligen Wirtschaftsperiode für einen zukünftigen Zeitraum (Vereinbarungszeitraum) abzuschließen; nachträgliche Ausgleiche sind nicht zulässig. Vertragspartei der Vereinbarungen sind der Träger der Einrichtung und der für den Sitz der Einrichtung zuständige Träger der Sozialhilfe; die Vereinbarungen sind für alle übrigen Träger der Sozialhilfe bindend. Kommt eine Vereinbarung nach § 76 Abs. 2 innerhalb von sechs Wochen nicht zustande, nachdem eine Partei schriftlich zu Verhandlungen aufgefordert hat, entscheidet die Schiedsstelle nach § 80 auf Antrag einer Partei unverzüglich über die Gegenstände, über die keine Einigung erreicht werden konnte. Gegen die Entscheidung ist der Rechtsweg zu den Sozialgerichten gegeben. Die Klage richtet sich gegen eine der beiden Vertragsparteien, nicht gegen die Schiedsstelle. Einer Nachprüfung der Entscheidung in einem Vorverfahren bedarf es nicht.
(2) Vereinbarungen und Schiedsstellenentscheidungen treten zu dem darin bestimmten Zeitpunkt in Kraft. Wird ein Zeitpunkt nicht bestimmt, werden Vereinbarungen mit dem Tag ihres Abschlusses, Festsetzungen der Schiedsstelle mit dem Tag wirksam, an dem der Antrag bei der Schiedsstelle eingegangen ist. Ein jeweils vor diesen Zeitpunkt zurückwirkendes Vereinbaren oder Festsetzen von Vergütungen ist nicht zulässig. Nach Ablauf des Vereinbarungszeitraums gelten die vereinbarten oder festgesetzten Vergütungen bis zum Inkrafttreten neuer Vergütungen weiter.
(3) Bei unvorhersehbaren wesentlichen Veränderungen der Annahmen, die der Vereinbarung oder Entscheidung über die Vergütung zu Grunde lagen, sind die Vergütungen auf Verlangen einer Vertragspartei für den laufenden Vereinbarungszeitraum neu zu verhandeln. Die Absätze 1 und 2 gelten entsprechend.

-

§ 78 Außerordentliche Kündigung der Vereinbarungen

Ist wegen einer groben Verletzung der gesetzlichen oder vertraglichen Verpflichtungen gegenüber den Leistungsberechtigten und deren Kostenträgern durch die Einrichtung ein Festhalten an den Vereinbarungen nicht zumutbar, kann der Träger der Sozialhilfe die Vereinbarungen nach § 75 Abs. 3 ohne Einhaltung einer Kündigungsfrist kündigen. Das gilt insbesondere dann, wenn in der Prüfung nach § 76 Abs. 3 oder auf andere Weise festgestellt wird, dass Leistungsberechtigte infolge der Pflichtverletzung zu Schaden kommen, gravierende Mängel bei der Leistungserbringung vorhanden sind, dem Träger der Einrichtung nach heimrechtlichen Vorschriften die Betriebserlaubnis entzogen oder der Betrieb der Einrichtung untersagt wird oder die Einrichtung nicht erbrachte Leistungen gegenüber den Kostenträgern abrechnet. Die Kündigung bedarf der Schriftform. § 59 des Zehnten Buches bleibt unberührt.

§ 79 Rahmenverträge

(1) Die überörtlichen Träger der Sozialhilfe und die kommunalen Spitzenverbände auf Landesebene schließen mit den Vereinigungen der Träger der Einrichtungen auf Landesebene gemeinsam und einheitlich Rahmenverträge zu den Vereinbarungen nach § 75 Abs. 3 und § 76 Abs. 2 über

1. die nähere Abgrenzung der den Vergütungspauschalen und -beträgen nach § 75 Abs. 3 zu Grunde zu legenden Kostenarten und -bestandteile sowie die Zusammensetzung der Investitionsbeträge nach § 76 Abs. 2,

2. den Inhalt und die Kriterien für die Ermittlung und Zusammensetzung der Maßnahmepauschalen, die Merkmale für die Bildung von Gruppen mit vergleichbarem Bedarf nach § 76 Abs. 2 sowie die Zahl dieser zu bildenden Gruppen,

3. die Zuordnung der Kostenarten und -bestandteile nach § 41 des Neunten Buches und

4. den Inhalt und das Verfahren zur Durchführung von Wirtschaftlichkeits- und Qualitätsprüfung nach § 75 Abs. 3

ab. Für Einrichtungen, die einer Kirche oder Religionsgemeinschaft des öffentlichen Rechts oder einem sonstigen freigemeinnützigen Träger zuzuordnen sind, können die Rahmenverträge auch von der Kirche oder Religionsgemeinschaft oder von dem Wohlfahrtsverband abgeschlossen werden, dem die Einrichtung angehört. In den Rahmenverträgen sollen die Merkmale und Besonderheiten der jeweiligen Leistungen nach dem Fünften bis Neunten Kapitel berücksichtigt werden.

(2) Die Bundesarbeitsgemeinschaft der überörtlichen Träger der Sozialhilfe, die Bundesvereinigung der kommunalen Spitzenverbände und die Vereinigungen der Träger der Einrichtungen auf Bundesebene vereinbaren gemeinsam und einheitlich Empfehlungen zum Inhalt der Verträge nach Absatz 1.

§ 80 Schiedsstelle

(1) Für jedes Land oder für Teile eines Landes wird eine Schiedsstelle gebildet.
(2) Die Schiedsstelle besteht aus Vertretern der Träger der Einrichtungen und Vertretern der örtlichen und überörtlichen Träger der Sozialhilfe in gleicher Zahl sowie einem unparteiischen Vorsitzenden. Die Vertreter der Einrichtungen und deren Stellvertreter werden von den Vereinigungen der Träger der Einrichtungen, die Vertreter der Träger der Sozialhilfe und deren Stellvertreter werden von diesen bestellt. Bei der Bestellung der Vertreter der Einrichtungen ist die Trägervielfalt zu beachten. Der Vorsitzende und sein Stellvertreter werden von den beteiligten Organisationen gemeinsam bestellt. Kommt eine Einigung nicht zustande, werden sie durch Los bestimmt. Soweit beteiligte Organisationen keinen Vertreter bestellen oder im Verfahren nach Satz 3 keine Kandidaten für das Amt des Vorsitzenden und des Stellvertreters benennen, bestellt die zuständige Landesbehörde auf Antrag einer der beteiligten Organisationen die Vertreter und benennt

die Kandidaten.
(3) Die Mitglieder der Schiedsstelle führen ihr Amt als Ehrenamt. Sie sind an Weisungen nicht gebunden. Jedes Mitglied hat eine Stimme. Die Entscheidungen werden mit der Mehrheit der Mitglieder getroffen. Ergibt sich keine Mehrheit, gibt die Stimme des Vorsitzenden den Ausschlag.

-

§ 81 Verordnungsermächtigungen

(1) Kommen die Verträge nach § 79 Abs. 1 innerhalb von sechs Monaten nicht zustande, nachdem die Landesregierung schriftlich dazu aufgefordert hat, können die Landesregierungen durch Rechtsverordnung Vorschriften stattdessen erlassen.
(2) Die Landesregierungen werden ermächtigt, durch Rechtsverordnung das Nähere über die Zahl, die Bestellung, die Amtsdauer und Amtsführung, die Erstattung der baren Auslagen und die Entschädigung für Zeitaufwand der Mitglieder der Schiedsstelle nach § 80, die Rechtsaufsicht, die Geschäftsführung, das Verfahren, die Erhebung und die Höhe der Gebühren sowie über die Verteilung der Kosten zu bestimmen.

Elftes Kapitel
Einsatz des Einkommens und des Vermögens

Erster Abschnitt
Einkommen

-

§ 82 Begriff des Einkommens

(1) Zum Einkommen gehören alle Einkünfte in Geld oder Geldeswert mit Ausnahme der Leistungen nach diesem Buch, der Grundrente nach dem Bundesversorgungsgesetz und nach den Gesetzen, die eine entsprechende Anwendung des Bundesversorgungsgesetzes vorsehen und der Renten oder Beihilfen nach dem Bundesentschädigungsgesetz für Schaden an Leben sowie an Körper oder Gesundheit, bis zur Höhe der vergleichbaren Grundrente nach dem Bundesversorgungsgesetz. Einkünfte aus Rückerstattungen, die auf Vorauszahlungen beruhen, die Leistungsberechtigte aus dem Regelsatz erbracht haben, sind kein Einkommen. Bei Minderjährigen ist das Kindergeld dem jeweiligen Kind als Einkommen zuzurechnen, soweit es bei diesem zur Deckung des notwendigen Lebensunterhaltes, mit Ausnahme der Bedarfe nach § 34, benötigt wird.
(2) Von dem Einkommen sind abzusetzen
1.
   auf das Einkommen entrichtete Steuern,
2.
   Pflichtbeiträge zur Sozialversicherung einschließlich der Beiträge zur Arbeitsförderung,
3.
   Beiträge zu öffentlichen oder privaten Versicherungen oder ähnlichen Einrichtungen, soweit diese Beiträge gesetzlich vorgeschrieben oder nach Grund und Höhe angemessen sind, sowie geförderte Altersvorsorgebeiträge nach § 82 des Einkommensteuergesetzes, soweit sie den Mindesteigenbeitrag nach § 86 des

4. Einkommensteuergesetzes nicht überschreiten,
5. die mit der Erzielung des Einkommens verbundenen notwendigen Ausgaben,

das Arbeitsförderungsgeld und Erhöhungsbeträge des Arbeitsentgelts im Sinne von § 43 Satz 4 des Neunten Buches.
(3) Bei der Hilfe zum Lebensunterhalt und Grundsicherung im Alter und bei Erwerbsminderung ist ferner ein Betrag in Höhe von 30 vom Hundert des Einkommens aus selbständiger und nichtselbständiger Tätigkeit der Leistungsberechtigten abzusetzen, höchstens jedoch 50 vom Hundert der Regelbedarfsstufe 1 nach der Anlage zu § 28. Abweichend von Satz 1 ist bei einer Beschäftigung in einer Werkstatt für behinderte Menschen von dem Entgelt ein Achtel der Regelbedarfsstufe 1 nach der Anlage zu § 28 zuzüglich 25 vom Hundert des diesen Betrag übersteigenden Entgelts abzusetzen. Im Übrigen kann in begründeten Fällen ein anderer als in Satz 1 festgelegter Betrag vom Einkommen abgesetzt werden. Erhält eine leistungsberechtigte Person mindestens aus einer Tätigkeit Bezüge oder Einnahmen, die nach § 3 Nummer 12, 26, 26a oder 26b des Einkommensteuergesetzes steuerfrei sind, ist abweichend von den Sätzen 1 und 2 ein Betrag von bis zu 200 Euro monatlich nicht als Einkommen zu berücksichtigen.
(4) Einmalige Einnahmen, bei denen für den Monat des Zuflusses bereits Leistungen ohne Berücksichtigung der Einnahme erbracht worden sind, werden im Folgemonat berücksichtigt. Entfiele der Leistungsanspruch durch die Berücksichtigung in einem Monat, ist die einmalige Einnahme auf einen Zeitraum von sechs Monaten gleichmäßig zu verteilen und mit einem entsprechenden Teilbetrag zu berücksichtigen; in begründeten Einzelfällen ist der Anrechnungszeitraum angemessen zu verkürzen.
-

§ 83 Nach Zweck und Inhalt bestimmte Leistungen

(1) Leistungen, die auf Grund öffentlich-rechtlicher Vorschriften zu einem ausdrücklich genannten Zweck erbracht werden, sind nur so weit als Einkommen zu berücksichtigen, als die Sozialhilfe im Einzelfall demselben Zweck dient.
(2) Eine Entschädigung, die wegen eines Schadens, der nicht Vermögensschaden ist, nach § 253 Abs. 2 des Bürgerlichen Gesetzbuches geleistet wird, ist nicht als Einkommen zu berücksichtigen.
-

§ 84 Zuwendungen

(1) Zuwendungen der freien Wohlfahrtspflege bleiben als Einkommen außer Betracht. Dies gilt nicht, soweit die Zuwendung die Lage der Leistungsberechtigten so günstig beeinflusst, dass daneben Sozialhilfe ungerechtfertigt wäre.
(2) Zuwendungen, die ein anderer erbringt, ohne hierzu eine rechtliche oder sittliche Pflicht zu haben, sollen als Einkommen außer Betracht bleiben, soweit ihre Berücksichtigung für die Leistungsberechtigten eine besondere Härte bedeuten würde.

Zweiter Abschnitt
Einkommensgrenzen für die Leistungen nach dem Fünften bis Neunten Kapitel

-

§ 85 Einkommensgrenze

(1) Bei der Hilfe nach dem Fünften bis Neunten Kapitel ist der nachfragenden Person und ihrem nicht getrennt lebenden Ehegatten oder Lebenspartner die Aufbringung der Mittel nicht zuzumuten, wenn während der Dauer des Bedarfs ihr monatliches Einkommen zusammen eine Einkommensgrenze nicht übersteigt, die sich ergibt aus

1. einem Grundbetrag in Höhe des Zweifachen der Regelbedarfsstufe 1 nach der Anlage zu § 28,
2. den Aufwendungen für die Unterkunft, soweit diese den der Besonderheit des Einzelfalles angemessenen Umfang nicht übersteigen und
3. einem Familienzuschlag in Höhe des auf volle Euro aufgerundeten Betrages von 70 vom Hundert der Regelbedarfsstufe 1 nach der Anlage zu § 28 für den nicht getrennt lebenden Ehegatten oder Lebenspartner und für jede Person, die von der nachfragenden Person, ihrem nicht getrennt lebenden Ehegatten oder Lebenspartner überwiegend unterhalten worden ist oder für die sie nach der Entscheidung über die Erbringung der Sozialhilfe unterhaltspflichtig werden.

(2) Ist die nachfragende Person minderjährig und unverheiratet, so ist ihr und ihren Eltern die Aufbringung der Mittel nicht zuzumuten, wenn während der Dauer des Bedarfs das monatliche Einkommen der nachfragenden Person und ihrer Eltern zusammen eine Einkommensgrenze nicht übersteigt, die sich ergibt aus

1. einem Grundbetrag in Höhe des Zweifachen der Regelbedarfsstufe 1 nach der Anlage zu § 28,
2. den Aufwendungen für die Unterkunft, soweit diese den der Besonderheit des Einzelfalles angemessenen Umfang nicht übersteigen und
3. einem Familienzuschlag in Höhe des auf volle Euro aufgerundeten Betrages von 70 vom Hundert der Regelbedarfsstufe 1 nach der Anlage zu § 28 für einen Elternteil, wenn die Eltern zusammenleben, sowie für die nachfragende Person und für jede Person, die von den Eltern oder der nachfragenden Person überwiegend unterhalten worden ist oder für die sie nach der Entscheidung über die Erbringung der Sozialhilfe unterhaltspflichtig werden.

Leben die Eltern nicht zusammen, richtet sich die Einkommensgrenze nach dem Elternteil, bei dem die nachfragende Person lebt. Lebt sie bei keinem Elternteil, bestimmt sich die Einkommensgrenze nach Absatz 1.

(3) Die Regelbedarfsstufe 1 nach der Anlage zu § 28 bestimmt sich nach dem Ort, an dem der Leistungsberechtigte die Leistung erhält. Bei der Leistung in einer Einrichtung sowie bei Unterbringung in einer anderen Familie oder bei den in § 107 genannten anderen Personen bestimmt er sich nach dem gewöhnlichen Aufenthalt des Leistungsberechtigten oder, wenn im Falle des Absatzes 2 auch das Einkommen seiner Eltern oder eines Elternteils maßgebend ist, nach deren gewöhnlichem Aufenthalt. Ist ein gewöhnlicher Aufenthalt im Inland nicht vorhanden oder nicht zu ermitteln, ist Satz 1 anzuwenden.

§ 86 Abweichender Grundbetrag

Die Länder und, soweit landesrechtliche Vorschriften nicht entgegenstehen, auch die Träger der Sozialhilfe können für bestimmte Arten der Hilfe nach dem Fünften bis Neunten Kapitel der Einkommensgrenze einen höheren Grundbetrag zu Grunde legen.

§ 87 Einsatz des Einkommens über der Einkommensgrenze

(1) Soweit das zu berücksichtigende Einkommen die Einkommensgrenze übersteigt, ist die Aufbringung der Mittel in angemessenem Umfang zuzumuten. Bei der Prüfung, welcher Umfang angemessen ist, sind insbesondere die Art des Bedarfs, die Art oder Schwere der Behinderung oder der Pflegebedürftigkeit, die Dauer und Höhe der erforderlichen Aufwendungen sowie besondere Belastungen der nachfragenden Person und ihrer unterhaltsberechtigten Angehörigen zu berücksichtigen. Bei schwerstpflegebedürftigen Menschen nach § 64 Abs. 3 und blinden Menschen nach § 72 ist ein Einsatz des Einkommens über der Einkommensgrenze in Höhe von mindestens 60 vom Hundert nicht zuzumuten.
(2) Verliert die nachfragende Person durch den Eintritt eines Bedarfsfalles ihr Einkommen ganz oder teilweise und ist ihr Bedarf nur von kurzer Dauer, so kann die Aufbringung der Mittel auch aus dem Einkommen verlangt werden, das sie innerhalb eines angemessenen Zeitraumes nach dem Wegfall des Bedarfs erwirbt und das die Einkommensgrenze übersteigt, jedoch nur insoweit, als ihr ohne den Verlust des Einkommens die Aufbringung der Mittel zuzumuten gewesen wäre.
(3) Bei einmaligen Leistungen zur Beschaffung von Bedarfsgegenständen, deren Gebrauch für mindestens ein Jahr bestimmt ist, kann die Aufbringung der Mittel nach Maßgabe des Absatzes 1 auch aus dem Einkommen verlangt werden, das die in § 19 Abs. 3 genannten Personen innerhalb eines Zeitraumes von bis zu drei Monaten nach Ablauf des Monats, in dem über die Leistung entschieden worden ist, erwerben.

§ 88 Einsatz des Einkommens unter der Einkommensgrenze

(1) Die Aufbringung der Mittel kann, auch soweit das Einkommen unter der Einkommensgrenze liegt, verlangt werden,
1. soweit von einem anderen Leistungen für einen besonderen Zweck erbracht werden, für den sonst Sozialhilfe zu leisten wäre,
2. wenn zur Deckung des Bedarfs nur geringfügige Mittel erforderlich sind.

Darüber hinaus soll in angemessenem Umfang die Aufbringung der Mittel verlangt werden, wenn eine Person für voraussichtlich längere Zeit Leistungen in einer stationären Einrichtung bedarf.
(2) Bei einer stationären Leistung in einer stationären Einrichtung wird von dem Einkommen, das der Leistungsberechtigte aus einer entgeltlichen Beschäftigung erzielt, die Aufbringung der Mittel in Höhe von einem Achtel der Regelbedarfsstufe 1 nach der Anlage zu § 28 zuzüglich 25 vom Hundert des diesen Betrag übersteigenden Einkommens aus der Beschäftigung nicht verlangt. § 82 Abs. 3 ist nicht anzuwenden.

§ 89 Einsatz des Einkommens bei mehrfachem Bedarf

(1) Wird im Einzelfall der Einsatz eines Teils des Einkommens zur Deckung eines bestimmten Bedarfs zugemutet oder verlangt, darf dieser Teil des Einkommens bei der Prüfung, inwieweit der Einsatz des Einkommens für einen anderen gleichzeitig bestehenden Bedarf zuzumuten ist oder verlangt werden kann, nicht berücksichtigt werden.

(2) Sind im Fall des Absatzes 1 für die Bedarfsfälle verschiedene Träger der Sozialhilfe zuständig, hat die Entscheidung über die Leistung für den zuerst eingetretenen Bedarf den Vorrang. Treten die Bedarfsfälle gleichzeitig ein, ist das über der Einkommensgrenze liegende Einkommen zu gleichen Teilen bei den Bedarfsfällen zu berücksichtigen.

Dritter Abschnitt
Vermögen

§ 90 Einzusetzendes Vermögen

(1) Einzusetzen ist das gesamte verwertbare Vermögen.

(2) Die Sozialhilfe darf nicht abhängig gemacht werden vom Einsatz oder von der Verwertung

1. eines Vermögens, das aus öffentlichen Mitteln zum Aufbau oder zur Sicherung einer Lebensgrundlage oder zur Gründung eines Hausstandes erbracht wird,

2. eines Kapitals einschließlich seiner Erträge, das der zusätzlichen Altersvorsorge im Sinne des § 10a oder des Abschnitts XI des Einkommensteuergesetzes dient und dessen Ansammlung staatlich gefördert wurde,

3. eines sonstigen Vermögens, solange es nachweislich zur baldigen Beschaffung oder Erhaltung eines Hausgrundstücks im Sinne der Nummer 8 bestimmt ist, soweit dieses Wohnzwecken behinderter (§ 53 Abs. 1 Satz 1 und § 72) oder pflegebedürftiger Menschen (§ 61) dient oder dienen soll und dieser Zweck durch den Einsatz oder die Verwertung des Vermögens gefährdet würde,

4. eines angemessenen Hausrats; dabei sind die bisherigen Lebensverhältnisse der nachfragenden Person zu berücksichtigen,

5. von Gegenständen, die zur Aufnahme oder Fortsetzung der Berufsausbildung oder der Erwerbstätigkeit unentbehrlich sind,

6. von Familien- und Erbstücken, deren Veräußerung für die nachfragende Person oder ihre Familie eine besondere Härte bedeuten würde,

7. von Gegenständen, die zur Befriedigung geistiger, insbesondere wissenschaftlicher oder künstlerischer Bedürfnisse dienen und deren Besitz nicht Luxus ist,

8. eines angemessenen Hausgrundstücks, das von der nachfragenden Person oder einer anderen in den § 19 Abs. 1 bis 3 genannten Person allein oder zusammen mit Angehörigen ganz oder teilweise bewohnt wird und nach ihrem Tod von ihren

Angehörigen bewohnt werden soll. Die Angemessenheit bestimmt sich nach der Zahl der Bewohner, dem Wohnbedarf (zum Beispiel behinderter, blinder oder pflegebedürftiger Menschen), der Grundstücksgröße, der Hausgröße, dem Zuschnitt und der Ausstattung des Wohngebäudes sowie dem Wert des Grundstücks einschließlich des Wohngebäudes,

9. kleinerer Barbeträge oder sonstiger Geldwerte; dabei ist eine besondere Notlage der nachfragenden Person zu berücksichtigen.

(3) Die Sozialhilfe darf ferner nicht vom Einsatz oder von der Verwertung eines Vermögens abhängig gemacht werden, soweit dies für den, der das Vermögen einzusetzen hat, und für seine unterhaltsberechtigten Angehörigen eine Härte bedeuten würde. Dies ist bei der Leistung nach dem Fünften bis Neunten Kapitel insbesondere der Fall, soweit eine angemessene Lebensführung oder die Aufrechterhaltung einer angemessenen Alterssicherung wesentlich erschwert würde.

-

§ 91 Darlehen

Soweit nach § 90 für den Bedarf der nachfragenden Person Vermögen einzusetzen ist, jedoch der sofortige Verbrauch oder die sofortige Verwertung des Vermögens nicht möglich ist oder für die, die es einzusetzen hat, eine Härte bedeuten würde, soll die Sozialhilfe als Darlehen geleistet werden. Die Leistungserbringung kann davon abhängig gemacht werden, dass der Anspruch auf Rückzahlung dinglich oder in anderer Weise gesichert wird.

Vierter Abschnitt
Einschränkung der Anrechnung

-

§ 92 Anrechnung bei behinderten Menschen

(1) Erfordert die Behinderung Leistungen für eine stationäre Einrichtung, für eine Tageseinrichtung für behinderte Menschen oder für ärztliche oder ärztlich verordnete Maßnahmen, sind die Leistungen hierfür auch dann in vollem Umfang zu erbringen, wenn den in § 19 Abs. 3 genannten Personen die Aufbringung der Mittel zu einem Teil zuzumuten ist. In Höhe dieses Teils haben sie zu den Kosten der erbrachten Leistungen beizutragen; mehrere Verpflichtete haften als Gesamtschuldner.

(2) Den in § 19 Abs. 3 genannten Personen ist die Aufbringung der Mittel nur für die Kosten des Lebensunterhalts zuzumuten

1. bei heilpädagogischen Maßnahmen für Kinder, die noch nicht eingeschult sind,
2. bei der Hilfe zu einer angemessenen Schulbildung einschließlich der Vorbereitung hierzu,
3. bei der Hilfe, die dem behinderten noch nicht eingeschulten Menschen die für ihn erreichbare Teilnahme am Leben in der Gemeinschaft ermöglichen soll,
4. bei der Hilfe zur schulischen Ausbildung für einen angemessenen Beruf oder zur

5. Ausbildung für eine sonstige angemessene Tätigkeit, wenn die hierzu erforderlichen Leistungen in besonderen Einrichtungen für behinderte Menschen erbracht werden,
6. bei Leistungen zur medizinischen Rehabilitation (§ 26 des Neunten Buches),
7. bei Leistungen zur Teilhabe am Arbeitsleben (§ 33 des Neunten Buches),
8. bei Leistungen in anerkannten Werkstätten für behinderte Menschen nach § 41 des Neunten Buches und in vergleichbaren sonstigen Beschäftigungsstätten (§ 56),

bei Hilfen zum Erwerb praktischer Kenntnisse und Fähigkeiten, die erforderlich und geeignet sind, behinderten Menschen die für sie erreichbare Teilhabe am Arbeitsleben zu ermöglichen, soweit diese Hilfen in besonderen teilstationären Einrichtungen für behinderte Menschen erbracht werden.
Die in Satz 1 genannten Leistungen sind ohne Berücksichtigung von vorhandenem Vermögen zu erbringen. Die Kosten des in einer Einrichtung erbrachten Lebensunterhalts sind in den Fällen der Nummern 1 bis 6 nur in Höhe der für den häuslichen Lebensunterhalt ersparten Aufwendungen anzusetzen; dies gilt nicht für den Zeitraum, in dem gleichzeitig mit den Leistungen nach Satz 1 in der Einrichtung durchgeführte andere Leistungen überwiegen. Die Aufbringung der Mittel nach Satz 1 Nr. 7 und 8 ist aus dem Einkommen nicht zumutbar, wenn das Einkommen des behinderten Menschen insgesamt einen Betrag in Höhe des Zweifachen der Regelbedarfsstufe 1 nach der Anlage zu § 28 nicht übersteigt. Die zuständigen Landesbehörden können Näheres über die Bemessung der für den häuslichen Lebensbedarf ersparten Aufwendungen und des Kostenbeitrags für das Mittagessen bestimmen. Zum Ersatz der Kosten nach den §§ 103 und 104 ist insbesondere verpflichtet, wer sich in den Fällen der Nummern 5 und 6 vorsätzlich oder grob fahrlässig nicht oder nicht ausreichend versichert hat.
(3) Hat ein anderer als ein nach bürgerlichem Recht Unterhaltspflichtiger nach sonstigen Vorschriften Leistungen für denselben Zweck zu erbringen, dem die in Absatz 2 genannten Leistungen dienen, wird seine Verpflichtung durch Absatz 2 nicht berührt. Soweit er solche Leistungen erbringt, kann abweichend von Absatz 2 von den in § 19 Abs. 3 genannten Personen die Aufbringung der Mittel verlangt werden.
-

§ 92a Einkommenseinsatz bei Leistungen für Einrichtungen

(1) Erhält eine Person in einer teilstationären oder stationären Einrichtung Leistungen, kann die Aufbringung der Mittel für die Leistungen in der Einrichtung nach dem Dritten und Vierten Kapitel von ihr und ihrem nicht getrennt lebenden Ehegatten oder Lebenspartner aus dem gemeinsamen Einkommen verlangt werden, soweit Aufwendungen für den häuslichen Lebensunterhalt erspart werden.
(2) Darüber hinaus soll in angemessenem Umfang die Aufbringung der Mittel verlangt werden, wenn eine Person auf voraussichtlich längere Zeit Leistungen in einer stationären Einrichtung bedarf.
(3) Bei der Prüfung, welcher Umfang angemessen ist, ist auch der bisherigen Lebenssituation des im Haushalt verbliebenen, nicht getrennt lebenden Ehegatten oder Lebenspartners sowie der im Haushalt lebenden minderjährigen unverheirateten Kinder Rechnung zu tragen.
(4) § 92 Abs. 2 bleibt unberührt.

Fünfter Abschnitt
Verpflichtungen anderer

§ 93 Übergang von Ansprüchen

(1) Hat eine leistungsberechtigte Person oder haben bei Gewährung von Hilfen nach dem Fünften bis Neunten Kapitel auch ihre Eltern, ihr nicht getrennt lebender Ehegatte oder ihr Lebenspartner für die Zeit, für die Leistungen erbracht werden, einen Anspruch gegen einen anderen, der kein Leistungsträger im Sinne des § 12 des Ersten Buches ist, kann der Träger der Sozialhilfe durch schriftliche Anzeige an den anderen bewirken, dass dieser Anspruch bis zur Höhe seiner Aufwendungen auf ihn übergeht. Er kann den Übergang dieses Anspruchs auch wegen seiner Aufwendungen für diejenigen Leistungen des Dritten und Vierten Kapitels bewirken, die er gleichzeitig mit den Leistungen für die in Satz 1 genannte leistungsberechtigte Person, deren nicht getrennt lebenden Ehegatten oder Lebenspartner und deren minderjährigen unverheirateten Kindern erbringt. Der Übergang des Anspruchs darf nur insoweit bewirkt werden, als bei rechtzeitiger Leistung des anderen entweder die Leistung nicht erbracht worden wäre oder in den Fällen des § 19 Abs. 5 und des § 92 Abs. 1 Aufwendungsersatz oder ein Kostenbeitrag zu leisten wäre. Der Übergang ist nicht dadurch ausgeschlossen, dass der Anspruch nicht übertragen, verpfändet oder gepfändet werden kann.
(2) Die schriftliche Anzeige bewirkt den Übergang des Anspruchs für die Zeit, für die der leistungsberechtigten Person die Leistung ohne Unterbrechung erbracht wird. Als Unterbrechung gilt ein Zeitraum von mehr als zwei Monaten.
(3) Widerspruch und Anfechtungsklage gegen den Verwaltungsakt, der den Übergang des Anspruchs bewirkt, haben keine aufschiebende Wirkung.
(4) Die §§ 115 und 116 des Zehnten Buches gehen der Regelung des Absatzes 1 vor.

§ 94 Übergang von Ansprüchen gegen einen nach bürgerlichem Recht Unterhaltspflichtigen

(1) Hat die leistungsberechtigte Person für die Zeit, für die Leistungen erbracht werden, nach bürgerlichem Recht einen Unterhaltsanspruch, geht dieser bis zur Höhe der geleisteten Aufwendungen zusammen mit dem unterhaltsrechtlichen Auskunftsanspruch auf den Träger der Sozialhilfe über. Der Übergang des Anspruchs ist ausgeschlossen, soweit der Unterhaltsanspruch durch laufende Zahlung erfüllt wird. Der Übergang des Anspruchs ist auch ausgeschlossen, wenn die unterhaltspflichtige Person zum Personenkreis des § 19 gehört oder die unterhaltspflichtige Person mit der leistungsberechtigten Person vom zweiten Grad an verwandt ist; der Übergang des Anspruchs des Leistungsberechtigten nach dem Vierten Kapitel gegenüber Eltern und Kindern ist ausgeschlossen. Gleiches gilt für Unterhaltsansprüche gegen Verwandte ersten Grades einer Person, die schwanger ist oder ihr leibliches Kind bis zur Vollendung seines sechsten Lebensjahres betreut. § 93 Abs. 4 gilt entsprechend.
(2) Der Anspruch einer volljährigen unterhaltsberechtigten Person, die behindert im Sinne von § 53 oder pflegebedürftig im Sinne von § 61 ist, gegenüber ihren Eltern wegen Leistungen nach dem Sechsten und Siebten Kapitel geht nur in Höhe von bis zu 26 Euro, wegen Leistungen nach dem Dritten Kapitel nur in Höhe von bis zu 20 Euro monatlich über. Es wird vermutet, dass der Anspruch in Höhe der genannten Beträge übergeht und

mehrere Unterhaltspflichtige zu gleichen Teilen haften; die Vermutung kann widerlegt werden. Die in Satz 1 genannten Beträge verändern sich zum gleichen Zeitpunkt und um denselben Vomhundertsatz, um den sich das Kindergeld verändert.
(3) Ansprüche nach Absatz 1 und 2 gehen nicht über, soweit

1. die unterhaltspflichtige Person Leistungsberechtigte nach dem Dritten und Vierten Kapitel ist oder bei Erfüllung des Anspruchs würde oder
2. der Übergang des Anspruchs eine unbillige Härte bedeuten würde.

Der Träger der Sozialhilfe hat die Einschränkung des Übergangs nach Satz 1 zu berücksichtigen, wenn er von ihren Voraussetzungen durch vorgelegte Nachweise oder auf andere Weise Kenntnis hat.
(4) Für die Vergangenheit kann der Träger der Sozialhilfe den übergegangenen Unterhalt außer unter den Voraussetzungen des bürgerlichen Rechts nur von der Zeit an fordern, zu welcher er dem Unterhaltspflichtigen die Erbringung der Leistung schriftlich mitgeteilt hat. Wenn die Leistung voraussichtlich auf längere Zeit erbracht werden muss, kann der Träger der Sozialhilfe bis zur Höhe der bisherigen monatlichen Aufwendungen auch auf künftige Leistungen klagen.
(5) Der Träger der Sozialhilfe kann den auf ihn übergegangenen Unterhaltsanspruch im Einvernehmen mit der leistungsberechtigten Person auf diesen zur gerichtlichen Geltendmachung rückübertragen und sich den geltend gemachten Unterhaltsanspruch abtreten lassen. Kosten, mit denen die leistungsberechtigte Person dadurch selbst belastet wird, sind zu übernehmen. Über die Ansprüche nach den Absätzen 1 bis 4 ist im Zivilrechtsweg zu entscheiden.
-

§ 95 Feststellung der Sozialleistungen

Der erstattungsberechtigte Träger der Sozialhilfe kann die Feststellung einer Sozialleistung betreiben sowie Rechtsmittel einlegen. Der Ablauf der Fristen, die ohne sein Verschulden verstrichen sind, wirkt nicht gegen ihn. Satz 2 gilt nicht für die Verfahrensfristen, soweit der Träger der Sozialhilfe das Verfahren selbst betreibt.

Sechster Abschnitt
Verordnungsermächtigungen

-

§ 96 Verordnungsermächtigungen

(1) Die Bundesregierung kann durch Rechtsverordnung mit Zustimmung des Bundesrates Näheres über die Berechnung des Einkommens nach § 82, insbesondere der Einkünfte aus Land- und Forstwirtschaft, aus Gewerbebetrieb und aus selbständiger Arbeit bestimmen.
(2) Das Bundesministerium für Arbeit und Soziales kann durch Rechtsverordnung mit Zustimmung des Bundesrates die Höhe der Barbeträge oder sonstigen Geldwerte im Sinne des § 90 Abs. 2 Nr. 9 bestimmen.

Zwölftes Kapitel
Zuständigkeit der Träger der Sozialhilfe

Erster Abschnitt
Sachliche und örtliche Zuständigkeit

§ 97 Sachliche Zuständigkeit

(1) Für die Sozialhilfe sachlich zuständig ist der örtliche Träger der Sozialhilfe, soweit nicht der überörtliche Träger sachlich zuständig ist.
(2) Die sachliche Zuständigkeit des überörtlichen Trägers der Sozialhilfe wird nach Landesrecht bestimmt. Dabei soll berücksichtigt werden, dass so weit wie möglich für Leistungen im Sinne von § 8 Nr. 1 bis 6 jeweils eine einheitliche sachliche Zuständigkeit gegeben ist.
(3) Soweit Landesrecht keine Bestimmung nach Absatz 2 Satz 1 enthält, ist der überörtliche Träger der Sozialhilfe für

1. Leistungen der Eingliederungshilfe für behinderte Menschen nach den §§ 53 bis 60,
2. Leistungen der Hilfe zur Pflege nach den §§ 61 bis 66,
3. Leistungen der Hilfe zur Überwindung besonderer sozialer Schwierigkeiten nach den §§ 67 bis 69,
4. Leistungen der Blindenhilfe nach § 72

sachlich zuständig.
(4) Die sachliche Zuständigkeit für eine stationäre Leistung umfasst auch die sachliche Zuständigkeit für Leistungen, die gleichzeitig nach anderen Kapiteln zu erbringen sind, sowie für eine Leistung nach § 74.
(5) Die überörtlichen Träger sollen, insbesondere bei verbreiteten Krankheiten, zur Weiterentwicklung von Leistungen der Sozialhilfe beitragen. Hierfür können sie die erforderlichen Einrichtungen schaffen oder fördern.

§ 98 Örtliche Zuständigkeit

(1) Für die Sozialhilfe örtlich zuständig ist der Träger der Sozialhilfe, in dessen Bereich sich die Leistungsberechtigten tatsächlich aufhalten. Diese Zuständigkeit bleibt bis zur Beendigung der Leistung auch dann bestehen, wenn die Leistung außerhalb seines Bereichs erbracht wird.
(2) Für die stationäre Leistung ist der Träger der Sozialhilfe örtlich zuständig, in dessen Bereich die Leistungsberechtigten ihren gewöhnlichen Aufenthalt im Zeitpunkt der Aufnahme in die Einrichtung haben oder in den zwei Monaten vor der Aufnahme zuletzt gehabt hatten. Waren bei Einsetzen der Sozialhilfe die Leistungsberechtigten aus einer Einrichtung im Sinne des Satzes 1 in eine andere Einrichtung oder von dort in weitere Einrichtungen übergetreten oder tritt nach dem Einsetzen der Leistung ein solcher Fall ein, ist der gewöhnliche Aufenthalt, der für die erste Einrichtung maßgebend war, entscheidend. Steht innerhalb von vier Wochen nicht fest, ob und wo der gewöhnliche Aufenthalt nach Satz 1 oder 2 begründet worden ist oder ist ein gewöhnlicher Aufenthaltsort nicht vorhanden oder nicht zu ermitteln oder liegt ein Eilfall vor, hat der nach Absatz 1 zuständige Träger der Sozialhilfe über die Leistung unverzüglich zu entscheiden

und sie vorläufig zu erbringen. Wird ein Kind in einer Einrichtung im Sinne des Satzes 1 geboren, tritt an die Stelle seines gewöhnlichen Aufenthalts der gewöhnliche Aufenthalt der Mutter.
(3) In den Fällen des § 74 ist der Träger der Sozialhilfe örtlich zuständig, der bis zum Tod der leistungsberechtigten Person Sozialhilfe leistete, in den anderen Fällen der Träger der Sozialhilfe, in dessen Bereich der Sterbeort liegt.
(4) Für Hilfen an Personen, die sich in Einrichtungen zum Vollzug richterlich angeordneter Freiheitsentziehung aufhalten oder aufgehalten haben, gelten die Absätze 1 und 2 sowie die §§ 106 und 109 entsprechend.
(5) Für die Leistungen nach diesem Buch an Personen, die Leistungen nach dem Sechsten bis Achten Kapitel in Formen ambulanter betreuter Wohnmöglichkeiten erhalten, ist der Träger der Sozialhilfe örtlich zuständig, der vor Eintritt in diese Wohnform zuletzt zuständig war oder gewesen wäre. Vor Inkrafttreten dieses Buches begründete Zuständigkeiten bleiben hiervon unberührt.

-

§ 99 Vorbehalt abweichender Durchführung

(1) Die Länder können bestimmen, dass und inwieweit die Kreise ihnen zugehörige Gemeinden oder Gemeindeverbände zur Durchführung von Aufgaben nach diesem Buch heranziehen und ihnen dabei Weisungen erteilen können; in diesen Fällen erlassen die Kreise den Widerspruchsbescheid nach dem Sozialgerichtsgesetz.
(2) Die Länder können bestimmen, dass und inwieweit die überörtlichen Träger der Sozialhilfe örtliche Träger der Sozialhilfe sowie diesen zugehörige Gemeinden und Gemeindeverbände zur Durchführung von Aufgaben nach diesem Buch heranziehen und ihnen dabei Weisungen erteilen können; in diesen Fällen erlassen die überörtlichen Träger den Widerspruchsbescheid nach dem Sozialgerichtsgesetz, soweit nicht nach Landesrecht etwas anderes bestimmt wird.

Zweiter Abschnitt
Sonderbestimmungen

-

§ 100 (weggefallen)

-
-

§ 101 Behördenbestimmung und Stadtstaaten-Klausel

(1) Welche Stellen zuständige Behörden sind, bestimmt die Landesregierung, soweit eine landesrechtliche Regelung nicht besteht.
(2) Die Senate der Länder Berlin, Bremen und Hamburg werden ermächtigt, die Vorschriften dieses Buches über die Zuständigkeit von Behörden dem besonderen Verwaltungsaufbau ihrer Länder anzupassen.

Dreizehntes Kapitel
Kosten

Erster Abschnitt
Kostenersatz

§ 102 Kostenersatz durch Erben

(1) Der Erbe der leistungsberechtigten Person oder ihres Ehegatten oder ihres Lebenspartners, falls diese vor der leistungsberechtigten Person sterben, ist vorbehaltlich des Absatzes 5 zum Ersatz der Kosten der Sozialhilfe verpflichtet. Die Ersatzpflicht besteht nur für die Kosten der Sozialhilfe, die innerhalb eines Zeitraumes von zehn Jahren vor dem Erbfall aufgewendet worden sind und die das Dreifache des Grundbetrages nach § 85 Abs. 1 übersteigen. Die Ersatzpflicht des Erben des Ehegatten oder Lebenspartners besteht nicht für die Kosten der Sozialhilfe, die während des Getrenntlebens der Ehegatten oder Lebenspartner geleistet worden sind. Ist die leistungsberechtigte Person der Erbe ihres Ehegatten oder Lebenspartners, ist sie zum Ersatz der Kosten nach Satz 1 nicht verpflichtet.
(2) Die Ersatzpflicht des Erben gehört zu den Nachlassverbindlichkeiten. Der Erbe haftet mit dem Wert des im Zeitpunkt des Erbfalles vorhandenen Nachlasses.
(3) Der Anspruch auf Kostenersatz ist nicht geltend zu machen,

1. soweit der Wert des Nachlasses unter dem Dreifachen des Grundbetrages nach § 85 Abs. 1 liegt,
2. soweit der Wert des Nachlasses unter dem Betrag von 15.340 Euro liegt, wenn der Erbe der Ehegatte oder Lebenspartner der leistungsberechtigten Person oder mit dieser verwandt ist und nicht nur vorübergehend bis zum Tod der leistungsberechtigten Person mit dieser in häuslicher Gemeinschaft gelebt und sie gepflegt hat,
3. soweit die Inanspruchnahme des Erben nach der Besonderheit des Einzelfalles eine besondere Härte bedeuten würde.

(4) Der Anspruch auf Kostenersatz erlischt in drei Jahren nach dem Tod der leistungsberechtigten Person, ihres Ehegatten oder ihres Lebenspartners. § 103 Abs. 3 Satz 2 und 3 gilt entsprechend.
(5) Der Ersatz der Kosten durch die Erben gilt nicht für Leistungen nach dem Vierten Kapitel und für die vor dem 1. Januar 1987 entstandenen Kosten der Tuberkulosehilfe.

§ 103 Kostenersatz bei schuldhaftem Verhalten

(1) Zum Ersatz der Kosten der Sozialhilfe ist verpflichtet, wer nach Vollendung des 18. Lebensjahres für sich oder andere durch vorsätzliches oder grob fahrlässiges Verhalten die Voraussetzungen für die Leistungen der Sozialhilfe herbeigeführt hat. Zum Kostenersatz ist auch verpflichtet, wer als leistungsberechtigte Person oder als deren Vertreter die Rechtswidrigkeit des der Leistung zu Grunde liegenden Verwaltungsaktes kannte oder infolge grober Fahrlässigkeit nicht kannte. Von der Heranziehung zum Kostenersatz kann abgesehen werden, soweit sie eine Härte bedeuten würde.
(2) Eine nach Absatz 1 eingetretene Verpflichtung zum Ersatz der Kosten geht auf den Erben über. § 102 Abs. 2 Satz 2 findet Anwendung.

(3) Der Anspruch auf Kostenersatz erlischt in drei Jahren vom Ablauf des Jahres an, in dem die Leistung erbracht worden ist. Für die Hemmung, die Ablaufhemmung, den Neubeginn und die Wirkung der Verjährung gelten die Vorschriften des Bürgerlichen Gesetzbuchs sinngemäß. Der Erhebung der Klage steht der Erlass eines Leistungsbescheides gleich.
(4) Die §§ 44 bis 50 des Zehnten Buches bleiben unberührt. Zum Kostenersatz nach Absatz 1 und zur Erstattung derselben Kosten nach § 50 des Zehnten Buches Verpflichtete haften als Gesamtschuldner.

-

§ 104 Kostenersatz für zu Unrecht erbrachte Leistungen

Zum Ersatz der Kosten für zu Unrecht erbrachte Leistungen der Sozialhilfe ist in entsprechender Anwendung des § 103 verpflichtet, wer die Leistungen durch vorsätzliches oder grob fahrlässiges Verhalten herbeigeführt hat. Zum Kostenersatz nach Satz 1 und zur Erstattung derselben Kosten nach § 50 des Zehnten Buches Verpflichtete haften als Gesamtschuldner.

-

§ 105 Kostenersatz bei Doppelleistungen, nicht erstattungsfähige Unterkunftskosten

(1) Hat ein vorrangig verpflichteter Leistungsträger in Unkenntnis der Leistung des Trägers der Sozialhilfe an die leistungsberechtigte Person geleistet, ist diese zur Herausgabe des Erlangten an den Träger der Sozialhilfe verpflichtet.
(2) Von den bei den Leistungen nach § 27a oder § 42 berücksichtigten Kosten der Unterkunft, mit Ausnahme der Kosten für Heizungs- und Warmwasserversorgung, unterliegen 56 vom Hundert nicht der Rückforderung. Satz 1 gilt nicht im Fall des § 45 Abs. 2 Satz 3 des Zehnten Buches oder wenn neben Leistungen nach dem Dritten oder Vierten Kapitel gleichzeitig Wohngeld nach dem Wohngeldgesetz geleistet worden ist.

Zweiter Abschnitt
Kostenerstattung zwischen den Trägern der Sozialhilfe

-

§ 106 Kostenerstattung bei Aufenthalt in einer Einrichtung

(1) Der nach § 98 Abs. 2 Satz 1 zuständige Träger der Sozialhilfe hat dem nach § 98 Abs. 2 Satz 3 vorläufig leistenden Träger die aufgewendeten Kosten zu erstatten. Ist in den Fällen des § 98 Abs. 2 Satz 3 und 4 ein gewöhnlicher Aufenthalt nicht vorhanden oder nicht zu ermitteln und war für die Leistungserbringung ein örtlicher Träger der Sozialhilfe sachlich zuständig, sind diesem die aufgewendeten Kosten von dem überörtlichen Träger der Sozialhilfe zu erstatten, zu dessen Bereich der örtliche Träger gehört.
(2) Als Aufenthalt in einer stationären Einrichtung gilt auch, wenn jemand außerhalb der Einrichtung untergebracht wird, aber in ihrer Betreuung bleibt, oder aus der Einrichtung beurlaubt wird.
(3) Verlässt in den Fällen des § 98 Abs. 2 die leistungsberechtigte Person die Einrichtung und erhält sie im Bereich des örtlichen Trägers, in dem die Einrichtung liegt, innerhalb von einem Monat danach Leistungen der Sozialhilfe, sind dem örtlichen Träger der Sozialhilfe die aufgewendeten Kosten von dem Träger der Sozialhilfe zu erstatten, in dessen Bereich

die leistungsberechtigte Person ihren gewöhnlichen Aufenthalt im Sinne des § 98 Abs. 2 Satz 1 hatte. Absatz 1 Satz 2 gilt entsprechend. Die Erstattungspflicht wird nicht durch einen Aufenthalt außerhalb dieses Bereichs oder in einer Einrichtung im Sinne des § 98 Abs. 2 Satz 1 unterbrochen, wenn dieser zwei Monate nicht übersteigt; sie endet, wenn für einen zusammenhängenden Zeitraum von zwei Monaten Leistungen nicht zu erbringen waren, spätestens nach Ablauf von zwei Jahren seit dem Verlassen der Einrichtung.

§ 107 Kostenerstattung bei Unterbringung in einer anderen Familie

§ 98 Abs. 2 und § 106 gelten entsprechend, wenn ein Kind oder ein Jugendlicher in einer anderen Familie oder bei anderen Personen als bei seinen Eltern oder bei einem Elternteil untergebracht ist.

§ 108 Kostenerstattung bei Einreise aus dem Ausland

(1) Reist eine Person, die weder im Ausland noch im Inland einen gewöhnlichen Aufenthalt hat, aus dem Ausland ein und setzten innerhalb eines Monats nach ihrer Einreise Leistungen der Sozialhilfe ein, sind die aufgewendeten Kosten von dem von einer Schiedsstelle bestimmten überörtlichen Träger der Sozialhilfe zu erstatten. Bei ihrer Entscheidung hat die Schiedsstelle die Einwohnerzahl und die Belastungen, die sich im vorangegangenen Haushaltsjahr für die Träger der Sozialhilfe nach dieser Vorschrift sowie nach den §§ 24 und 115 ergeben haben, zu berücksichtigen. Satz 1 gilt nicht für Personen, die im Inland geboren sind oder bei Einsetzen der Leistung mit ihnen als Ehegatte, Lebenspartner, Verwandte oder Verschwägerte zusammenleben. Leben Ehegatten, Lebenspartner, Verwandte oder Verschwägerte bei Einsetzen der Leistung zusammen, ist ein gemeinsamer erstattungspflichtiger Träger der Sozialhilfe zu bestimmen.
(2) Schiedsstelle im Sinne des Absatzes 1 ist das Bundesverwaltungsamt. Die Länder können durch Verwaltungsvereinbarung eine andere Schiedsstelle bestimmen.
(3) Ist ein Träger der Sozialhilfe nach Absatz 1 zur Erstattung der für eine leistungsberechtigte Person aufgewendeten Kosten verpflichtet, hat er auch die für den Ehegatten, den Lebenspartner oder die minderjährigen Kinder der leistungsberechtigten Personen aufgewendeten Kosten zu erstatten, wenn diese Personen später einreisen und Sozialhilfe innerhalb eines Monats einsetzt.
(4) Die Verpflichtung zur Erstattung der für Leistungsberechtigte aufgewendeten Kosten entfällt, wenn für einen zusammenhängenden Zeitraum von drei Monaten Sozialhilfe nicht zu leisten war.
(5) Die Absätze 1 bis 4 sind nicht anzuwenden für Personen, deren Unterbringung nach der Einreise in das Inland bundesrechtlich oder durch Vereinbarung zwischen Bund und Ländern geregelt ist.

§ 109 Ausschluss des gewöhnlichen Aufenthalts

Als gewöhnlicher Aufenthalt im Sinne des Zwölften Kapitels und des Dreizehnten Kapitels, Zweiter Abschnitt, gelten nicht der Aufenthalt in einer Einrichtung im Sinne von § 98 Abs. 2 und der auf richterlich angeordneter Freiheitsentziehung beruhende Aufenthalt in einer

Vollzugsanstalt.

-

§ 110 Umfang der Kostenerstattung

(1) Die aufgewendeten Kosten sind zu erstatten, soweit die Leistung diesem Buch entspricht. Dabei gelten die am Aufenthaltsort der Leistungsberechtigten zur Zeit der Leistungserbringung bestehenden Grundsätze für die Leistung von Sozialhilfe.
(2) Kosten unter 2 560 Euro, bezogen auf einen Zeitraum der Leistungserbringung von bis zu zwölf Monaten, sind außer in den Fällen einer vorläufigen Leistungserbringung nach § 98 Abs. 2 Satz 3 nicht zu erstatten. Die Begrenzung auf 2 560 Euro gilt, wenn die Kosten für die Mitglieder eines Haushalts im Sinne von § 27 Absatz 2 Satz 2 und 3 zu erstatten sind, abweichend von Satz 1 für die Mitglieder des Haushalts zusammen.

-

§ 111 Verjährung

(1) Der Anspruch auf Erstattung der aufgewendeten Kosten verjährt in vier Jahren, beginnend nach Ablauf des Kalenderjahres, in dem er entstanden ist.
(2) Für die Hemmung, die Ablaufhemmung, den Neubeginn und die Wirkung der Verjährung gelten die Vorschriften des Bürgerlichen Gesetzbuchs sinngemäß.

-

§ 112 Kostenerstattung auf Landesebene

Die Länder können Abweichendes über die Kostenerstattung zwischen den Trägern der Sozialhilfe ihres Bereichs regeln.

Dritter Abschnitt
Sonstige Regelungen

-

§ 113 Vorrang der Erstattungsansprüche

Erstattungsansprüche der Träger der Sozialhilfe gegen andere Leistungsträger nach § 104 des Zehnten Buches gehen einer Übertragung, Pfändung oder Verpfändung des Anspruchs vor, auch wenn sie vor Entstehen des Erstattungsanspruchs erfolgt sind.

-

§ 114 Ersatzansprüche der Träger der Sozialhilfe nach sonstigen Vorschriften

Bestimmt sich das Recht des Trägers der Sozialhilfe, Ersatz seiner Aufwendungen von einem anderen zu verlangen, gegen den die Leistungsberechtigten einen Anspruch haben, nach sonstigen gesetzlichen Vorschriften, die dem § 93 vorgehen, gelten als Aufwendungen

1. die Kosten der Leistung für diejenige Person, die den Anspruch gegen den anderen hat, und

2. die Kosten für Leistungen nach dem Dritten und Vierten Kapitel, die gleichzeitig mit der Leistung nach Nummer 1 für den nicht getrennt lebenden Ehegatten oder Lebenspartner und die minderjährigen unverheirateten Kinder geleistet wurden.

-

§ 115 Übergangsregelung für die Kostenerstattung bei Einreise aus dem Ausland

Die Pflicht eines Trägers der Sozialhilfe zur Kostenerstattung, die nach der vor dem 1. Januar 1994 geltenden Fassung des § 108 des Bundessozialhilfegesetzes entstanden oder von der Schiedsstelle bestimmt worden ist, bleibt bestehen.

Vierzehntes Kapitel
Verfahrensbestimmungen

-

§ 116 Beteiligung sozial erfahrener Dritter

(1) Soweit Landesrecht nichts Abweichendes bestimmt, sind vor dem Erlass allgemeiner Verwaltungsvorschriften sozial erfahrene Dritte zu hören, insbesondere aus Vereinigungen, die Bedürftige betreuen, oder aus Vereinigungen von Sozialleistungsempfängern.
(2) Soweit Landesrecht nichts Abweichendes bestimmt, sind vor dem Erlass des Verwaltungsaktes über einen Widerspruch gegen die Ablehnung der Sozialhilfe oder gegen die Festsetzung ihrer Art und Höhe Dritte, wie sie in Absatz 1 bezeichnet sind, beratend zu beteiligen.

-

§ 116a Rücknahme von Verwaltungsakten

Für die Rücknahme eines rechtswidrigen nicht begünstigenden Verwaltungsakts gilt § 44 Absatz 4 Satz 1 des Zehnten Buches mit der Maßgabe, dass anstelle des Zeitraums von vier Jahren ein Zeitraum von einem Jahr tritt.

-

§ 117 Pflicht zur Auskunft

(1) Die Unterhaltspflichtigen, ihre nicht getrennt lebenden Ehegatten oder Lebenspartner und die Kostenersatzpflichtigen haben dem Träger der Sozialhilfe über ihre Einkommens- und Vermögensverhältnisse Auskunft zu geben, soweit die Durchführung dieses Buches es erfordert. Dabei haben sie die Verpflichtung, auf Verlangen des Trägers der Sozialhilfe Beweisurkunden vorzulegen oder ihrer Vorlage zuzustimmen. Auskunftspflichtig nach Satz 1 und 2 sind auch Personen, von denen nach § 39 trotz Aufforderung unwiderlegt vermutet wird, dass sie Leistungen zum Lebensunterhalt an andere Mitglieder der Haushaltsgemeinschaft erbringen. Die Auskunftspflicht der Finanzbehörden nach § 21 Abs. 4 des Zehnten Buches erstreckt sich auch auf diese Personen.
(2) Wer jemandem, der Leistungen nach diesem Buch beantragt hat oder bezieht, Leistungen erbringt oder erbracht hat, die geeignet sind oder waren, diese Leistungen auszuschließen oder zu mindern, hat dem Träger der Sozialhilfe auf Verlangen hierüber

Auskunft zu geben, soweit es zur Durchführung der Aufgaben nach diesem Buch im Einzelfall erforderlich ist.
(3) Wer jemandem, der Leistungen nach diesem Buch beantragt hat oder bezieht, zu Leistungen verpflichtet ist oder war, die geeignet sind oder waren, Leistungen auszuschließen oder zu mindern, oder für ihn Guthaben führt oder Vermögensgegenstände verwahrt, hat dem Träger der Sozialhilfe auf Verlangen hierüber sowie über damit im Zusammenhang stehendes Einkommen oder Vermögen Auskunft zu erteilen, soweit es zur Durchführung der Leistungen nach diesem Buch im Einzelfall erforderlich ist. § 21 Abs. 3 Satz 4 des Zehnten Buches gilt entsprechend.
(4) Der Arbeitgeber ist verpflichtet, dem Träger der Sozialhilfe über die Art und Dauer der Beschäftigung, die Arbeitsstätte und das Arbeitsentgelt der bei ihm beschäftigten Leistungsberechtigten, Unterhaltspflichtigen und deren nicht getrennt lebenden Ehegatten oder Lebenspartner sowie Kostenersatzpflichtigen Auskunft zu geben, soweit die Durchführung dieses Buches es erfordert.
(5) Die nach den Absätzen 1 bis 4 zur Erteilung einer Auskunft Verpflichteten können Angaben verweigern, die ihnen oder ihnen nahe stehenden Personen (§ 383 Abs. 1 Nr. 1 bis 3 der Zivilprozessordnung) die Gefahr zuziehen würden, wegen einer Straftat oder einer Ordnungswidrigkeit verfolgt zu werden.
(6) Ordnungswidrig handelt, wer vorsätzlich oder fahrlässig die Auskünfte nach den Absätzen 2, 3 Satz 1 und Absatz 4 nicht, nicht richtig, nicht vollständig oder nicht rechtzeitig erteilt. Die Ordnungswidrigkeit kann mit einer Geldbuße geahndet werden.
-

§ 118 Überprüfung, Verwaltungshilfe

(1) Die Träger der Sozialhilfe können Personen, die Leistungen nach diesem Buch mit Ausnahme des Vierten Kapitels beziehen, auch regelmäßig im Wege des automatisierten Datenabgleichs daraufhin überprüfen,

1. ob und in welcher Höhe und für welche Zeiträume von ihnen Leistungen der Bundesagentur für Arbeit (Auskunftsstelle) oder der Träger der gesetzlichen Unfall- oder Rentenversicherung (Auskunftsstellen) bezogen werden oder wurden,

2. ob und in welchem Umfang Zeiten des Leistungsbezuges nach diesem Buch mit Zeiten einer Versicherungspflicht oder Zeiten einer geringfügigen Beschäftigung zusammentreffen,

3. ob und welche Daten nach § 45d Abs. 1 und § 45e des Einkommensteuergesetzes dem Bundeszentralamt für Steuern (Auskunftsstelle) übermittelt worden sind und

4. ob und in welcher Höhe ein Kapital nach § 90 Abs. 2 Nr. 2 nicht mehr dem Zweck einer geförderten zusätzlichen Altersvorsorge im Sinne des § 10a oder des Abschnitts XI des Einkommensteuergesetzes dient.

Sie dürfen für die Überprüfung nach Satz 1 Name, Vorname (Rufname), Geburtsdatum, Geburtsort, Nationalität, Geschlecht, Anschrift und Versicherungsnummer der Personen, die Leistungen nach diesem Buch beziehen, den Auskunftsstellen übermitteln. Die Auskunftsstellen führen den Abgleich mit den nach Satz 2 übermittelten Daten durch und übermitteln die Daten über Feststellungen im Sinne des Satzes 1 an die Träger der Sozialhilfe. Die ihnen überlassenen Daten und Datenträger sind nach Durchführung des Abgleichs unverzüglich zurückzugeben, zu löschen oder zu vernichten. Die Träger der

Sozialhilfe dürfen die ihnen übermittelten Daten nur zur Überprüfung nach Satz 1 nutzen. Die übermittelten Daten der Personen, bei denen die Überprüfung zu keinen abweichenden Feststellungen führt, sind unverzüglich zu löschen.
(2) Die Träger der Sozialhilfe sind befugt, Personen, die Leistungen nach diesem Buch beziehen, auch regelmäßig im Wege des automatisierten Datenabgleichs daraufhin zu überprüfen, ob und in welcher Höhe und für welche Zeiträume von ihnen Leistungen nach diesem Buch durch andere Träger der Sozialhilfe bezogen werden oder wurden. Hierzu dürfen die erforderlichen Daten nach Absatz 1 Satz 2 anderen Trägern der Sozialhilfe oder einer zentralen Vermittlungsstelle im Sinne des § 120 Nr. 1 übermittelt werden. Diese führen den Abgleich der ihnen übermittelten Daten durch und leiten Feststellungen im Sinne des Satzes 1 an die übermittelnden Träger der Sozialhilfe zurück. Sind die ihnen übermittelten Daten oder Datenträger für die Überprüfung nach Satz 1 nicht mehr erforderlich, sind diese unverzüglich zurückzugeben, zu löschen oder zu vernichten. Überprüfungsverfahren nach diesem Absatz können zusammengefasst und mit Überprüfungsverfahren nach Absatz 1 verbunden werden.
(3) Die Datenstelle der Rentenversicherungsträger darf als Vermittlungsstelle für das Bundesgebiet die nach den Absätzen 1 und 2 übermittelten Daten speichern und nutzen, soweit dies für die Datenabgleiche nach den Absätzen 1 und 2 erforderlich ist. Sie darf die Daten der Stammsatzdatei (§ 150 des Sechsten Buches) und der bei ihr für die Prüfung bei den Arbeitgebern geführten Datei (§ 28p Abs. 8 Satz 2 des Vierten Buches) nutzen, soweit die Daten für die Datenabgleiche erforderlich sind. Die nach Satz 1 bei der Datenstelle der Rentenversicherungsträger gespeicherten Daten sind unverzüglich nach Abschluss der Datenabgleiche zu löschen.
(4) Die Träger der Sozialhilfe sind befugt, zur Vermeidung rechtswidriger Inanspruchnahme von Sozialhilfe Daten von Personen, die Leistungen nach diesem Buch beziehen, bei anderen Stellen ihrer Verwaltung, bei ihren wirtschaftlichen Unternehmen und bei den Kreisen, Kreisverwaltungsbehörden und Gemeinden zu überprüfen, soweit diese für die Erfüllung dieser Aufgaben erforderlich ist. Sie dürfen für die Überprüfung die in Absatz 1 Satz 2 genannten Daten übermitteln. Die Überprüfung kann auch regelmäßig im Wege des automatisierten Datenabgleichs mit den Stellen durchgeführt werden, bei denen die in Satz 4 jeweils genannten Daten zuständigkeitshalber vorliegen. Nach Satz 1 ist die Überprüfung folgender Daten zulässig:

1. Geburtsdatum und -ort,
2. Personen- und Familienstand,
3. Wohnsitz,
4. Dauer und Kosten von Miet- oder Überlassungsverhältnissen von Wohnraum,
5. Dauer und Kosten von bezogenen Leistungen über Elektrizität, Gas, Wasser, Fernwärme oder Abfallentsorgung und
6. Eigenschaft als Kraftfahrzeughalter.

Die in Satz 1 genannten Stellen sind verpflichtet, die in Satz 4 genannten Daten zu übermitteln. Sie haben die ihnen im Rahmen der Überprüfung übermittelten Daten nach Vorlage der Mitteilung unverzüglich zu löschen. Eine Übermittlung durch diese Stellen unterbleibt, soweit ihr besondere gesetzliche Verwendungsregelungen entgegenstehen.
-

§ 119 Wissenschaftliche Forschung im Auftrag des Bundes

Der Träger der Sozialhilfe darf einer wissenschaftlichen Einrichtung, die im Auftrag des Bundesministeriums für Arbeit und Soziales ein Forschungsvorhaben durchführt, das dem Zweck dient, die Erreichung der Ziele von Gesetzen über soziale Leistungen zu überprüfen oder zu verbessern, Sozialdaten übermitteln, soweit

1. dies zur Durchführung des Forschungsvorhabens erforderlich ist, insbesondere das Vorhaben mit anonymisierten oder pseudoanonymisierten Daten nicht durchgeführt werden kann, und
2. das öffentliche Interesse an dem Forschungsvorhaben das schutzwürdige Interesse der Betroffenen an einem Ausschluss der Übermittlung erheblich überwiegt.

Vor der Übermittlung sind die Betroffenen über die beabsichtigte Übermittlung, den Zweck des Forschungsvorhabens sowie ihr Widerspruchsrecht nach Satz 3 schriftlich zu unterrichten. Sie können der Übermittlung innerhalb eines Monats nach der Unterrichtung widersprechen. Im Übrigen bleibt das Zweite Kapitel des Zehnten Buches unberührt.

-

§ 120 Verordnungsermächtigung

Das Bundesministerium für Arbeit und Soziales wird ermächtigt, durch Rechtsverordnung mit Zustimmung des Bundesrates

1. das Nähere über das Verfahren des automatisierten Datenabgleichs nach § 118 Abs. 1 und die Kosten des Verfahrens zu regeln; dabei ist vorzusehen, dass die Zuleitung an die Auskunftsstellen durch eine zentrale Vermittlungsstelle (Kopfstelle) zu erfolgen hat, deren Zuständigkeitsbereich zumindest das Gebiet eines Bundeslandes umfasst, und
2. das Nähere über das Verfahren nach § 118 Abs. 2 zu regeln.

Fünfzehntes Kapitel
Statistik

Erster Abschnitt
Bundesstatistik für das Dritte und Fünfte bis Neunte Kapitel

-

§ 121 Bundesstatistik für das Dritte und Fünfte bis Neunte Kapitel

Zur Beurteilung der Auswirkungen des Dritten und Fünften bis Neunten Kapitels und zu deren Fortentwicklung werden Erhebungen über

1. die Leistungsberechtigten, denen
    a) Hilfe zum Lebensunterhalt nach dem Dritten Kapitel (§§ 27 bis 40),
    b)

c) Hilfen zur Gesundheit nach dem Fünften Kapitel (§§ 47 bis 52),
   d) Eingliederungshilfe für behinderte Menschen nach dem Sechsten Kapitel (§§ 53 bis 60),
   e) Hilfe zur Pflege nach dem Siebten Kapitel (§§ 61 bis 66),
   f) Hilfe zur Überwindung besonderer sozialer Schwierigkeiten nach dem Achten Kapitel (§§ 67 bis 69) und
   Hilfe in anderen Lebenslagen nach dem Neunten Kapitel (§§ 70 bis 74) geleistet wird,
2. die Einnahmen und Ausgaben der Träger der Sozialhilfe nach dem Dritten und Fünften bis Neunten Kapitel

als Bundesstatistik durchgeführt.

§ 122 Erhebungsmerkmale

(1) Erhebungsmerkmale bei der Erhebung nach § 121 Nummer 1 Buchstabe a sind:

1. für Leistungsberechtigte, denen Leistungen nach dem Dritten Kapitel für mindestens einen Monat erbracht werden:
   a) Geschlecht, Geburtsmonat und -jahr, Staatsangehörigkeit, Migrationshintergrund, bei Ausländern auch aufenthaltsrechtlicher Status, Stellung zum Haushaltsvorstand, Art der geleisteten Mehrbedarfszuschläge,
   b) für Leistungsberechtigte, die das 15. Lebensjahr vollendet, die Altersgrenze nach § 41 Abs. 2 aber noch nicht erreicht haben, zusätzlich zu den unter Buchstabe a genannten Merkmalen: Beschäftigung, Einschränkung der Leistung,
   c) für Leistungsberechtigte in Personengemeinschaften, für die eine gemeinsame Bedarfsberechnung erfolgt, und für einzelne Leistungsberechtigte: Wohngemeinde und Gemeindeteil, Art des Trägers, Leistungen in und außerhalb von Einrichtungen, Beginn der Leistung nach Monat und Jahr, Beginn der ununterbrochenen Leistungserbringung für mindestens ein Mitglied der Personengemeinschaft nach Monat und Jahr, die in den § 27a Absatz 3, §§ 27b, 30 bis 33, 34 Absatz 2 bis 7, §§ 35 bis 38 und 133a genannten Bedarfe je Monat, Nettobedarf je Monat, Art und jeweilige Höhe der angerechneten oder in Anspruch genommenen Einkommen und übergegangenen Ansprüche, Zahl aller Haushaltsmitglieder, Zahl aller Leistungsberechtigten im Haushalt,
   d) bei Änderung der Zusammensetzung der Personengemeinschaft und bei Beendigung der Leistungserbringung zusätzlich zu den unter den Buchstaben a bis c genannten Merkmalen: Monat und Jahr der Änderung der Zusammensetzung oder der Beendigung der Leistung, bei Ende der Leistung auch Grund der Einstellung der Leistungen und

2.
für Leistungsberechtigte, die nicht zu dem Personenkreis der Nummer 1 zählen: Geschlecht, Altersgruppe, Staatsangehörigkeit, Vorhandensein eigenen Wohnraums, Art des Trägers.
(2) (weggefallen)
(3) Erhebungsmerkmale bei den Erhebungen nach § 121 Nummer 1 Buchstabe b bis f sind für jeden Leistungsberechtigten:
1.
Geschlecht, Geburtsmonat und -jahr, Wohngemeinde und Gemeindeteil, Staatsangehörigkeit, bei Ausländern auch aufenthaltsrechtlicher Status, Art des Trägers, erbrachte Leistung im Laufe und am Ende des Berichtsjahres sowie in und außerhalb von Einrichtungen nach Art der Leistung nach § 8, am Jahresende erbrachte Leistungen nach dem Dritten und Vierten Kapitel jeweils getrennt nach in und außerhalb von Einrichtungen,
2.
bei Leistungsberechtigten nach dem Sechsten und Siebten Kapitel auch die einzelne Art der Leistungen und die Ausgaben je Fall, Beginn und Ende der Leistungserbringung nach Monat und Jahr sowie Art der Unterbringung, Leistung durch ein Persönliches Budget,
3.
bei Leistungsberechtigten nach dem Sechsten Kapitel zusätzlich die Beschäftigten, denen der Übergang auf den allgemeinen Arbeitsmarkt gelingt,
4.
bei Leistungsberechtigten nach dem Siebten Kapitel zusätzlich Erbringung von Pflegeleistungen von Sozialversicherungsträgern.
(4) Erhebungsmerkmale bei der Erhebung nach § 121 Nummer 2 sind:
Art des Trägers, Ausgaben für Leistungen in und außerhalb von Einrichtungen nach § 8, Einnahmen in und außerhalb von Einrichtungen nach Einnahmearten und Leistungen nach § 8.
-

§ 123 Hilfsmerkmale

(1) Hilfsmerkmale für Erhebungen nach § 121 sind
1.
Name und Anschrift des Auskunftspflichtigen,
2.
für die Erhebung nach § 122 Absatz 1 Nummer 1 und Absatz 3 die Kennnummern der Leistungsberechtigten,
3.
Name und Telefonnummer der für eventuelle Rückfragen zur Verfügung stehenden Person.
(2) Die Kennnummern nach Absatz 1 Nummer 2 dienen der Prüfung der Richtigkeit der Statistik und der Fortschreibung der jeweils letzten Bestandserhebung. Sie enthalten keine Angaben über persönliche und sachliche Verhältnisse der Leistungsberechtigten und sind zum frühestmöglichen Zeitpunkt spätestens nach Abschluss der wiederkehrenden Bestandserhebung zu löschen.
-

§ 124 Periodizität, Berichtszeitraum und Berichtszeitpunkte

(1) Die Erhebungen nach § 122 Absatz 1 Nummer 1 Buchstabe a bis c werden als Bestandserhebungen jährlich zum 31. Dezember durchgeführt. Die Angaben sind darüber hinaus bei Beginn und Ende der Leistungserbringung sowie bei Änderung der Zusammensetzung der Personengemeinschaft nach § 122 Absatz 1 Nummer 1 Buchstabe c zu erteilen. Die Angaben zu § 122 Absatz 1 Nummer 1 Buchstabe d sind ebenfalls zum Zeitpunkt der Beendigung der Leistungserbringung und der Änderung der Zusammensetzung der Personengemeinschaft zu erteilen.
(2) Die Erhebung nach § 122 Absatz 1 Nummer 2 wird als Bestandserhebung vierteljährlich zum Quartalsende durchgeführt.
(3) Die Erhebungen nach § 122 Absatz 3 und 4 erfolgen jährlich für das abgelaufene Kalenderjahr.

-

§ 125 Auskunftspflicht

(1) Für die Erhebungen nach § 121 besteht Auskunftspflicht. Die Angaben nach § 123 Absatz 1 Nummer 3 sowie die Angaben zum Gemeindeteil nach § 122 Absatz 1 Nummer 1 Buchstabe c und Absatz 3 Nummer 1 sind freiwillig.
(2) Auskunftspflichtig sind die zuständigen örtlichen und überörtlichen Träger der Sozialhilfe sowie die kreisangehörigen Gemeinden und Gemeindeverbände, soweit sie Aufgaben dieses Buches wahrnehmen.

-

§ 126 Übermittlung, Veröffentlichung

(1) An die fachlich zuständigen obersten Bundes- oder Landesbehörden dürfen für die Verwendung gegenüber den gesetzgebenden Körperschaften und für Zwecke der Planung, jedoch nicht für die Regelung von Einzelfällen, vom Statistischen Bundesamt und den statistischen Ämtern der Länder Tabellen mit statistischen Ergebnissen nach § 121 übermittelt werden, auch soweit Tabellenfelder nur einen einzigen Fall ausweisen. Tabellen, deren Tabellenfelder nur einen einzigen Fall ausweisen, dürfen nur dann übermittelt werden, wenn sie nicht differenzierter als auf Regierungsbezirksebene, bei Stadtstaaten auf Bezirksebene, aufbereitet sind.
(2) Die statistischen Ämter der Länder stellen dem Statistischen Bundesamt zu den Erhebungen nach § 121 für Zusatzaufbereitungen des Bundes jährlich unverzüglich nach Aufbereitung der Bestandserhebung und der Erhebung im Laufe des Berichtsjahres Einzelangaben aus einer Zufallsstichprobe mit einem Auswahlsatz von 25 vom Hundert der Leistungsberechtigten zur Verfügung.
(3) Die Ergebnisse der Sozialhilfestatistik dürfen auf die einzelne Gemeinde bezogen veröffentlicht werden.

-

§ 127 Übermittlung an Kommunen

(1) Für ausschließlich statistische Zwecke dürfen den zur Durchführung statistischer Aufgaben zuständigen Stellen der Gemeinden und Gemeindeverbände für ihren Zuständigkeitsbereich Einzelangaben aus der Erhebung nach § 122 mit Ausnahme der Hilfsmerkmale übermittelt werden, soweit die Voraussetzungen nach § 16 Abs. 5 des

Bundesstatistikgesetzes gegeben sind.
(2) Die Daten können auch für interkommunale Vergleichszwecke übermittelt werden, wenn die betreffenden Träger der Sozialhilfe zustimmen und sichergestellt ist, dass die Datenerhebung der Berichtsstellen nach standardisierten Erfassungs- und Melderegelungen sowie vereinheitlichter Auswertungsroutine erfolgt.
-

§ 128 Zusatzerhebungen

Über Leistungen und Maßnahmen nach dem Dritten und Fünften bis Neunten Kapitel, die nicht durch die Erhebungen nach § 121 Nummer 1 erfasst sind, können bei Bedarf Zusatzerhebungen als Bundesstatistiken durchgeführt werden.

Zweiter Abschnitt
Bundesstatistik für das Vierte Kapitel

-

§ 128a Bundesstatistik für das Vierte Kapitel

(1) Zur Beurteilung der Auswirkungen des Vierten Kapitels sowie zu seiner Fortentwicklung sind Erhebungen über die Leistungsberechtigten als Bundesstatistik durchzuführen. Die Erhebungen erfolgen zentral durch das Statistische Bundesamt.
(2) Die Statistik nach Absatz 1 umfasst folgende Merkmalkategorien:
1. Persönliche Merkmale,
2. Art und Höhe der Bedarfe,
3. Art und Höhe der angerechneten Einkommen.

-

§ 128b Persönliche Merkmale

Erhebungsmerkmale nach § 128a Absatz 2 Nummer 1 sind
1. Geschlecht, Geburtsjahr, Staatsangehörigkeit und Bundesland,
2. Geburtsmonat, Wohngemeinde und Gemeindeteil, bei Ausländern auch aufenthaltsrechtlicher Status,
3. Leistungsbezug in und außerhalb von Einrichtungen, bei Leistungsberechtigten außerhalb von Einrichtungen zusätzlich die Anzahl der im Haushalt lebenden Personen, bei Leistungsberechtigten in Einrichtungen die Art der Unterbringung,
4. Träger der Leistung,
5. Beginn der Leistungsgewährung nach Monat und Jahr sowie Ursache der Leistungsgewährung, Ende des Leistungsbezugs nach Monat und Jahr sowie Grund

6. für die Einstellung der Leistung,
7. Dauer des Leistungsbezugs in Monaten,
- gleichzeitiger Bezug von Leistungen nach dem Dritten und Fünften bis Neunten Kapitel.

§ 128c Art und Höhe der Bedarfe

Erhebungsmerkmale nach § 128a Absatz 2 Nummer 2 sind

1. Regelbedarfsstufe, gezahlter Regelsatz in den Regelbedarfsstufen und abweichende Regelsatzfestsetzung,
2. Mehrbedarfe nach Art und Höhe,
3. einmalige Bedarfe nach Art und Höhe,
4. Beiträge zur Kranken- und Pflegeversicherung, getrennt nach
    a) Beiträgen für eine Pflichtversicherung in der gesetzlichen Krankenversicherung,
    b) Beiträgen für eine freiwillige Versicherung in der gesetzlichen Krankenversicherung,
    c) Beiträgen, die auf Grund des Zusatzbeitragssatzes nach dem Fünften Buch gezahlt werden,
    d) Beiträgen für eine private Krankenversicherung,
    e) Beiträgen für eine soziale Pflegeversicherung,
    f) Beiträgen für eine private Pflegeversicherung,
5. Beiträge für die Vorsorge, getrennt nach
    a) Beiträgen für die Altersvorsorge,
    b) Aufwendungen für Sterbegeldversicherungen,
6. Bedarfe für Bildung und Teilhabe, getrennt nach
    a) Schulausflügen,
    b) mehrtägigen Klassenfahrten,
    c) Ausstattung mit persönlichem Schulbedarf,
    d) Schulbeförderung,

e) Lernförderung,
f) Teilnahme an einer gemeinschaftlichen Mittagsverpflegung,
7. Aufwendungen für Unterkunft und Heizung sowie sonstige Hilfen zur Sicherung der Unterkunft,
8. Brutto- und Nettobedarf,
9. Darlehen.

§ 128d Art und Höhe der angerechneten Einkommen

Erhebungsmerkmale nach § 128a Absatz 2 Nummer 3 sind die jeweilige Höhe der Einkommensart, getrennt nach

1. Altersrente aus der gesetzlichen Rentenversicherung,
2. Hinterbliebenenrente aus der gesetzlichen Rentenversicherung,
3. Renten wegen Erwerbsminderung,
4. Versorgungsbezüge,
5. Renten aus betrieblicher Altersvorsorge,
6. Renten aus privater Vorsorge,
7. Vermögenseinkünfte,
8. Einkünfte nach dem Bundesversorgungsgesetz,
9. Erwerbseinkommen,
10. übersteigendes Einkommen eines im gemeinsamen Haushalt lebenden Partners,
11. öffentlich-rechtliche Leistungen für Kinder,
12. sonstige Einkünfte.

§ 128e Hilfsmerkmale

(1) Hilfsmerkmale für die Bundesstatistik nach § 128a sind
1. Name und Anschrift der nach § 128g Auskunftspflichtigen,
2.

3. die Kennnummern des Leistungsberechtigten,

Name und Telefonnummer sowie Adresse für elektronische Post der für eventuelle Rückfragen zur Verfügung stehenden Person.
(2) Die Kennnummern nach Absatz 1 Nummer 2 dienen der Prüfung der Richtigkeit der Statistik und der Fortschreibung der jeweils letzten Bestandserhebung. Sie enthalten keine Angaben über persönliche und sachliche Verhältnisse des Leistungsberechtigten und sind zum frühestmöglichen Zeitpunkt, spätestens nach Abschluss der wiederkehrenden Bestandserhebung, zu löschen.

§ 128f Periodizität, Berichtszeitraum und Berichtszeitpunkte

(1) Die Bundesstatistik nach § 128a wird quartalsweise durchgeführt.
(2) Die Merkmale nach den §§ 128b bis 128d, ausgenommen das Merkmal nach § 128b Nummer 5, sind als Bestandserhebung zum Quartalsende zu erheben, wobei sich die Angaben zu den Bedarfen und Einkommen nach § 128c Nummer 1 bis 8 und § 128d jeweils auf den gesamten letzten Monat des Berichtsquartals beziehen.
(3) Die Merkmale nach § 128b Nummer 5 sind für den gesamten Quartalszeitraum zu erheben, wobei gleichzeitig die Merkmale nach § 128b Nummer 1 und 2 zu erheben sind. Bei den beendeten Leistungen ist zudem die bisherige Dauer der Leistungsgewährung nach § 128b Nummer 6 zu erheben.
(4) Die Merkmale nach § 128c Nummer 6 sind für jeden Monat eines Quartals zu erheben, wobei gleichzeitig die Merkmale nach § 128b Nummer 1 und 2 zu erheben sind.

§ 128g Auskunftspflicht

(1) Für die Bundesstatistik nach § 128a besteht Auskunftspflicht. Die Auskunftserteilung für die Angaben nach § 128e Nummer 3 und zum Gemeindeteil nach § 128b Nummer 2 sind freiwillig.
(2) Auskunftspflichtig sind die für die Ausführung des Gesetzes nach dem Vierten Kapitel zuständigen Träger.

§ 128h Datenübermittlung, Veröffentlichung

(1) Die in sich schlüssigen und nach einheitlichen Standards formatierten Einzeldatensätze sind von den Auskunftspflichtigen elektronisch bis zum Ablauf von 30 Arbeitstagen nach Ende des jeweiligen Berichtsquartals nach § 128f an das Statistische Bundesamt zu übermitteln. Soweit die Übermittlung zwischen informationstechnischen Netzen von Bund und Ländern stattfindet, ist dafür nach § 3 des Gesetzes über die Verbindung der informationstechnischen Netze des Bundes und der Länder – Gesetz zur Ausführung von Artikel 91c Absatz 4 des Grundgesetzes – vom 10. August 2009 (BGBl. I S. 2702, 2706) das Verbindungsnetz zu nutzen. Die zu übermittelnden Daten sind nach dem Stand der Technik fortgeschritten zu signieren und zu verschlüsseln.
(2) Das Statistische Bundesamt übermittelt dem Bundesministerium für Arbeit und Soziales für Zwecke der Planung, jedoch nicht für die Regelung von Einzelfällen, Tabellen mit den Ergebnissen der Bundesstatistik nach § 128a, auch soweit Tabellenfelder nur

einen einzigen Fall ausweisen.
(3) Zur Weiterentwicklung des Systems der Grundsicherung im Alter und bei Erwerbsminderung übermittelt das Statistische Bundesamt auf Anforderung des Bundesministeriums für Arbeit und Soziales Einzelangaben aus einer Stichprobe, die vom Statistischen Bundesamt gezogen wird und nicht mehr als 10 Prozent der Grundgesamtheit der Leistungsberechtigten umfasst. Die zu übermittelnden Einzelangaben dienen der Entwicklung und dem Betrieb von Mikrosimulationsmodellen durch das Bundesministerium für Arbeit und Soziales und dürfen nur im hierfür erforderlichen Umfang und mittels eines sicheren Datentransfers ausschließlich an das Bundesministerium für Arbeit und Soziales übermittelt werden. Angaben zu den Erhebungsmerkmalen nach § 128b Nummer 2 und 4 und den Hilfsmerkmalen nach § 128e dürfen nicht übermittelt werden; Angaben zu monatlichen Durchschnittsbeträgen in den Einzelangaben werden vom Statistischen Bundesamt auf volle Euro gerundet.
(4) Bei der Verarbeitung und Nutzung der Daten nach Absatz 3 ist das Statistikgeheimnis nach § 16 des Bundesstatistikgesetzes zu wahren. Dafür ist die Trennung von statistischen und nichtstatistischen Aufgaben durch Organisation und Verfahren zu gewährleisten. Die nach Absatz 3 übermittelten Daten dürfen nur für die Zwecke verwendet werden, für die sie übermittelt wurden. Eine Weitergabe von Einzelangaben aus einer Stichprobe nach Absatz 3 Satz 1 durch das Bundesministerium für Arbeit und Soziales an Dritte ist nicht zulässig. Die übermittelten Einzeldaten sind nach dem Erreichen des Zweckes zu löschen, zu dem sie übermittelt wurden.
(5) Das Statistische Bundesamt übermittelt den statistischen Ämtern der Länder Tabellen mit den Ergebnissen der Bundesstatistik für die jeweiligen Länder und für die für die Ausführung des Gesetzes nach dem Vierten Kapitel zuständigen Träger. Das Bundesministerium für Arbeit und Soziales erhält diese Tabellen ebenfalls. Die statistischen Ämter der Länder erhalten zudem für ihr Land die jeweiligen Einzeldatensätze für Sonderaufbereitungen auf regionaler Ebene.
(6) Die Ergebnisse der Bundesstatistik nach diesem Abschnitt dürfen auf die einzelnen Gemeinden bezogen veröffentlicht werden.

Dritter Abschnitt
Verordnungsermächtigung

-

§ 129 Verordnungsermächtigung

Das Bundesministerium für Arbeit und Soziales kann für Zusatzerhebungen nach § 128 im Einvernehmen mit dem Bundesministerium des Innern durch Rechtsverordnung mit Zustimmung des Bundesrates das Nähere regeln über

a) den Kreis der Auskunftspflichtigen nach § 125 Abs. 2,
b) die Gruppen von Leistungsberechtigten, denen Hilfen nach dem Dritten und Fünften bis Neunten Kapitel geleistet werden,
c) die Leistungsberechtigten, denen bestimmte einzelne Leistungen der Hilfen nach dem Dritten und Fünften bis Neunten Kapitel geleistet werden,
d) den Zeitpunkt der Erhebungen,

e) die erforderlichen Erhebungs- und Hilfsmerkmale im Sinne der §§ 122 und 123 und
f) die Art der Erhebung (Vollerhebung oder Zufallsstichprobe).

Sechzehntes Kapitel
Übergangs- und Schlussbestimmungen

§ 130 Übergangsregelung für ambulant Betreute

Für Personen, die Leistungen der Eingliederungshilfe für behinderte Menschen oder der Hilfe zur Pflege empfangen, deren Betreuung am 26. Juni 1996 durch von ihnen beschäftigte Personen oder ambulante Dienste sichergestellt wurde, gilt § 3a des Bundessozialhilfegesetzes in der am 26. Juni 1996 geltenden Fassung.

§ 131 Übergangsregelung für die Statistik über Einnahmen und Ausgaben nach dem Vierten Kapitel

Die Erhebungen nach § 121 Nummer 2 in Verbindung mit § 122 Absatz 4 in der am 31. Dezember 2014 geltenden Fassung über die Ausgaben und Einnahmen der nach Landesrecht für die Ausführung von Geldleistungen nach dem Vierten Kapitel zuständigen Träger sind dabei auch in den Berichtsjahren 2015 und 2016 durchzuführen. Die §§ 124 bis 127 sind in der am 31. Dezember 2014 geltenden Fassung anzuwenden.

§ 132 Übergangsregelung zur Sozialhilfegewährung für Deutsche im Ausland

(1) Deutsche, die am 31. Dezember 2003 Leistungen nach § 147b des Bundessozialhilfegesetzes in der zu diesem Zeitpunkt geltenden Fassung bezogen haben, erhalten diese Leistungen bei fortdauernder Bedürftigkeit weiter.
(2) Deutsche,
1. die in den dem 1. Januar 2004 vorangegangenen 24 Kalendermonaten ohne Unterbrechung Leistungen nach § 119 des Bundessozialhilfegesetzes in der am 31. Dezember 2003 geltenden Fassung bezogen haben und
2. in dem Aufenthaltsstaat über eine dauerhafte Aufenthaltsgenehmigung verfügen, erhalten diese Leistungen bei fortdauernder Bedürftigkeit weiter. Für Deutsche, die am 31. Dezember 2003 Leistungen nach § 119 des Bundessozialhilfegesetzes in der am 31. Dezember 2003 geltenden Fassung bezogen haben und weder die Voraussetzungen nach Satz 1 noch die Voraussetzungen des § 24 Abs. 1 erfüllen, enden die Leistungen bei fortdauernder Bedürftigkeit mit Ablauf des 31. März 2004.
(3) Deutsche, die die Voraussetzungen des § 1 Abs. 1 des Bundesentschädigungsgesetzes erfüllen und
1. zwischen dem 30. Januar 1933 und dem 8. Mai 1945 das Gebiet des Deutschen

Reiches oder der Freien Stadt Danzig verlassen haben, um sich einer von ihnen nicht zu vertretenden und durch die politischen Verhältnisse bedingten besonderen Zwangslage zu entziehen oder aus den gleichen Gründen nicht in das Gebiet des Deutschen Reiches oder der Freien Stadt Danzig zurückkehren konnten oder

2. nach dem 8. Mai 1945 und vor dem 1. Januar 1950 das Gebiet des Deutschen Reiches nach dem Stande vom 31. Dezember 1937 oder das Gebiet der Freien Stadt Danzig verlassen haben,

können, sofern sie in dem Aufenthaltsstaat über ein dauerhaftes Aufenthaltsrecht verfügen, in außergewöhnlichen Notlagen Leistungen erhalten, auch wenn sie nicht die Voraussetzungen nach den Absätzen 1 und 2 oder nach § 24 Abs. 1 erfüllen; § 24 Abs. 2 gilt.

-

§ 133 Übergangsregelung für besondere Hilfen an Deutsche nach Artikel 116 Abs. 1 des Grundgesetzes

(1) Deutsche, die außerhalb des Geltungsbereiches dieses Gesetzes, aber innerhalb des in Artikel 116 Abs. 1 des Grundgesetzes genannten Gebiets geboren sind und dort ihren gewöhnlichen Aufenthalt haben, können in außergewöhnlichen Notlagen besondere Hilfen erhalten, auch wenn sie nicht die Voraussetzungen des § 24 Abs. 1 erfüllen. § 24 Abs. 2 gilt. Die Höhe dieser Leistungen bemisst sich nach den im Aufenthaltsstaat in vergleichbaren Lebensumständen üblichen Leistungen. Die besonderen Hilfen werden unter Übernahme der Kosten durch den Bund durch Träger der freien Wohlfahrtspflege mit Sitz im Inland geleistet.

(2) Die Bundesregierung wird ermächtigt, durch Rechtsverordnung mit Zustimmung des Bundesrates die persönlichen Bezugsvoraussetzungen, die Bemessung der Leistungen sowie die Trägerschaft und das Verfahren zu bestimmen.

-

§ 133a Übergangsregelung für Hilfeempfänger in Einrichtungen

Für Personen, die am 31. Dezember 2004 einen Anspruch auf einen zusätzlichen Barbetrag nach § 21 Abs. 3 Satz 4 des Bundessozialhilfegesetzes haben, wird diese Leistung in der für den vollen Kalendermonat Dezember 2004 festgestellten Höhe weiter erbracht.

§ 133b (weggefallen)

§ 134 (weggefallen)

-

§ 135 Übergangsregelung aus Anlass des Zweiten Rechtsbereinigungsgesetzes

(1) Erhielten am 31. Dezember 1986 Tuberkulosekranke, von Tuberkulose Bedrohte oder

von Tuberkulose Genesene laufende Leistungen nach Vorschriften, die durch das Zweite Rechtsbereinigungsgesetz außer Kraft treten, sind diese Leistungen nach den bisher maßgebenden Vorschriften weiterzugewähren, längstens jedoch bis zum 31. Dezember 1987. Sachlich zuständig bleibt der überörtliche Träger der Sozialhilfe, soweit nicht nach Landesrecht der örtliche Träger zuständig ist.
(2) Die Länder können für die Verwaltung der im Rahmen der bisherigen Tuberkulosehilfe gewährten Darlehen andere Behörden bestimmen.
-

§ 136 Übergangsregelung für Nachweise in den Jahren 2013 und 2014

(1) Die Länder haben dem Bundesministerium für Arbeit und Soziales in den Jahren 2013 und 2014 jeweils zum Fünfzehnten der Monate Mai, August, November und Februar für das jeweils abgeschlossene Quartal in tabellarischer Form zu belegen:
1.
    die Bruttoausgaben für Geldleistungen nach § 46a Absatz 2 sowie die darauf entfallenden Einnahmen,
2.
    die Bruttoausgaben und Einnahmen nach Nummer 1, differenziert nach Leistungen für Leistungsberechtigte außerhalb und in Einrichtungen.
(2) Die Länder haben dem Bundesministerium für Arbeit und Soziales die Angaben nach Absatz 1 entsprechend für das Kalenderjahr 2013 bis zum 31. Mai 2014 und für das Kalenderjahr 2014 bis zum 31. Mai 2015 in tabellarischer Form zu belegen.
-

§ 137 (weggefallen)

-

§ 138 (weggefallen)

-

Anlage (zu § 28)
Regelbedarfsstufen nach § 28 in Euro

gültig ab	Regelbedarfsstufe 1	Regelbedarfsstufe 2	Regelbedarfsstufe 3	Regelbedarfsstufe 4	Regelbedarfsstufe 5	Regelbedarfsstufe 6
1. Januar 2011	364	328	291	287	251	215
1.	374	337	299	287	251	219

gültig ab	Regel-bedarfsstufe 1	Regel-bedarfsstufe 2	Regel-bedarfsstufe 3	Regel-bedarfsstufe 4	Regel-bedarfsstufe 5	Regel-bedarfsstufe 6
Januar 2012						
1. Januar 2013	382	345	306	289	255	224
1. Januar 2014	391	353	313	296	261	229
1. Januar 2015	399	360	320	302	267	234
1. Januar 2016	404	364	324	306	270	237

Regelbedarfsstufe 1:
Für eine erwachsene leistungsberechtigte Person, die als alleinstehende oder alleinerziehende Person einen eigenen Haushalt führt; dies gilt auch dann, wenn in diesem Haushalt eine oder mehrere weitere erwachsene Personen leben, die der Regelbedarfsstufe 3 zuzuordnen sind.

Regelbedarfsstufe 2:
Für jeweils zwei erwachsene Leistungsberechtigte, die als Ehegatten, Lebenspartner oder in eheähnlicher oder lebenspartnerschaftsähnlicher Gemeinschaft einen gemeinsamen Haushalt führen.

Regelbedarfsstufe 3:
Für eine erwachsene leistungsberechtigte Person, die weder einen eigenen Haushalt führt, noch als Ehegatte, Lebenspartner oder in eheähnlicher oder lebenspartnerschaftsähnlicher Gemeinschaft einen gemeinsamen Haushalt führt.

Regelbedarfsstufe 4:
Für eine leistungsberechtigte Jugendliche oder einen leistungsberechtigten Jugendlichen vom Beginn des 15. bis zur Vollendung des 18. Lebensjahres.

Regelbedarfsstufe 5:
Für ein leistungsberechtigtes Kind vom Beginn des siebten bis zur Vollendung des 14. Lebensjahres.

Regelbedarfsstufe 6:
Für ein leistungsberechtigtes Kind bis zur Vollendung des sechsten Lebensjahres.

Fußnote
Anlage: Eingef. durch Art. 3 Nr. 42 G v. 24.3.2011 I 453 mWv 1.1.2011; nach Maßgabe der Urteilsgründe mit dem GG vereinbar gem. BVerfGE v. 23.7.2014 I 1581 - 1 BvL 10/2012

u.a.

www.ingramcontent.com/pod-product-compliance
Lightning Source LLC
Chambersburg PA
CBHW070244190526
45169CB00001B/295